지속가능한 한국 교회를 위한 최초의 미래학 보고서

2020 2040 한국교회 미래지도

최윤식 지음

다가올 10년,
한국 교회가 한 번도 접하지 못했던 전혀 새로운 시대가 몰려온다!

생명의말씀사

2020-2040 한국교회 미래지도

ⓒ 생명의말씀사 2013

2013년 5월 15일 1판 1쇄 발행
2018년 9월 20일   16쇄 발행

펴낸이 | 김재권
펴낸곳 | 생명의말씀사

등록 | 1962. 1. 10. No.300-1962-1
주소 | 서울시 종로구 경희궁1길 5-9(03176)
전화 | 02)738-6555(본사) · 02)3159-7979(영업)
팩스 | 02)739-3824(본사) · 080-022-8585(영업)

지은이 | 최윤식

기획편집 | 서정희, 장주연
디자인 | 박소정, 송민재
인쇄 | 영진문원
제본 | 정문바인텍

ISBN 978-89-04-16421-9 (03230)

저작권자의 허락없이 이 책의 일부 또는 전체를
무단 복제, 전재, 발췌하면 저작권법에 의해 처벌을 받습니다.

2020-2040 한국교회 미래지도

Contents

- **책을 펴내며** 앞으로의 10년이 한국 교회의 운명을 바꾼다 | **11**
- **프롤로그** 시대적 소명, 현실을 직시하고 시대를 분별하라 | **21**

PART 1
한국 교회, 잔치는 끝났다

1. 벼랑 끝에 선 한국 교회 | 39

위기의 한국 교회, 400만 명으로 줄어든다
성장의 한계선을 받아들일 것인가, 돌파할 것인가
파라오가 꾼 꿈을 풀 수 있는가
다가올 흉년을 준비하라
앞으로 10년, 한국 교회는 요셉의 지혜가 절실히 필요하다

2. 한국 교회 위기와 변화의 내부 진원지를 살펴라 | 65

위기의 내부 진원지로 들어가라
진원지 1. 초대형 교회만 살아남을 것인가
진원지 2. 목회 생태계 교란이 위기를 가속화한다
진원지 3. 농부아사 침궐종자(農夫餓死 枕厥種子)
진원지 4. 변화된 시대적 소명에 둔감해지다

PART 2
2020 한국 교회 대전망
교회와 교인의 미래를 둘러싼 거시적 힘의 변화가 시작되었다

1. 글로벌 경제 위기가 한국 교회를 위협한다 | 87

글로벌 위기 20년간 지속된다
금융위기 이후, 미국과 유럽 경제의 미래
2014~2015년, 위기의 1차 전환점
금융위기 이후, 중국과 아시아 경제의 미래
한국의 미래 방향이 바뀌면 교인들의 미래가 바뀐다
복잡 다양한 스펙트럼과 변수들
위기관리 능력 – 근거 없는 낙관론부터 버려라
변화를 알면 불확실성을 통제할 수 있다

2. 한국판 잃어버린 10년이 다가온다 | 113

세상은 빨리 변하고 큰 파도는 반복적으로 일어난다
변화의 시대에는 새로운 시스템이 필요하다
기존 산업이 성장 한계에 도달했다 – 비즈니스 2.0 시대의 도래
종신고용 붕괴로 중산층이 약화된다

3. 시대 변화의 한복판, 교인들이 위태롭다 | 133

지금의 위기는 목회환경에 어떤 영향을 줄까
위태로운 교인 1. 일자리가 줄어든다
위태로운 교인 2. 세대 간 갈등
위태로운 교인 3. 고령화의 저주
위태로운 교인 4. 퇴직연금 붕괴
위태로운 교인 5. 부동산 버블 붕괴
보릿고개 시절보다 더 가난해진 교인들

PART 3
한국 교회, 미래를 읽는 기술로 꿰뚫어라

1. 한국 교회가 피해 갈 수 없는 미래 키워드 11 | 169

세계 융합, 결코 피해 갈 수 없다
미래 키워드 1. 신세대, 신문화, 신사고
미래 키워드 2. 교배된 기독교
미래 키워드 3. 개인주의 신앙
미래 키워드 4. 신유목 교인
미래 키워드 5. 3무 시대
미래 키워드 6. 얕은 영성과 다신주의
미래 키워드 7. 친절한 불가지론
미래 키워드 8. 코쿠닝 성도와 브랜드 교회
미래 키워드 9. 다운시프트 신앙
미래 키워드 10. 트랜스찬
미래 키워드 11. 감성신앙

2. 또 하나의 핵폭탄급 변수, 통일 | 197

통일 한국, 얼마나 준비되었을까
위험한 한반도 통일비용
통일이 가져다주는 유익한 점들
네 개의 통일 시나리오
급작스런 통일이 발발하는 방법
한국 교회, 통일을 위해 세 가지가 부족하다
통일 후 독일의 위기탈출 전략에서 배운다
복음적 평화통일은 가능한가

PART 4
2030~2040, 미래 교인들이 살아갈 세상

1. 2030 미래 패러다임 - 윤리 전쟁 | 229
가상공간에서 영생을
현실국가와 가상국가의 대충돌
에너지 2.0 전쟁
무인자동차와 하늘을 나는 자동차의 시대
사람과 로봇 간의 전쟁
화성 식민지 건설
생명을 재창조하는 인간
나노 기술, 인간이 창조하는 새로운 지구
윤리 전쟁이 시작된다

2. 2040 미래 패러다임 - 환상 사회 | 267
역사를 바꾼 세 가지 패러다임
환상 사회 패러다임 1. 3차원 지능 신경망 사회
환상 사회 패러다임 2. 팍스 아시아나
환상 사회 패러다임 3. 영성 사회

3. 미래 변화 속에서 살아남기 위해 필요한 것들 | 281
미래 변화에 대한 방향감을 갖고 있는가
변화의 속도에 적응하고 있는가
변화와 기회의 타이밍을 꿰뚫고 있는가
미래 변화의 세 가지 지역화
지속가능한 생태계 구축 능력을 갖고 있는가

PART 5
지속가능한
미래 한국 교회를 원하는가

1. 미래 해법 ❶
지속가능한 부흥을 위한 하나님의 전략 | 297
시작은 한 사람, 한 교회부터

당신이 섬기는 교회를 위해서 울라
미래를 객관적으로 보라
다가올 위기를 기회로 바꾸라
하나님이 가치 있게 여기시는 것이 무엇인지 깨달아라
하나님의 이기는 전략을 따르라

2. 미래 해법 ❷
교회 변화의 시작은
미래 통찰로 시작되는 비전 리빌딩이다 | 317

미래 목회, 리빌딩하라
하나님의 방법으로 현재와 미래를 통찰하라
미래 부흥의 핵심 레버리지 세 가지를 통찰하라
지상명령과 하나님의 사람 세우기
10단계 프로세스

2020 2040 한국교회 미래지도

3. 미래 해법 ❸
하나님의 경제 정의로 돌아가라 | 341

하나님의 경제 정의를 바르게 알라
경제적으로 하나님 편에 선다는 것
경제 청지기의 길 시작

4. 미래 해법 ❹
목회자여, 성장의 한계를 넘어서라 | 351

성장의 한계를 못 넘게 만드는 진짜 두려운 것들
성장의 한계를 넘으려면 진짜 보수적, 진짜 성경적 교회가 되어야 한다
성장의 한계를 넘게 하는 갱신의 방법
지금 부흥하고 있어도 갱신해야 한다
성장의 한계를 넘으려면 현실에서 눈을 떼지 말라

■ 에필로그 살아남는 것만으로 충분하지 않다 | 363
■ 주 | 373

책을 펴내며

앞으로의 10년이
한국 교회의 운명을 바꾼다

한국 교회의 성장이 멈추었다

몇 년 전 세계적인 미래학자 짐 데이터 교수는 "한국은 미래의 파도다. 한국이 현재 처한 위치는 역사적인 면에서 아주 대단하고 부유하게 될 만한 전환점에 있다"고 평가했다. 그가 한국을 높게 평가한 이유는 무엇일까? 짐 데이터 교수나 앨빈 토플러 같은 미래학자들의 눈에 한국인은 무언가 새롭게 창조하려는 의지가 강하고 위험과 도전을 즐기는 민족으로 보였다.

세계적인 리더들의 눈에도 역사상 유례를 찾아보기 힘들 정도로 짧은 기간 동안 빠르게 성장한 한국의 경제와 IT 분야의 놀라운 성과들은 '기적'으로 보였다. 빌 게이츠조차 한국을 후기정보화사회(혹은 '드림 소사이어티' Dream Society)에 가장 먼저 진입한 꿈의 사회라고 하면서 미래 기술의 실험장으로 알맞은 국가라고 칭송했다. 또한 "한국은 아주 창조적인 일들이 일어나고 있기 때문에 미래에 관해 이야기하기 매우 좋은 곳이다"라고 했다. CNN도 '미래와 기술' 하면 얼리어답터 한국이 떠오른다고 했다.

그러나 불과 몇 년이 지나지 않아 상황은 빠르게 바뀌고 있다. IT의 제2차 혁신이 일어나면서 미국이 스마트폰, 미래형 태블릿, 스마트TV, 그리고 소셜 네트워크 서비스를 기반으로 새로운 미래형 서비스를 선보이자 세계인들의 관심은 다시 미국으로 쏠리기 시작했다. 실리콘밸리는 차세대 자동차인 전기자동차와 꿈의 무인자동차를 선보이며 IT의 영역을 자동차에까지 확장하고 있다.

한국은 소모적인 정쟁에 빠져 있는 데다 사회적 갈등이 높아가고 있다. 전 세계적인 금융위기를 가장 잘 헤쳐나온 나라라는 찬사를 받고, 정부가 쏟아내는 업적들의 전면에는 금융위기 전보다 더 화려한 거시적 경제지표들로 가득 차 있지만 대부분 국민의 마음속에는 이런 질문이 가장 먼저 떠오른다. '정말 우리나라는 잘 가고 있는 것일까?', '이번 금융위기만 넘기면 우리나라는 2만 달러를 넘어 3만, 4만 달러의 선진국으로 순항할 수 있을까?'

우리나라를 향한 세계인들의 칭찬 속에는 늘 하나의 꼬리표가 따라다닌다. 전쟁으로 망한 나라, 구걸하던 나라, 국제적 원조에 의지해 살던 나라가 경제적으로 성공했고 다른 나라를 원조하는 나라가 되었다. 미개한 나라에서 UN이 인정하는 문명국가가 되었다. 남의 것을 베끼던 나라에서 최고의 제품을 창조하는 나라가 되었다. 하지만 서양인들의 눈에 한국은 아직도 '잠재적 미래의 리더' 일 뿐이다. 한국은 지금보다 더 미래지향적인 사회가 되지 않는다면 한때 반짝 미래의 리더로서 잠재력만 가졌던 나라로 전락할 가능성이 크다. 그리고 그들의 의심처럼 지금 한국은 엄청난 위기 속으로 빠져들고 있다.

한국 교회도 이런 평가가 낯설지 않다. 1990년대 한국 교회는 전 세계 기독교와 선교의 미래를 짊어질 나라로 평가받았다. 한국 교회의 부흥과 발전은 기독교 역사 가운데서도 놀라운 위치를 차지했다. 다수의 한국 교회가 세계 30대 교회 안에 들었고, 기독교 역사상 단일교회로서 가장 큰 교회도 한국에서 나왔다. 한국 교회에서는 초대형교회에 들려면 최소 10만 명이 넘어야 한다. 몇천 명의 교인 수로는 사실 대형교회라는 명함도 못 내밀 정도다. 한국 사회의 기적, 한국 경제의 기적과 함께 한국 교회 부흥의 기적도 시작되었다. 미국과 유럽의 교회를 걱정하는 위치(?)에 이르렀다고 자부했다.

그러나 한국의 위기가 시작되자 한국 교회의 위기도 함께 시작되었다. 1990년대 이후 교회 성장이 멈추고, 교회를 향한 부정적 평가가 안팎에서 흘러나오기 시작했다. 목회자의 성 윤리 문제, 돈에 대한 탐욕의 문제, 교회 권력의 세습 문제, 시대에 맞지도 않고 성경적이지도 않은 타 종교를 향한 현대판 십자군 전쟁의 문제, 타락한 중세 시대에나 있었던 교권의 절대화 문제 등이 터져 나온 것이다. 한국 교회는 지금 존립 자체가 흔들릴 수 있는 엄청난 위기 속으로 빠져들고 있다.

상황이 이러하다고 해서 한국 사회와 한국 교회에 대한 희망을 포기하자는 것은 아니다. 우리에게는 다가오는 위기를 극복할 잠재력이 충분히 있다. 물론 엄청난 갱신을 전제로 말이다. 이 책은 바로 이 부분을 다룬다. 앞으로 10년, 한국 교회에 있어서 아주 중요한 시기다. 이 기간 우리는 그 어느 때보다 더 큰 위기와 새로운 변화를 맞게 될 것이다. 교회 안에서는 예전보다 더 큰 문제들이 발발할 것이고, 교회 밖에서는 아시아를 중심으로 펼쳐지는 전 세계의 부의 전쟁, 패권 전쟁, 인재 전쟁, 산업 전쟁 등이 발발하여 교인들의 삶을 변화시킬 것이다. 국내적으로는 '한국판, 잃어버린 10년'이라는 충격적 위협을 만날 가능성이 점점 커지고 있다. 이 모든 미래 변화의 힘들은 사회적, 경제적, 정치적, 문화적, 영적 구조와 흐름의 변화를 강요할 것이다. 새로운 시대로의 변화를 강요할 것이다. 이 거대한 파도를 제대로 넘지 못하면 한국 교회는 기독교 역사상 가장 빠르게 몰락할 수 있다.

우리에게는 10년이라는 시간이 남아 있다. 그리고 우리에게는 역사의 교훈이 있다. 한국 교회의 위기는 새로운 것이 아니다. 이미 수없이 반복된 일이다. 역사에서 배우고, 미래를 통찰하여 우리만의 새로운 미래 전략을 수립한다면 한국 교회는 제2의 부흥을 이끌어 낼 수 있다. 부족하지만 이 책이 그런 미래를 만드는 일에 일조했으면 한다.

이 책의 내용 중 한국 교회의 미래를 예측하기 위해 사용된 한국 사회의 미래 변화 모습이나 미래 산업, 그리고 패러다임 등의 변화 예측들은 필자가 앞서 출간한 미래 예측서들의 자료와 정부 주요 부처들과 삼성그룹, 현대기아자동차그룹, 포스코 등 국내 30대 그룹의 회장, 사장단, 임원들에게 미래 전략을 자문한 내용을 사용했다. 필자가 〈2020년 부의 전쟁 in Asia〉, 〈2030년 부의 미래지도〉, 〈그들과의 전쟁〉, 〈부의 정석〉 등에서 예측한 한국, 아시아, 세계의 미래는 지금 놀랍도록 하나씩 현실이 되어 가고 있다. 그렇기에 이 책에서 필자가 한국 교회의 미래에 대해 예측하는 모습들도 현실화될 가능성이 크다.

목사에서 미래학자가 되기까지

　많은 분이 목사가 미래학 Future Studies 을 전공하게 된 계기에 대해서 궁금해한다. 특히 보수적인 교단에 소속된 목사가 미래학이라는 진보적인 학문을, 그것도 목사가 된 후에 전공한 것에 호기심을 보이기도 한다. 미래학이 있는지 알고 미국에 건너가서 유학하게 된 것인지, 하나님의 특별한 인도하심이 있었는지 등에 대해서 묻곤 한다. 사실 필자는 미국으로 건너가기 전까지는 미래학이라는 영역이 정식 학위 과정으로 있는지도 몰랐다. 유학을 가던 2001년 당시에는 지금처럼 국내에 미래학에 대한 정확한 정보들이 거의 소개되어 있지도 않았다.

　나중에 알고 보니, 한국에는 미래학이 박정희 정권 때 소개되어 한국미래학회가 설립되어 있을 정도로 오래전에 들어왔다. 개발도상국은 앞서 근대화된 서구 나라들의 모습을 목표로 삼는다. 그래서 현재 인류의 모습과는 다른 대안적인 새로운 미래를 연구하기보다는 '발전학'이라는 개념으로 축소된다. 우리나라도 마찬가지였다.

　1968년 7월 6일 아카데미하우스에서 '한국 2000년회'라는 이름으로 정회원 35명과 특별회원 3명으로 구성된 한국미래학회가 발족했다. 그러나 곧바로 박정희 정권 시절 경제개발 5개년 계획 등 중장기 발전계획을 돕는 발전학으로서의 미래 탐구로 축소되었다. 미래학이 본래 먼 미래에 대한 관심을 가지고 대안적 미래를 연구하는 학문이다 보니, 선진국이나 혹은 세계적 기업들을 연구하여 빠르게 쫓아가는, 일명 '벤치마킹' 전략을 구사했던 20세기 후반의 한국에는 적합하지 않았던 것이다. 연구의 주제들도 '우리나라 국토개발의 미래상' 등에 관심을 두었다.

1971년 델파이 기법을 사용하여 '서기 2000년 한국에 관한 조사연구' Korea in the Year 2000라는 제목의 영문 보고서가 나오고, 1984년에는 '2010년의 한국'이라는 그럴듯한 미래 연구가 진행되기도 했다. 1989년 민간연구소인 한백연구재단이 설립되고, 1995년 한국미래학연구원이 차례로 발족하면서 과학적 분석, 예측을 기반으로 한 미래 연구 움직임도 일었다. 그러나 아직까지 정식 학위 과정이 개설되지 않았고, 전문 미래학자를 양성하거나, 세계적 수준의 미래 연구에 이르지 못하고 아직 발전학의 수준에 머물러 있는 상황이었다. 이처럼 미래학은 한국에 소개된 시기는 굉장히 빨랐지만, 꽃을 피우지 못했기에 일반인들에게 거의 알려지지 않았다.

필자는 미국으로 공부를 하러 가는 순간까지도 미래학과에 대한 지식이 거의 없었다. 다만 목회자로서 사역을 하다 보니 미래에 관한 관심이 많았다. 특히 교육부서에서 학생들을 지도했기 때문에 그들의 미래를 어떻게 이끌어 줄 것인가에 대한 고민이 컸다. 수련회에서 학생들에게 비전을 가지라고, 너희의 미래는 밝고 희망차다고 말했지만 내심 그 이상을 말해 줄 수 없는 스스로의 모습에 한계를 크게 느꼈다.

수련회가 끝나고 아이들이 찾아와서 "비전을 마음에 품기는 했지만, 그것을 이루려면 어떻게 해야 하나요?"라고 종종 질문했다. 그때마다 필자는 "끝까지 포기하지 않고 기도하면서 나아가면 언젠가는 하나님이 너의 비전이 이루어질 수 있도록 인도하실 거야!"라고 대답해 주었다. 물론 이 대답은 성경적으로는 분명히 정답이다. 하지만 이 정답대로 해낼 수 있는 사람은 1%도 되지 않는다. 이것을 깨달은 후부터 필자는 '좀 더 도움을 줄 수 있는 것이 무엇일까?' 하는 고민에 빠져 있었다.

당시 필자는 미국 LA로 유학을 갈 준비를 하고 있었다. 이런 상황에서 마침 필자의 아버지의 신학교 동기분이 한국에 오셨다. 그리고 그분의 권유로 도미 3개월을 앞두고 휴스턴으로 급히 방향을 선회했다. 유학보다는 미국에서 살 마음을 갖고 있었기에 목회지를 선택하는 것이 우선이었다. 그래서 어렵지만 정착할 도시를 바꾸기로 한 것이었다. 세상일이라는 것이 어디 내 마음대로 되는 것인가? 미국 휴스턴으로 건너간 지 6개월 정도 지난 후에 그곳에 남아서 목회를 하는 것보다는 한국에 다시 돌아가는 것이 내게 더 맞겠다는 생각이 들었다. 오랜 고민 끝에 한국으로 돌아가기로 했다. 대신 어렵게 미국에 왔으니 신학교가 아닌 일반대학원에서 공부하기로 했고, 그때 한국 유학생의 소개로 휴스턴대학교에 미래학 석사과정이 있다는 것을 알게 되었다. 그분이 필자보다 미래학과에 한 학기 먼저 입학했기에 그 과정을 설명해 준 것이었다.

필자는 직감적으로 이 과정이 오랜 나의 고민에 한 단계 올라서는 해답을 줄 수 있을 것으로 판단하고 주저없이 미래학과에 입학했다. 나중에야 알게 된 것이지만, 미래학 석사과정은 미국에서 휴스턴대학교와 세계적인 미래학자 짐 데이터 교수가 있는 하와이대학교 정도가 전부였다. 특히 필자가 다니게 된 휴스턴대학교는 피터 비숍, 크리스토퍼 존스 등 세계적인 미래학자들이 교수로 있는, 미래 예측 방법론으로는 가장 우수한 학교임을 알게 되었다.

현재 객원연구원까지 총 40여 명의 전문적인 미래 연구 인력을 둔 필자의 미래연구소는 2003년에 필자가 미국에 있을 때 설립했다. 2008년 미국발 금융위기가 발발하면서 한국 정부와 기업들은 더 이상 근대화된 서구의 나라들과 기업들의 모습을 목표로 삼고 쫓아가는 벤치마킹 전략을 사용할 수 없게 되었다. 벤치마킹 전략은 후발주자가 1등을 쫓아갈 때는 최고의 전략이다. 우리나라는 이 능력을 극대화하여 21세기 초에 접어들면서 국가와 기업이 세계적인 경쟁력을 갖추게 되었다. 그러나 이것이 문제였다. 1등이나 1등 그룹에 들게 되면 더 이상 벤치마킹 전략을 사용할 수 없게 된다. 1등을 유지하거나 1등이 되기 위해서는 스스로 미래를 읽고, 대안적 미래를 구상하고, 아무도 가지 않은 새로운 길을 열어야 한다. 이를 위해서는 미래 예측, 미래 연구가 필연적으로 요구된다.

한국 교회도 마찬가지였다. 지난 100년의 교회 성장기가 끝나고, 교회들이 새로운 패러다임 전환기를 맞게 되었다. 미래에 대한 통찰력이 필요한 시기, 새로운 100년, 지속가능한 한국 교회를 위한 지혜로운 대안이 필요한 시기였다.

요셉을 떠올린다

이렇게 한국과 한국 교회가 중요한 변화의 시기에 놓여 있을 때 가장 필요한 역할 중 하나는 제대로 된 미래 연구다. 필자는 하나님이 이 일을 감당하게 하시려고 미래학을 공부하도록 인도하셨다는 생각이 들었다.

더 나아가 지금 한국의 전 세대가 미래에 대한 불안감을 가지고 있다. 평균 수명이 100세로 늘어난 시대에 전 세대가 비전에 대한 고민 중이다. 필자는 "미래에 어떻게 살아야 할 것인가?", "내 꿈을 이루기 위해서 나는 미래를 어떻게 준비해야 할 것인가?"에 대한 고민을 하는 개인, 기업, 정부에게 전문적인 미래 연구를 통해 새로운 방향 전환과 미래 전략에 대한 도움을 줄 수 있으리라 여긴다. 특히 지금처럼 한국 사회에 경제, 사회 등의 영역에서 가장 커다란 위기요 기회가 동시에 몰려오는 시기에 국민을 지키고, 한국 사회와 경제의 지속가능성, 더 나은 미래와 행복을 만들기 위한 초석을 다지는 데 미래 예측과 전문적인 미래 연구가 큰 도움이 되리라 생각된다.

누군가가 필자의 사명이 성경 인물 중 누구의 역할과 비슷하냐고 묻기도 했다. 이 질문을 받으면 필자는 주저없이, 14년의 미래를 예측하고, 절체절명의 위기에서 이집트를 건져내고, 더 나아가 하나님의 구속 사역에 중요한 역할을 했던 요셉을 떠올린다. 이는 필자가 요셉과 같은 능력을 갖췄기 때문이 아니라, 필자의 작은 미래학적 지혜와 통찰력이 요셉의 지혜가 되어 한국 사회와 한국 교회의 위기 극복과 하나님 나라의 확장에 이바지할 수 있기를 내심 바라고 있기 때문이다.

이 책이 나오기까지 많은 분이 수고해 주었다. 자료를 수집하고, 컴퓨터 시뮬레이션을 도와주는 등 힘든 수고를 아끼지 않은 아시아미래인재연구소의 식구들, 늘 옆에서 든든한 지지자로 묵묵히 자리를 지키고 있는 아내와 아이들, 무엇보다도 필자가 목회자의 심정으로 한국 교회의 진정한 영성 회복과 새로운 미래 부흥을 위해 고민하도록 격려하고 기도해 주신 아버지께 감사드린다. 마지막으로 이 책이 한국 교회 앞에 나올 수 있도록 애써 주신 생명의말씀사에 깊은 감사를 드리며, 더불어 60주년을 넘어 100년 이상 한국 교회와 민족을 위해 쓰임 받는 출판사가 되기를 기도한다.

최윤식 박사
전문 미래학자, 아시아미래인재연구소장

프롤로그

시대적 소명, 현실을 직시하고 시대를 분별하라

지난 5년간 필자는 한국과 아시아, 그리고 세계의 변화를 주제로 연구하면서 강연이나 책을 통해 구체적인 미래 예측의 내용들을 발표해 왔다. 발표를 할 때마다 비슷한 반응을 경험했다. "황당한 예측이다!", "너무 멀리 간 이야기 아니냐?"는 등의 반응이었다. 그런데 필자의 예측들이 하나씩 현실이 되어 드러나고 있다. 지금은 정부와 대기업의 회장과 최고위층, 국회의원과 대선 후보들이 귀를 기울이는 예측들이 되었다. 아시아와 세계의 미래에 대한 필자의 예측서들은 일본과 중국, 대만에서 출판되어 베스트셀러가 되면서 대중의 큰 관심을 받고 있다.

우리나라에 스마트폰과 3DTV 등이 본격적으로 도입되기 전인 2008년에 필자는 앞으로 20년의 후기정보화사회의 모습과 미래 방송, 통신, 인터넷 인프라 변화에 대한 예측 시나리오 및 대응 전략을 발표했다. 그 과정에서 3DTV 대중화의 시기, 증강현실, 홀로그램 등의 발달을 통한 제2차 인터넷 혁명의 단계적 변화를 예측했다.

2009년에는 미국 애플사의 아이폰이 국내에서 판매되기 전에 스마트폰의 대중화 시기와 모바일 생태계의 확장으로 인한 한국 통신사들의 위기와 변화의 방향도 예측했다. 같은 해 8월 4일에는 19페이지 분량으로 신종플루 확산에 따른 감염자, 사망자 숫자 예측과 그에 따른 사회, 산업, 경제, 환경, 의료 등의 단계별 상황 변화 예측 시나리오를 정부기관보다 빠르게 내놓아 언론의 주목을 받기도 했다. 또한 미국의 금융위기 발발 후 앞으로 20년 이내에 최소 4~5번의 글로벌 경제위기가 다시 찾아올 것을 예측하면서, 동시에 유럽의 금융위기와 각국의 급격한 부채 문제 때문에 한국과 세계 경제가 장기적으로 저성장 국면에 접어들 것에 대해 경고했다.

2010년 1월 14일에는 정부나 경제연구소들이 우리나라의 부동산 시장의 미래와 한국 경제에 대해 하나같이 낙관적으로 볼 때, 필자는 3단계의 부동산 버블 붕괴 예측 시나리오를 공식적으로 발표했다. 그러한 버블 붕괴 때문에 한국 경제는 2020년 이후 장기적인 저성장 국면에 빠질 수 있으며, 최악의 경우 2016~2017년경에 제2의 외환위기를 당할 수 있다고 예측했다.

필자의 예측이 공식화되는 것은 강연이나 책을 통해서다. 실제적인 예측은 언론 발표나 공식적인 기업 강연, 혹은 출판을 통해 발표되기 1~2년 전에 시작된 것이다. 이렇게 필자의 예측 결과들과 과정을 자세히 설명하는 데는 이유가 있다. 한국 교회의 미래가 너무나 충격적이기에, 그 내용을 접하는 독자들이 필자의 여느 예측들에 대한 어떤 이들의 반응처럼 "말도 안 되는 예측이다!"라고 치부해 버릴까 두려워서다.

하나님은 미래를 준비할 수 있는 지혜를 주신다

앞을 내다보는 것은 참으로 어렵다. 필자는 미래학을 전공하면서 미래를 예측하는 수많은 기술을 배웠지만, 한 치의 오차도 없이 정확하게 미래를 예견하는 것은 불가능하다. 하나님이 아니면 절대로 불가능한 일이다. 그렇다고 해서 "미래는 인간으로서는 전혀 알 수 없는 영역이다"라고 단순하게 규정해 버리면 그것 역시 큰 실수가 된다. 그러면 하나님이 인간에게 선물로 주신 '미래에 대한 통제권'을 상실하게 되어 어쩔 수 없이 현재만을 보는 근시안적 사고와 현세주의적 태도에 빠지는 엄청난 우를 범하게 된다. 이것은 미래를 섣불리 예측하는 것보다 훨씬 더 심각한 잘못으로 이어질 수 있다.

필자는 '미래란 분명 하나님의 계획 안에 있지만, 하나님은 인간에게 다가올 미래를 준비할 수 있는 지혜를 주신다'고 믿는다. 이런 의미에서 미래는 전혀 알 수 없는 미지의 영역이 아니라 어느 정도까지는 예측할 수 있는 영역이다. 그렇다고 신령한 미래 예언의 은사를 받거나 그것을 기대하라는 말은 아니다. 미래를 아는 것은 변화의 흐름을 아는 것이다. 정확히 말하면 변화의 방향을 분별하고 변화의 의미를 깨닫는 것이다. 그래서 미래학을 '변화에 관한 연구'라고 학자들은 말한다.

미래는 변화다. 미래학자인 앨빈 토플러는 "변화라는 것은 미래가 우리 생활에 침투하는 과정이다"라고 했다. 지금은 그 변화의 흐름과 침투가 어느 시대보다 거세게 진행되고 있다. 변화는 국가적, 개인적, 심리적으로 중요한 의미를 갖는다. 사실 우리가 사는 세상에 변화가 없다면 미래에 관심을 기울일 필요가 없다. 필자도 이 책을 통해 한국 사회와 한국 교회, 교인들의 생활의 10년 후가 최소한 현재와는 다르다는 것을 말해 주려고 한다.

다시 말하지만, 미래는 분명히 하나님의 섭리와 계획 안에 있다. 그러나 인간의 편에서 보면 미래는 아직 정해진 것이 아니다. 열려 있는 가능성의 세계다. 미래는 절망이 될 수도 있고 희망이 될 수도 있다. 혹은 절망과 희망 사이 어느 지점이 될 수도 있다. 하나님 편에서는 이미 정해져 있으나 인간 편에서는 무한한 가능성을 향해 열려 있는 미래는 하나님이 우리에게 주신 또 다른 신비이자 은혜다.

10년 후 한국 교회에 펼쳐질 여러 가지 미래

필자는 이 책을 통해 한국 교회와 교인들 앞에 펼쳐질 10년 후의 여러 가지 미래에 대해 말하려고 한다. 물론 필자가 소개하는 내용은 정확히 맞을 수도 있고, 혹은 전혀 다를 수도 있고, 일부분만 맞을 수도 있다. 맞고 틀리고를 떠나서 이 책의 예측들을 통해 앞으로 다가올 한국 교회와 교인들의 미래의 모습을 조금이라도 엿보게 된다면 최소한 '미래 충격'(미래가 앞당겨 도래함으로써 빠른 환경변화에 적응하지 못해 생겨나는 방향감각의 상실 현상)을 준비할 기회를 얻을 수 있을 것이다. 적어도 미래를 다른 사람들보다 한발 더 먼저 준비함으로 새로운 영적 성숙의 기회와 믿음의 도전, 그리고 부흥과 성공의 기회를 발견할 수 있을 것이다. 더불어 이 책에서 다룬 모든 미래 예측은 우리의 사고와 미래를 보는 시각을 자극할 것이며, 현재에 관한 귀중한 통찰력도 제공해 줄 것이다.

필자는 한국 교회나 한국 사회에 비관적 사고를 부추기거나 공포감을 주려는 마음이 없다. 그러지 않아도 지금 한국 교회와 교인들은 다가올 미래에 대한 위기감에 휩싸여 두려워하고 있다. 시골의 작은 교회 교인들도 자신의 미래나 자신이 섬기고 있는 교회의 미래에 대한 막연한 불안감을 느끼고 있다. 필자가 예측하기에 앞으로 10년 이내에 이런 막연한 불안감과 공포가 현실로 다가올 것이다.

상황이 이렇다면, 이제는 누군가가 그들을 둘러싸고 있는 현실을 정확하게 진단하고 미래를 대비하는 일을 해야 하지 않을까? 두리뭉실하게 위기감만 이야기하는 것은 의미가 없다. 좀 더 구체적으로 손에 잡히고 눈에 보이도록 현실을 분석하고, 그 대안으로 무엇을 어떻게 준비해야 위기를 극복할 수 있는가를 말해야 한다. 더 늦어지면 돌이킬 수 없는 치명타를 입을 수도 있다.

우리를 둘러싼 대한민국이라는 환경은 급격한 변화의 흐름 속에 놓여 있다. 그런데 지금은 단지 변화의 시작점에 불과하다. 앞으로 10년 안에 한국은 더 많은 변화에 휩싸일 것이다. 사회, 정치, 경제적 변화처럼 눈으로 보거나 만질 수 있는 것도 있지만, 그렇지 않은 것도 있다. 정작 한국 교회와 교인들의 미래를 바꾸어 놓을 변화의 핵심은 지금 사람들의 마음속에서 일어나고 있는 가치관과 사고와 신앙의 변화다. 외부에서 일어나는 변화는 감지하기 쉽지만, 마음 깊숙한 곳에서 일어나는 변화는 "등잔 밑이 어둡다"는 옛말처럼 감지하기가 쉽지 않다. 많은 시간이 흐른 뒤에 잠시 시간을 내어 뒤를 돌아봐야만 알 수 있는 것이 내부에서 일어나는 변화들이기 때문이다.

미래학자로서 한 가지 희망적인 이야기를 한다면, 지금이라도 우리에게 들이닥친 현실을 직시하고 이미 다가온 위기나 앞으로 다가올 잠재적 위기들을 심각하게 고민하기 시작한다면 쉽지는 않아도 극복할 방법과 지혜를 배울 수 있다는 것이다. 지금이라도 자신과 교회의 미래에 대한 새로운 마음과 자세를 갖는다면 급속한 변화의 침투에 성공적으로 대응해 나갈 능력을 소유할 수 있을 것이다. 그렇게 되면 최소한 전에는 이해할 수 없던 현상들의 많은 부분이 훨씬 더 이해하기 쉬워지는 유익을 얻게 된다.

10년 동안 교인들의 신앙을 좌우할 내적, 외적 변화들

우리가 바라는 미래는 그냥 주어지지 않는다. 이는 성경의 가르침과도 일치한다. 하나님은 그분의 구원 역사를 스스로 주관하시는 분이며 동시에 우리의 헌신과 희생을 통해 일하시는 분이다. 이는 곧 하나님이 바라시는 미래, 한국 교회와 교인들이 바라는 미래는 하나님과 함께 우리가 만들어 가는 미래라는 뜻이다. 피터 드러커가 1993년에 한 유명한 말이 있다.

"서구 역사에서는 몇백 년마다 한 번씩 뚜렷한 변화가 일어난다. 몇십 년도 채 되지 않는 기간 동안 사회는 자신을 스스로 재편한다. 즉, 그 사회의 세계관, 기본적인 가치관, 사회적·정치적 구조, 예술, 핵심적인 제도 등이 재편되는 것이다. 그래서 50년 후에는 새로운 세계가 만들어진다."

한국이라는 공동체와 그 안에 존재하는 교인들과 한국 교회 역시 이 변화의 시점(모호성, 상대적 혼란의 시기)의 한가운데 서 있다. 이 시기에 일어나는 변화들은 한국 교회와 교인들의 기초를 흔들 수 있다.

필자가 예측하려고 하는 것은 앞으로 10년 동안 교인들의 신앙을 좌우할 내적, 외적 변화들이다. 물론 21세기에도 변함없이 영적 중요성이 강조될 것이다. 그러나 그에 못지않게 교인들의 영적 상태에 큰 영향을 주는 사회, 경제, 문화의 변화에 관한 이야기도 중요해질 것이다. 구원 역사를 이루어 가는 데 하나님이 사용하시는 세계의 흐름과 변화 역시 마찬가지다. 하나님이 섭리해 가시는 세상 현실을 직시하고 지혜로운 행동을 취하는 것도 더없이 중요해질 것이다.

예를 들어, 〈2005 세계대전망〉이라는 책을 편집한 대니얼 프랭클린은 20년 넘게 빠른 속도로 성장한 세계 경제가 2004년 이후 미국과 중국이 금리 상승에 제동을 걸고 나옴에 따라 둔화될 것이라고 말했다. 더 큰 문제는 그러한 침체가 견디기 힘들 정도로 잔인하게 나타날 가능성이 있다는 것이다. 이런 경제적 문제들이나 정치적 문제들은 과연 한국 교회와 교인들에게 어떤 영향을 미칠까?

중국과 독립을 원하는 대만의 불편한 관계, 미국이 이라크를 비롯한 중동지역의 정치적 판도를 바꾸려는 노력, 2015년까지 극한의 빈곤을 절반까지 줄이겠다는 UN의 정책, 아프리카의 불붙은 전쟁, 고유가와 소유권 분쟁, 달러 위기, 북한의 핵무기 보유 선언, 대형 테러 공격 등이 과연 우리 삶에 어떤 영향을 미칠까를 아는 것은 앞으로 중요한 일이 될 것이다.

지금까지 대부분의 교회 지도자들은 이런 영역들이 교회나 교인들의 신앙생활과는 별로 관련이 없다고 생각해 왔다. 이런 태도는 심각한 판단착오다. 최소한 교회 자체에는 직접적인 관계가 없다 하더라도, 교회 안에 있는 교인들과 그들이 사는 세상(직장, 가정 등), 그리고 그들의 영적 생활과는 밀접한 관계가 있기 때문이다. 이 책에서 필자가 예측하고 있는 몇몇 변화들은 이미 한국 교회 교인들의 신앙 패턴에 심각한 변화를 불러일으키고 있으며, 나아가서는 한국 교회에 치명적인 영향을 주고 있다.

한국 교회와 교인들의 미래 변화에 관심을 두는 사람들은 종종 이런 질문을 한다. "계시가 끝나고 예언자나 선지자의 활동이 끝난 시기에 미래에 대한 예측방법은 무엇인가?", "하나님이 만들어 가시는 미래를 알 수 있는 객관적인 방법이 있는가?"

다시 한 번 이야기하지만, 아무리 성령의 조명을 기대하며 지혜를 발휘해서 미래를 예측하더라도 계시의 시대가 종결된 이후로는 100% 예언적 미래 예측은 불가능하다. 그러나 하나님이 이끌어 가시는 시대의 변화 방향을 거시적으로나마 분별하는 것은 일반은총에 속한 학문적 연구와 지혜를 통해 충분히 가능하다. 실제로 성경에는 "시대를 분별하라"라는 교훈이 자주 나온다. 계시적 예언은 끝났다. 하지만 분별하는 지혜를 통해 하나님이 이끌어 가시는 시대의 흐름을 깨닫는 통찰력은 여전히 유효하다. 하나님이 섭리하시는 세상에서 발생 가능한 위기와 기회를 미리 분별하여 준비하는 것은 여전히 유효하고 동시에 성경적이다.

미래를 구성하는 세 가지 요소
- 변하는 것, 변하지 않는 것, 이 둘 간의 상관관계

이제 미래의 변화를 분별하는 지혜를 간략히 소개하고자 한다. 미래를 구성하는 요소는 세 가지가 있다. 예를 들어 설명하면 이렇다. 2020년은 어떤 모습일까? 간단하다. 2020년은 지금과 비교해서 '변하지 않는 것 80~90%'와 '변하는 것 10~20%'로 구성된다. 사실, 미래는 물리적 측면에서는 지금과 비교해서 그리 많은 부분이 변하지는 않는다. 2020년에 우리 자신과 우리가 섬기는 교회의 겉모습은 물리적으로 크게 변하지 않는다. 가족, 집, 사는 곳, 친구, 도시의 모습, 전 세계 나라들의 구성, 자연계 등 대부분은 지금과 비교해 별로 변한 것이 없을 것이다. 바로 이런 부분들 때문에 "미래에 대해 그렇게 호들갑 떨지 마라. 과거도 그러했고, 미래도 생각보다는 그렇게 큰 변화가 없을 것이다!"라고 말할지 모른다.

하지만 변하지 않는 것 80~90%와 변하는 것 10~20%가 서로 역동적으로 얽히고설키면서 지금과는 완벽하게 다른 세상을 만들어 낸다. 예를 들어, 결혼 전후 당신의 모습을 상상해 보라. 결혼 전과 후의 당신의 모습은 물리적으로는 크게 변한 것이 없다. 단지 당신의 삶에 아내 혹은 남편, 그리고 그들의 몇 안 되는 가족들, 새로 출생한 자녀들이 추가될 뿐이다. 그 외의 물리적인 모든 것은 결혼 후라도 전혀 변하지 않고 그대로 있다. 하지만 당신의 인생에 그 별로 안 되는 작은 요소들이 개입되면서 당신은 결혼 전과는 전혀 다른 삶을 살게 된다. 이것이 바로 10~20%에 불과한 변하는 요소들이 변하지 않는 80~90%의 요소들과 상관관계를 맺으면서 만들어 내는 엄청난 변화의 소용돌이다. 이렇게 만들어진 변화의 빠른 속도 속에서 불확실성, 두려움, 혼란, 갈등과 스트레스가 사생아처럼 탄생한다. 이런 것들은 위협과 위기, 새로운 기회와 가능성을 우리에게 가져다준다.

하나님이 이끌어 가실 미래의 모습들을 분별하는 것은 하나님이 무엇을 변화시키고, 무엇을 변화시키지 않으실지를 나누어 생각해 보는 것에서 시작된다. 이 둘을 잘 구별하면 할수록 변화를 꿰뚫어 보는 힘이 강해진다. 통찰력이 예리해진다. 필자가 가르치는 미래 예측 기법들은 바로 이 둘을 구별하고, 이 둘이 만들어 내는 새로운 변화들을 예측해 보는 사회과학적 방법들이다. 필자의 연구소는 이런 접근법들을 기초로 다양한 시나리오들을 작성함으로써 미래에 대한 다양한 가능성을 놓치지 않으려고 노력한다. 이 책에 소개된 한국 교회의 미래에 대한 다양한 예측들도 바로 이런 과정을 통해서 만들어진 것이다.

더 나은 미래를 만드는 사람

사람들은 필자 같은 미래학자를 용한 점쟁이로 보기도 한다. 혹은 노스트라다무스처럼 예언가로 볼 때도 있다. 심지어 필자를 이 시대의 선지자라고 부르는 사람도 있다. 하지만 필자는 족집게 같은 예언을 하는 예언가나 용한 점쟁이가 아니다. 예언가들은 신의 계시를 받거나 꿈을 통해 미래에 대한 환상을 본다. 보통 예언가들이 꾸는 꿈을 '예지몽' 豫知夢이라고 부른다. 그들은 자신들이 본 계시와 환상을 대중에게 전달한다. 그래서 그들을 '메신저' Messenger 라고 부른다.

하지만 필자와 같은 현대 미래학자들은 사회과학적 방법론이나 컴퓨터 시뮬레이션, 예측 수학 등을 사용하여 현재와 비교해서 미래에 '변하는 것, 변하지 않는 것, 이 둘 간의 상관관계'를 구별해 내고, 이를 통해 미래의 다양한 가능성을 논리적으로 추론하는 전문가들이다. 좀 더 나아간다면, 이렇게 예측된 미래의 변화들을 잘 다룰 전략적 지혜를 발휘하여 '더 나은 미래'를 만드는 데 이바지하는 사람들이다. 그래서 일반인들이라도 일정 기간 훈련을 받는다면 '변화를 꿰뚫어 보는 힘과 변화를 다루는 능력'을 갖출 수 있다. 훈련된 분별력, 예측력을 통해 남들보다 더 빠르게 변화를 읽고 그 가운데 행동의 최적 타이밍을 찾는다면 탁월한 의사결정을 내릴 수 있다. 앞으로 한국 교회의 지도자들에게 요청되는 중요한 능력 중 하나가 바로 이것이다. 필자는 이것을 '요셉의 지혜'라고 부른다.

미래 시나리오 - 네 가지 미래

'변하는 것, 변하지 않는 것, 이 둘 간의 상관관계'가 만들어 내는 새로운 변화들을 일반 사람들이 잘 이해하도록 담아내는 도구를 '미래 시나리오'라고 한다. 이 책에도 다양한 미래 시나리오들이 담겨 있다. 필자의 경우, 미래 시나리오를 구성할 때 약 40여 명의 잘 훈련된 연구원들이 주축이 되지만, 그 외에도 외부 각계 전문가들, 그리고 집단지성, NGO, NPO 단체들과의 지속적인 연계 등을 활용해 작업한다. 그리고 미래 예측의 리스크를 더 줄이기 위해서 사회과학적인 분석에서부터 컴퓨터 시뮬레이션 기법까지 다양한 예측기법들을 심층적으로 사용한다.

필자와 같은 전문 미래학자들은 미래를 예측하는 정보들을 상당히 예민하게 다룬다. 미래 예측의 리스크를 줄이기 위해 미래에 대한 시나리오를 하나만 세우는 것이 아니라 3~4개의 시나리오를 작성한다. 미래 예측 정보들 하나하나를 다루는 것도 민감해야 하지만, 이것들을 종합하여 표현하는 시나리오가 하나의 편중된 관점에 국한되지 않고 좀 더 다양한 시각들을 묘사하게 하기 위해서다.

계시적 예언을 할 수 없는 시기에는 성령의 조명에 힘입어 이와 같은 논리적 추론을 바탕으로 수행되는 시나리오적 접근법을 사용하면 미래 한국 교회의 변화 가능성도 충분히 연구해 볼 수 있다. 하나님이 이끌어 가실 미래에 대해서 더욱더 많은 가능성을 연구하고, 그 덕분에 선택의 길을 많이 발견할수록 우리는 미래의 다양한 가능성과 변화에 훨씬 더 유연하게 대처할 수 있게 된다. 나아가 더 나은 미래를 열게 될 것이다.

우리는 구약의 다니엘 같은 선지자처럼 하나님으로부터 직접 미래에 대한 계시를 받지 않는다. 요셉처럼 파라오의 꿈속에 나타난 환상을 정확하게 해석할 수도 없다. 그러므로 예언적으로 미래에 접근해서는 안 된다. 이는 계시나 환상을 받으려는 태도뿐만 아니라, 미래에 대해서 단 하나의 생각(시나리오)만을 가지고 있는 것이다. 나아가 자신이 생각하는 미래에 대한 단 하나의 생각을 시간이 지나고 상황이 바뀌더라도 절대로 바꾸지 않는 것이다. 또한 이 하나의 생각을 근거로 다른 사람에게 공포나 환상을 심어 주는 것이다. 일반적으로 기업에서는 환상을 이야기하고, 종교적 영역에서는 지구가 곧 멸망한다거나 전쟁이 발발한다는 식의 공포를 심어 준다. 이러한 행동들은 그 결과가 맞든 틀리든 상관없이 예언적으로 미래를 대하는 잘못된 태도다.

미래에 대한 좋은 접근방법 – 시나리오 최적화

일반은총의 영역에서 미래에 대한 좋은 접근방법은 하나의 미래가 아니라, 다양한 미래들에 관해 관심을 두는 것에서 시작된다. 미래에 대한 다양한 시나리오들을 생각해 보더라도, 시간이 지나면서 상황이 변화하면 최초에 생각했던 시나리오들을 계속해서 수정해야 한다. 필자는 이것을 '시나리오 최적화' Optimizing Scenarios 라고 부른다. 그리고 이런 시나리오들을 통해 공포나 환상을 강요하지 말고, 미래의 새로운 가능성과 기회들, 다가오는 위협과 위기를 균형 있게 살펴봐야 한다. 또한 예측되는 미래에 두려움을 갖지 말고 믿음과 긍정적 태도로 적절하게 미래를 대비하도록 이끌어야 한다.

어떤 이들은 "그렇다면 시나리오를 3~4가지로 국한해야 하는 이유가 있는가?", "시나리오가 많으면 많을수록 좋지 않을까?" 하고 질문한다. 또한 "미래에 대한 시나리오가 개개인마다 다 다르게 만들어질 수도 있지 않을까?" 하고 묻기도 한다. 맞는 말이다. 하지만 그렇게 되면 지구에 사는 사람들의 숫자만큼 미래 시나리오를 짜야 한다. 각자 나름대로 미래에 대해 자유로이 생각해 볼 수 있기 때문에 대략 70억 개 정도의 미래 시나리오가 생길 수 있다.

이렇게 되면 개개인의 생각을 전부 다 포괄할 수 있는 다양성은 완벽하게 확보가 되지만, 70억 개의 시나리오를 한 번에 다루고 통제하고 검토하는 것은 불가능해진다. 결국 시나리오가 없는 것보다 못하게 된다. 이런 이유 때문에 적정한 양의 시나리오를 갖는 것이 효율적이다. 미래학자들은 그 적정량을 3~4개 혹은 최대 7개 정도로 한정한다. 일반인은 3~4개의 미래 시나리오를 한 번에 머릿속에 떠올리고 다음 작업을 할 수 있고, 전문가들은 7개 정도가 가능하다. 물론 근래에는 컴퓨터 시뮬레이션의 발달로 수십 개, 수백 개의 시나리오도 검토할 수 있다.

한국 교회의 미래 시나리오 네 가지

필자는 미래를 묘사할 때 '변하는 것, 변하지 않는 것, 이 둘 간의 상관관계'를 가지고 주로 네 가지 미래 시나리오(일어날 개연성이 가장 높은 미래, 또 다른 가능성의 미래, 선호되는 미래, 뜻밖의 미래)를 만든다. 한국 교회의 네 가지 미래 시나리오는 다음과 같다.

첫째, 현재까지 발생한 확실성이 높은 힘들이 만들어 내는 미래다. 이를 '일어날 개연성이 가장 높은 미래'라고 부른다. 둘째, 미래에 영향을 줄 확실성이 큰 힘들이 만들어 내는 현재의 위기와 기회에 대응하면서 나타날 수 있는 미래다. 이를 '또 다른 가능성의 미래'라고 부른다. 셋째, 지금보다 좀 더 성경적이고 규범적인 비전의 범위에 드는 미래다. 이를 '선호되는 미래'라고 부른다. 마지막으로, 급변하는 사태가 발생하여 앞의 세 가지와 전혀 다른 방향으로 만들어지는 미래다. 이를 '뜻밖의 미래'라고 부른다.

이 네 가지 미래 중에서 가장 중요하며 기본이 되는 것은 '일어날 개연성이 가장 높은 미래'이다. 계획, 트렌드, 사이클, 패턴 등의 확실성이 높은 힘들이 만들어 내는 미래 변화들을 논리적으로 추론해서 구성하는 시나리오다. 과거와 현재 속에 묻혀 있는 한국 교회의 미래를 형성하는 데 결정적인 힘들의 이치와 구조를 파악하고, 이런 힘들이 지속하면서 나타나는 변화 흐름의 방향과 속도 등에 대한 힌트들(미래 징후들) Future Signal 을 논리적, 체계적, 생태학적으로 분석하여, 가장 논리적으로 타당하고 이치에 맞아 수긍할 만한 미래를 상상해 본다. 이런 과정을 통해서 예측되어 나온 것이 '한국 교회의 기본 미래'이다. 물론 이 기본 미래에는 한 가지 전제가 있다. 바로 '큰 변화와 갱신 없이 지금처럼 그대로 간다면'이다.

　필자가 예측하는 2020년 한국 교회의 기본 미래는 창세기 41장처럼 일명 '7년의 풍년과 7년의 흉년' 시나리오다. 한국 교회는 7년간의 풍년과 같은 폭발적인 성장기가 끝나고 7년간의 흉년기를 지나게 될 것이다. 지난 120년 찬란했던 한국 교회의 역사가 잊힐 만큼 극심한 침체기로 접어들 가능성이 크다.

　"기독교 역사상 가장 빠르게 성장했다", "세계에서 가장 큰 교회들은 한국에 있다", "한국 교회는 세계에서 가장 많은 선교사를 보내고 있다"라는 찬사들이 부끄러움과 수치로 바뀔 정도의 극심한 쇠퇴기가 현실이 되고 있다. 한국 교회와 교인들의 영적, 물질적 삶이 무너지면 한국의 선교도 동시에 무너질 것이다. "하나님이 선교와 부흥의 촛대를 옮기신다!"라는 탄식 소리가 여기저기서 들릴 것이다. 긴급한 상황이다. 절체절명의 상황이다. 위기의 상황이다.

1. 벼랑 끝에 선 한국 교회
위기의 한국 교회, 400만 명으로 줄어든다
성장의 한계선을 받아들일 것인가, 돌파할 것인가
파라오가 꾼 꿈을 풀 수 있는가
다가올 흉년을 준비하라
앞으로 10년, 한국 교회는 요셉의 지혜가 절실히 필요하다

2. 한국 교회 위기와 변화의 내부 진원지를 살펴라
위기의 내부 진원지로 들어가라
진원지 1. 초대형 교회만 살아남을 것인가
진원지 2. 목회 생태계 교란이 위기를 가속화한다
진원지 3. 농부아사 침궐종자(農夫餓死 枕厥種子)
진원지 4. 변화된 시대적 소명에 둔감해지다

PART 1

한국 교회,
잔치는 끝났다

한국 교회는 이미 급격한 성장기를 지나 1990년도 후반부터 성숙기에 들어섰고, 지금은 쇠퇴기가 시작되었다. 한국 교회 전체가 성장의 한계에 도달한 것이다. 이런 상황에서는 두 가지 길이 있다. 하나는 성장의 한계에 도달한 것을 겸손하게 인정하고 성숙기와 쇠퇴기에 걸맞은 목회를 하는 것이다. 또 다른 길은 성장의 한계선을 돌파할 수 있는 '재창조(갱신)적 목회'에 도전하는 것이다. 보통 이런 상황에서 나오는 구호가 바로 "뼈를 깎는 교회 갱신이 필요하다!"이다.

Chapter 1

벼랑 끝에 선 한국 교회

위기의 한국 교회, 400만 명으로 줄어든다

한국 교회, 잔치는 끝났다! 한국 교회는 성장이 잠시 주춤한 것이 아니라 이미 쇠퇴기에 접어들었다. 뼈를 깎는 노력으로 갱신하지 않고 그냥 이대로 가면 2050~2060년경에는 400만, 아니 300만 명대로 교인 수가 줄어들 수도 있다. 주일학교는 30~40만 명대로 줄어들 수 있다.

2005년 정부가 시행한 인구주택조사 결과를 분석해 보니 기독교인 수는 대략 870만(18.7%) 정도였다. 조사 시기에 한국 교회는 이미 성장기를 넘어 쇠퇴기의 초입에 들어섰다. 충격적이게도 자신의 종교가 기독교라고 응답한 사람들 중에는 이단까지 포함되어 있었다. 전문가들에 따라 약간씩 차이가 나지만 870만 중 대략 150~250만 정도를 이단으로 보고 있다. 그렇다면 기독교인의 숫자는 2005년 기준으로 620~720만에 불과하다. 그러나 이 숫자마저도 한국 사회의 인구구조 변화와 기독교 자체의 부흥동력의 상실, 그리고 점점 지속되는 교회 이미지의 실추 등을 고려할 때 한 세대(30~40년)가 지나면 최악의 경우 반 토막이 날 가능성이 크다.

다음 그래프는 필자가 2010년 정부가 시행한 인구주택조사 데이터를 컴퓨터 시뮬레이션해 본 결과다. 그나마 2005년과 다른 것이 하나 있다면, 한국인의 평균 수명 증가와 역이민자의 증가로 전체 인구 감소의 시기가 다소 늦춰졌다는 점이다. 그래서 2005년 당시보다는 한국 교회 교인들의 급격한 감소의 시기가 약간은 뒤로 늦춰졌다. 하지만 이 사항은 대세를 바꿀 만큼 그리 큰 이슈는 아니다. 결국 지금 같은 안일한 모습을 버리지 못한다면 한국 교회는 결코 급격한 쇠퇴를 벗어나지 못할 것이다.

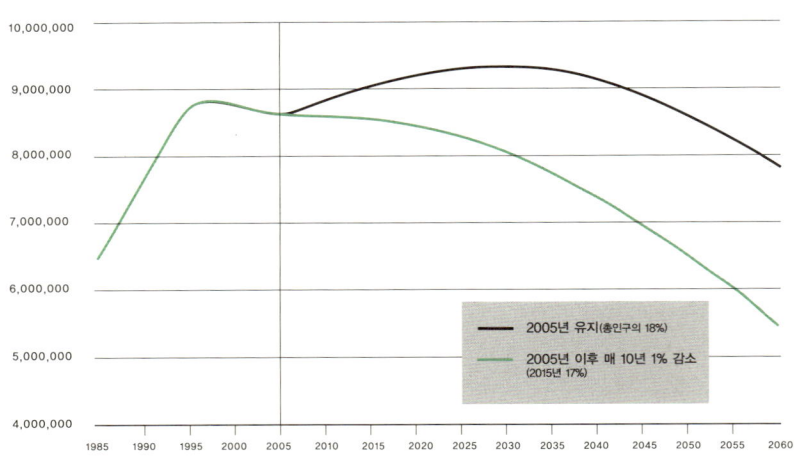

[기독교 총인구 변화 추이 예측]
통계청의 자료를 근거로 아시아미래인재연구소 컴퓨터 시뮬레이션 결과

그래프의 초록색 선을 주목하라. 한국의 기독교 인구는 1985년에 16%에서 1995년에 19.7%로 성장을 했다가 2005년에 18.7%로 감소하기 시작했다. 미래는 어떻게 될까? 컴퓨터 시뮬레이션 결과, 10년마다 1%씩 추가적인 교회 이탈이 지속될 경우, 저출산과 고령화의 인구구조의 변화와 맞물려 한국 기독교 전체(이단 포함) 인구는 2060년경이면 550만대로 줄어든다. 시간이 흐를수록 현재 150~250만 명가량으로 추정되는 이단들의 기세가 더욱 심해진다는 가정을 이 결과에 집어넣으면 2060년경의 순수한 기독교 인구는 300만대로 감소할 수도 있다. 이 과정에서 주일학교의 미래는 어떻게 될까? 다음의 그래프를 하나 더 보자.

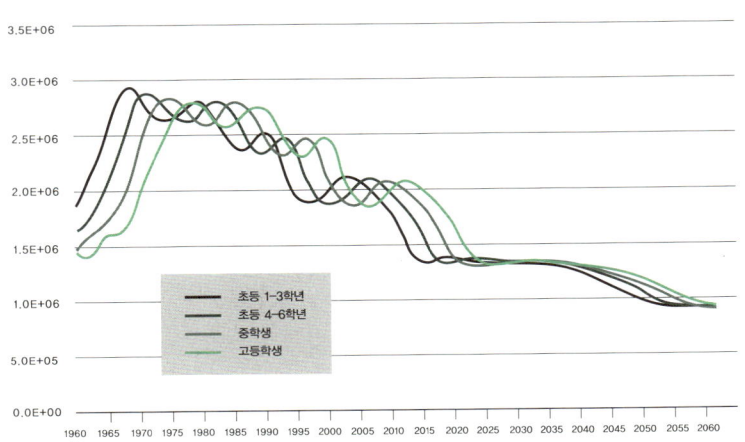

[주일학교 총인구 변화 추이]
통계청의 자료를 근거로 아시아미래인재연구소 컴퓨터 시뮬레이션 결과

이 그래프는 기독교 총인구 중에서 주일학교의 감소 추이를 예측한 결과물이다. 1960년대부터 폭발적으로 성장한 주일학교는 대략 1980년대까지 성숙기를 맞이했다. 그리고 기독교 총인구가 1995년부터 감소하기 시작한 것과 달리 15년이나 빠른 1980년경부터 본격적인 하락기로 접어들었음을 알 수 있다. 우리나라 정부는 1980년대부터 출산율이 급격하게 줄어서 미래의 인구가 감소할 위기가 시작되었음에도 대한민국 전체 인구가 계속해서 증가하는 현상 탓에 출산율 저하를 심각하게 느끼지 않았다.

교회의 교육부서가 이미 1980년대부터 줄기 시작했지만 아무도 위기감을 느끼지 못했다. 오히려 1980년대부터 1990년대 초반까지 한국 교회의 폭발적인 성장에 대한 환호성만 가득했다. 그런데 현실은 예장통합 측에서만 지난 10년 동안 주일학교 어린이 부서가 38만 명에서 28만 명으로 줄었고, 기독교성결교회는 30%가 감소했다. 사실 한국 교회가 1990년대 후반부터 정체기를 맞고 서서히 감소하는 패턴은 교육부서가 1980년대 초반부터 감소하는 패턴이 그대로 적용된 것이다. 이 패턴이 동일하게 적용된다면 한국 교회 전체 숫자의 변화는 어떻게 될지 뻔하다. 교육부서의 감소 패턴이 10~15년 후에 곧바로 한국 교회 전체의 숫자 변화와 직결된다는 말이다.

그래프를 보면 주일학교는 이미 2005년부터 2015년경까지 지속하는 제4차 감소국면을 통과하는 중이다. 2015년경 이후가 되면 대략 2045년경까지 지속하는 제5차 감소국면을 통과할 것이다. 그러면 이단을 제외한 실제 기독교 주일학교 숫자는 대략 30~40만 명대로 추락할 가능성이 아주 크다. 더욱더 충격적인 예측이 하나 더 있다. 다음 그래프를 보라.

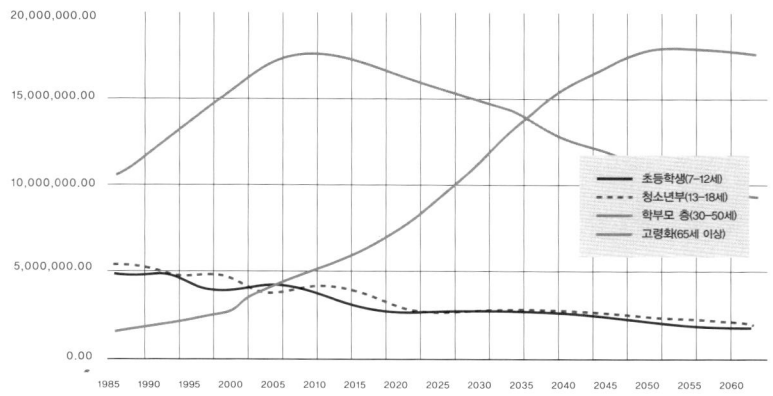

[각 영역별 인구 변화 추이]
통계청의 자료를 근거로 아시아미래인재연구소 컴퓨터 시뮬레이션 결과

    이 그래프는 2060년까지 기독교 총인구의 변화 중에서 주일학교, 청소년부, 30~50세, 65세 이상의 인구를 예측한 것이다. 교회의 중심축이 되는 30~50세의 연령층이 2010년을 기점으로 계속해서 하락하는 것을 볼 수 있다. 대신 65세 이상이 급격히 상승하면서 2050년경부터는 나머지 연령대 전체를 합친 것보다 많아지는 것을 볼 수 있다. 만약 65세의 연령대를 한국의 실제적인 은퇴 나이인 50~55세로 낮추어 시뮬레이션하면 우리나라는 2050년경이 되면 교인 중 60~70% 이상이 은퇴자로 가득 차게 된다. 지방 도시는 70~80%가 은퇴자일 가능성이 크고, 농어촌이나 소도시는 80~90%를 차지할 것이다.

    창세기 41장에 나오는 이집트 파라오의 꿈이 한국 교회에서 현실이 되고 있다. 풍족함으로 즐거워하던 7년의 풍년기가 지나고, 언제 풍년이었냐는 듯이 7년의 극심한 흉년기가 찾아와 이집트와 전 세계를 공포에 몰아넣었다.

한국 교회도 지난 찬란했던 100년 동안의 부흥기가 끝났다. "기독교 역사상 가장 빠르게 성장했다", "세계에서 가장 큰 교회들은 한국에 있다", "한국 교회는 세계에서 가장 많은 선교사를 보내고 있다"라고 칭찬하던 그 말들이 도리어 수치스러울 극심한 쇠퇴기가 현실이 되기 일보 직전이다. 한국 교회가 무너지면 한국의 선교도 동시에 무너질 것이다. 여기저기서 하나님을 향한 탄식의 소리가 들릴 것이다. "하나님이 한국 교회를 정녕 버리시는가!"

성장의 한계선을 받아들일 것인가, 돌파할 것인가

1961년 MIT의 포레스터 Jay Forrester 교수는 복잡한 시스템 구조와 역동성을 이해하는 데 도움이 되는 새로운 방법론을 창시했다. '시스템 다이내믹스' System Dynamics가 그것이다. 시스템 다이내믹스는 사회나 조직처럼 복잡한 구조와 다양한 지연시간이 발생하는 흐름이 있는 비선형적 피드백 시스템의 특성과 동적 양태(움직임)를 거시적으로 해석하는 방법론이다. 이 방법론을 활용하면 조직 내에 있는 다양한 요소가 상호연관을 맺으면서 성장이나 쇠퇴에 어떻게 영향을 미치는지에 대한 거시적 움직임을 분석하고 예측할 수 있다.

이 방법론이 현재 우리에게 중요한 이유는 무엇일까? 하나님이 만드신 세상은 자연계든 사회든 조직이든 교회든 영원히 성장하지 못하게 창조되었다. 각각의 개체들은 크기만 다를 뿐이지 태동기를 거쳐 성장기, 성숙기, 그리고 쇠퇴기라는 생애 주기를 가진다. 교회도 마찬가지다. 교회를 개척하고(태동기), 열심히 전도하고 기도하면 점점 성장하기 시작한다. 그리고 '임계점' Critical point 1)이라고 표현되는 시기를 지나면 갑자기 2배, 3배씩 폭발적으로 성장하게 된다.

그러나 이런 폭발적인 성장기를 지나 성숙기에 들어서는 지점에 이르면 '예외 없이' 성장이 멈추게 된다. 아무리 전도를 하고 열심을 내도 좀처럼 예전 같은 부흥이 일어나지 않고 완만한 성장이나 현상유지만 가능하다. '우리 교회가 더 성장하는 것은 무리인가?' 라는 느낌을 받는다. 시스템 다이내믹스 이론에서는 이것을 '성장의 한계 모델' 이라고 부른다.

하나님이 만드신 세상과 그 세상 속에 존재하는 모든 것은 기간의 차이만 있을 뿐이지 언젠가는 성장을 멈춘다. 이것은 세상의 이치이자 진리요 이것을 아는 것이 겸손이요 지혜다. '우리 교회의 성장은 절대로 멈추지 않을 것이다' 라고 믿는 것은 자신의 젊음이 영원히 유지될 것이라고 생각하는 것과 다를 바가 없다. 한국 교회의 성장은 언젠가는 멈출 것이고, 우리 교회의 성장도 언젠가는 멈출 것이다.

앞서 분석하고 예측한 것처럼, 한국 교회는 이미 급격한 성장기를 지나 1990년도 후반부터 성숙기에 들어섰고, 지금은 쇠퇴기가 시작되었다. 한국 교회 전체가 성장의 한계에 도달한 것이다. 한국 교회가 거시적으로 이미 성장 한계의 늪에 빠졌다는 증거들은 곳곳에서 나타난다.

　이런 상황에서는 어떻게 해야 할까? 두 가지 길이 있다. 하나는 성장의 한계에 도달한 것을 겸손하게 인정하고 성숙기와 쇠퇴기에 걸맞은 목회를 하는 것이다. 사람에 비유하자면 젊음의 시기가 지나고 장년기에 접어들었으니, 아쉽더라도 '아름다운 노년기'를 준비해야 하는 것과 같은 이치다. 이미 주변 인구 구성이 고령화로 바뀌고 있는 교회가 있을 것이다. 이럴 때는 그들의 필요를 채우는 아름다운 노년기 목회를 하나님이 주신 새로운 시대적 소명으로 받아들여야 한다. 그래야 그들과 함께 아름답고 행복한 목회를 재창조할 수 있다.

　또 다른 길은 성장의 한계선을 돌파할 수 있는 '재창조(갱신)적 목회'에 도전하는 것이다. 시스템 다이내믹스 이론에서 성장의 한계를 돌파하는 방법이 딱 하나 있다. 그것은 다음 그래프처럼 성장의 한계선을 인위적으로 높이는 것이다. 성장의 한계선이 어디냐는 조직의 내부 역량에 좌우된다. 예를 들어, 교회의 영성, 목회자의 자질, 교회의 비전, 교인의 자질, 하드웨어 역량, 소프트웨어 역량, 전도 능력, 주변 지역의 인구 구성, 재정적 여력 등이 모여서 성장의 한계선을 규정한다. 만약 이런 것들을 향상하면 자연스럽게 성장의 한계선을 일정 수준까지는 올릴 수 있다. 보통 이런 상황에서 나오는 구호가 바로 "뼈를 깎는 교회 갱신이 필요하다!"이다.

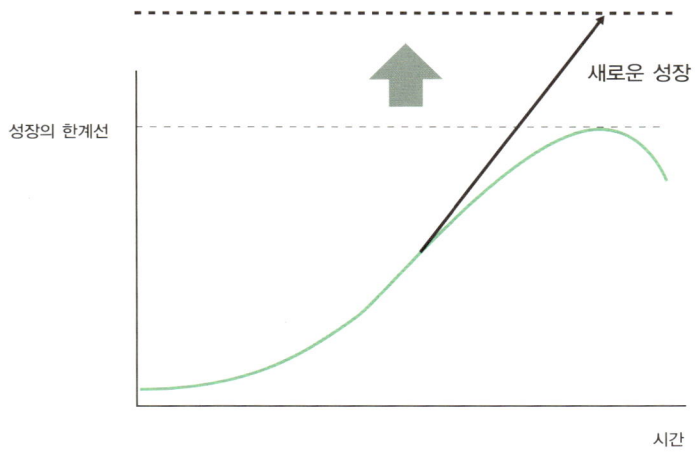

[성장의 한계선을 상향시켜 새로운 성장 여력 마련]

지난 10~20년 동안 한국 교회는 성장의 한계를 극복하기 위해 예배당을 새로 건축하는 등 하드웨어에 집중적으로 투자했다. 하지만 앞으로는 하드웨어 개선으로 성장의 한계선을 끌어올려 추가적인 양적 성장을 이루기 어렵다. 오히려 과도한 부채 부담이 발생해, 2013년 이후 본격화될 국내 부동산 버블 붕괴와 맞물려 급격한 쇠퇴의 빌미가 되고 말 것이다.

성장 한계의 늪에 빠진 한국 교회가 새로운 부흥의 파도를 타기 위해서는 영성의 수준을 높이고, 목회자의 자질을 높여 복음의 가치를 회복해야 한다. 또한 교회교육의 수준을 높여 신앙계승을 원활하게 하고, 미래의 양적 부흥과 지속가능성을 담보하는 어린이 청소년 부서 회복에 집중해야 한다. 또한 앞으로 15년 동안 쏟아져 나올 1,640만 명의 은퇴자를 교회의 새로운 역동적 힘으로 만들어야 한다.

교회 건축 같은 하드웨어에 몰입하지 말고, 사람과 소프트웨어에 집중함으로 성장의 한계를 돌파하는 새로운 길을 열어야 한다. 이런 일들이 불가능한 것은 절대 아니다. 이 책 후반부에 기록된 한국 교회를 위한 필자의 미래 해법과 전략들의 핵심도 성장의 한계선을 높이는 것에 집중되어 있다. 하나님은 준비되어 계신다. 우리만 생각을 바꾸면 된다. 한국 교회의 지도자들과 교인들이 진정한 갱신의 길로 손을 잡고 들어서기만 하면 된다. 그렇지 않으면 창세기 41장에 기록된 7년의 대흉년이 현실이 되고 말 것이다.

파라오가 꾼 꿈을 풀 수 있는가

우리는 최첨단 시대를 살고 있다. 다가오는 사회는 더욱더 살기 편한 사회, 환상 같은 사회가 될 것이다. 2035년이 되면 평균 수명이 100세까지 늘어나고, 앞으로 20년이 지나면 암도 정복된다. 바이오 기술, 나노 기술, 로봇 기술을 통해 정복될 것이다. 예를 들어, 줄기세포는 200여 가지가 넘는 다양한 장기로 변화할 수 있다. 혈액에서 줄기세포를 추출해서 보관하고 있다가, 병에 걸리면 그것을 꺼내서 배양한다. 배양한 줄기세포를 몸속에 집어넣어서 손상된 장기를 치료하거나 암과 같은 난치병을 치료하는 데 활용할 수 있다. 심장이 안 좋으면 심장을 갈아 끼울 수도 있다. 우리의 실제 체세포를 복제하거나 사이보그 기술이나 인공장기 기술을 활용해서 새로운 심장을 만들어 몸속에 장착하는 것이 20년 안에 가능해진다.

기술과 의학의 눈부신 발전 덕택에 앞으로 20년이 지나면 평균 수명이 100세까지 늘어난다. 영화에서나 나올 법한 환상적인 삶의 혜택을 받는 환상적인 사회에서 살게 되는 것이다.

그런데 아무리 이러한 환상의 시대를 살고 있다고 해도 꿈의 지배력은 줄어들지 않는다. 꿈에 돼지 열두 마리가 나타났다고 하자. 돼지가 뛰어놀다가 품 안으로 들어왔다. 아침에 눈을 떠서 무엇부터 할까? 간밤에 꾼 꿈 때문에 복권을 사러 갈 것이다. 취업을 앞두고 면접 보러 가기 전날 꿈을 꾸었다. 그런데 꿈속에서 지금까지 한 번도 모인 적 없던 친척들이 모두 모였다. 그런데 친척들이 무언가를 서로 쑥덕쑥덕하더니, 마당에 나가 커다란 가마솥 열두 개에 장작불을 지피고 무언가를 펄펄 끓이는 것이다. 몰래 가서 열어 보니, 엄청난 양의 미역국이 펄펄 끓고 있었다. 깜짝 놀라 일어나니 꿈이었다. 그런데 마침 그날이 생일이었다. 어머니가 생일이라고 미역국을 두 그릇이나 주셨다. 그 미역국을 아무런 거리낌 없이 다 먹을 수 있을까? 오늘 면접을 봐야 하는데 말이다.

그날 면접에서 떨어졌다고 하자. 무슨 생각을 할까? '내가 그럴 줄 알았어. 어젯밤 꿈자리가 뒤숭숭하더니……!' 최첨단 과학문명이 발달한 지금이지만 꿈의 지배력은 아직도 존재한다. 하물며 수천 년 전 요셉의 시대에는 꿈의 지배력이 더욱더 대단했을 것이다.

어느 날 파라오가 꿈을 꾸었다. 우리도 많은 꿈을 꾸지만, 창세기 41장에 나오는 파라오의 꿈은 일생에 한 번 꿀까 말까 하는 꿈이다.

"만 이 년 후에 바로가 꿈을 꾼즉 자기가 나일강가에 서 있는데 보니 아름답고 살진 일곱 암소가 강가에서 올라와 갈밭에서 뜯어 먹고 그 뒤에 또 흉하고 파리한 다른 일곱 암소가 나일강가에서 올라와 그 소와 함께 나일강가에 서 있더니 그 흉하고 파리한 소가 그 아름답고 살진 일곱 소를 먹은지라 바로가 곧 깨었다가 다시 잠이 들어 꿈을 꾸니 한 줄기에 무성하고 충실한 일곱 이삭이 나오고 그 후에 또 가늘고 동풍에 마른 일곱 이삭이 나오더니 그 가는 일곱 이삭이 무성하고 충실한 일곱 이삭을 삼킨지라 바로가 깬즉 꿈이라" 창 41:1~7.

파라오는 꿈을 꾸었다. 살지고 아름다운 암소 일곱이 나일강가에서 풀을 뜯어 먹고 있었다. 전원적이고 목가적인 풍경이다. 살진 소를 본 파라오는 꿈속이었지만 기분이 좋았을 것이다. 그런데 갑자기 그 뒤에서 흉하고 파리한 일곱 암소가 나타났다. 지금까지 한 번도 본 적 없는 바싹 마르고 험악하게 생긴 그 암소들이 살지고 아름다운 암소들을 잡아먹었다.

소싸움을 직접 본 적이 있는가? 소싸움 하는 소는 일반 소와는 다르다. 싸움소에게는 산삼도 먹인다. 싸움소들이 훈련하는 것을 보았는데 보통이 아니었다. 운동선수들이 훈련할 때 폐타이어를 매고 뛰는 것처럼 소들도 폐타이어를 끌면서 체력 훈련을 한다. 또 뿔을 강화하기 위해 큰 나무통 안에 타이어를 넣어 두고, 뿔로 그 타이어를 꺼내는 훈련을 한다. 이런 싸움소들은 가격도 보통 억대가 넘는다. 이런 소들이 마주 보며 버티고 서 있는 모습을 가까이서 보면 굉장히 무섭다.

두 마리 싸움소의 대결도 긴장감이 넘치고 위협적인데, 파라오의 꿈에서는 열네 마리의 소들이 서로 뒤엉켜서 목숨을 걸고 싸우고 있다.

두 마리 소싸움에서는 한 마리가 도망가면 끝나지만, 파라오의 꿈에 나온 소 열네 마리의 치열한 싸움은 사느냐 죽느냐의 문제였다. 결국 흉하고 파리한 소 일곱이 살지고 아름다운 소들을 완전히 먹어 치워 버렸다. 이리저리 피가 튀고 소들의 처절한 울음소리가 울려퍼지는 상황이었다. 끔찍한 꿈에 소스라치게 놀란 파라오는 잠에서 급히 깨어났다. 한참을 잠을 못 이루다가 아직도 새벽이 멀었기에 파라오는 가까스로 다시 잠을 청했다. 그리고 또 꿈을 꾸었다.

이번에는 이삭 한 줄기에서 충실한 일곱 이삭이 나왔다. 그 후에 가늘고 동풍에 마른 일곱 이삭이 나왔다. 그리고 마른 일곱 이삭이 충실한 일곱 이삭을 다 삼켜 버렸다. 이 꿈이 이전 꿈보다 덜 무섭다고 생각할 수 있다. 하지만 곰곰 생각해 보면 이 꿈이 더 무서울 수 있다.

파라오가 꾼 꿈을 '쥬라기 공원' 같은 공룡 영화에 비유한다면, 첫 번째 꿈은 티라노사우르스 같은 거대 공룡들의 싸움이다. 보통 이런 영화의 주인공들은 가까스로 공룡들의 추격을 피해 꽃과 나무들이 많은 지역으로 피신하면서 안도의 한숨을 쉰다. 그런데 갑자기 주인공의 등 뒤에 있는 커다란 꽃이 입을 쩍 벌리고 주인공을 잡아먹으려고 달려들고, 주인공은 다시 한 번 기겁하며 도망한다. 파라오가 두 번째 꿈을 꿀 때 아마도 그런 심정이었을 것이다.

깜짝 놀란 파라오는 더는 잠을 이룰 수 없었다. 그리고 이 두 끔찍한 꿈이 무엇을 예언하는 것인지 알아내야 한다는 생각으로 머릿속이 가득 찼다.

창세기 41장 8절에 보면 "아침에 그의 마음이 번민하여 사람을 보내어 애굽의 점술가와 현인들을 모두 불러"라는 구절이 있다. 파라오의 마음이 매우 급했음이 엿보인다. 14절에서도 확인할 수 있다. 성경은 "바로[파라오]가 사람을 보내어 요셉을 부르매 그들이 급히 그를 옥에서 내놓은지라"라고 기록함으로 그날의 급박한 상황을 묘사하고 있다. 파라오에게 이 꿈을 해석하는 것은 왜 그토록 긴급했을까?

그 당시는 이집트 역사로 보면 힉소스 왕조 때다. 힉소스 왕조는 이집트 본토인이 아니다. 이방 족속인데 이집트를 점령해서 왕조를 세웠다. 다시 말해 이집트를 식민지로 삼은 왕조였다. 중국 역사로 보면 만주족이 한족을 무너뜨리고 청나라를 세웠던 것과 비슷하다. 우리나라를 침략해 식민지로 삼았던 일본 정부와 같다. 그러다 보니 이 왕조는 늘 뒤가 찜찜했다. '언젠가 이집트 본토인들이 쿠데타라도 일으키면 어떡하지?'라는 고민을 하고 있었다.

이런 상황에서 파라오가 끔찍한 꿈을 꾼 것이다. 그 당시는 신들의 전쟁 시대였다. 신들이 꿈을 통해 자신을 따르는 족속들에게 예언해서 미래에 나타날 일들을 알려 준다고 믿던 시절이다. 파라오는 '내가 믿는 신이 우리와 우리나라에 일어날 문제에 대해서 무언가를 급하게 알려 주려나 보다'라고 느꼈을 것이다.

파라오의 꿈은 직감적으로도 좋은 꿈이 아니었다. 그는 신이 자신에게 알려 주고자 하는 것이 자신과 나라에 일어날 기쁜 일에 관한 것이기보다는 분명히 쿠데타나 반란에 대한 암시일 것이라고 생각했을 것이다. 그래서 더욱더 파라오는 이 꿈을 시급히 풀어야 했다. 이 꿈을 빨리 풀어 반란세력을 색출해야 한다고 생각했을 수 있다. 만약 못 풀면 자신이 죽을 수도 있었다.

그러나 파라오의 명령을 받고 궁으로 들어온 이집트 최고의 점술가와 현인들 중 아무도 그 꿈을 해석하지 못했다. 이제 그들 모두 죽음을 면키 어려운 상황이 되었다. 이들뿐 아니라 파라오의 신하들도 큰 봉변을 당할 수 있는 일촉즉발의 위기감이 고조되고 있었다.

이런 상황에서 요셉이 극적으로 이집트의 역사에 등장했다. 당연히 하나님이 요셉을 역사에 등장시키기 위해 연출하신 상황이었다. 하나님은 술 맡은 관원이 요셉을 기억해 내도록 하셨다. 하나님은 자기 일을 위해 상황을 바꾸시기 시작했다. 창세기 41장 1절에 보면 "만 이 년 후에"라는 기록이 나온다. 즉, 두 해 전에 술 맡은 관원은 요셉을 감옥에서 만난 적이 있었다. 요셉이 감옥에 있을 때 떡 맡은 관원과 술 맡은 관원의 꿈을 해석해 주었다. 요셉은 술 맡은 관원의 꿈을 해석해 주며 "당신이 잘되시거든 나를 생각하고 내게 은혜를 베풀어서 내 사정을 파라오에게 아뢰어 이 집에서 나를 건져 주소서"창 40:14라고 간곡하게 부탁했다. 하지만 술 맡은 관원은 복직한 후 요셉을 기억하지 못하고 잊었다.

이것은 술 맡은 관원이 요셉을 잊은 것이 아니고, 잊으려고 한 것으로 보아야 한다. 생각해 보라. 그는 왕에게 큰 죄를 지어 감옥에 있었다. 친구와 함께 들어갔다. 꿈을 같이 꾸었는데, 친구는 나무에 달려 죽고, 자신은 살아남아 복직되었다. 그 사건을 어찌 잊을 수 있겠는가. 술 맡은 관원이 바빠서 요셉을 잊은 것이 아니다. 기억하지 않으려 애를 쓴 것이다. 잊으려고 한 것이다. 왜 그랬을까?

추측해 보자. 요셉의 위치가 어떠했는가? 요셉은 감옥에 있었다. 보디발의 감옥은 정치범들이 있는 곳이었다. 요셉의 죄질은 요즘으로 본다면 성추행이다. 술 맡은 관원은 요셉의 꿈 해석 덕택에 복직했다고 해서 성추행범이 자신을 도와줬다고 말할 수는 없었다. 그런 사람이 친구라고 과연 이야기할 수 있겠는가? 권력자에게는 그런 사람을 안다는 것이 결코 도움이 되지 않는다. 그래서 '일부러' 잊어버린 것이다. 잊어버리려고 애쓴 것이다.

이것이 정치다. 이것이 세상 돌아가는 방식이다. 요셉은 일말의 희망을 품었겠지만, 술 맡은 관원은 복직한 후 만 2년 동안 요셉을 잊었다. 파라오가 그런 끔찍한 꿈을 꾸지 않았다면 술 맡은 관원은 평생 요셉을 거론도 하지 않았을 것이다. 세상을 살면서 이런 일은 비일비재하게 일어난다. 그렇다고 낙심하지 마라. 그렇게 하신 분은 하나님이시다. 술 맡은 관원이 이런 치졸한 정치적 계산을 하게 하신 분도 하나님이시다.

하나님이 왜 그렇게 하셨을까? 만 2년 후에 극적으로 요셉을 끌어올리시기 위해서였다. 하나님은 우리에게 그렇게 개입하시는 분이다. 열심히 하는데 안 되는 일이 많다. 목사가 기도해도 안 되는 것이 많다. 내가 생각하는 것과 다르게 일어나는 일도 비일비재하다. 하지만 이런 모든 것을 받아들여야 한다. 왜 그럴까? 그 뒤에 하나님이 계시기 때문이다.

원수를 만나고, 계약이 99% 성사될 것 같다가 깨지고, 믿었던 사람이 배신하는 등 이 모든 일의 뒤에도 하나님이 계신다. 너무 실망할 필요는 없다. 그것이 끝이 아니기 때문이다. 반전이 있다. 극적인 반전을 만드시기 위해 하나님이 그렇게 하시는 것이다. 요셉처럼 말이다.

파라오가 꾼 꿈을 못 풀면 파라오든 신하든 다 죽는다. 왕궁 전체가 갑자기 살벌해지기 시작했다. 그러나 정치는 희한한 속성이 있다. 아무도 파라오의 꿈을 풀어내지 못하자 초반에는 왕궁에 극심한 위기감이 고조되었지만, 시간이 조금씩 지나면서 새로운 분위기가 나타나기 시작했다. 이런 급박한 상황에서 누군가가 파라오의 꿈을 해석한다면, 혹은 꿈을 해석할 사람을 찾아 데려온다면 그는 파라오의 큰 신임을 받을 절호의 기회를 얻을 터였다. 정치적으로 급격한 상승을 할 수 있는 기회 말이다.

이것이 바로 그토록 요셉을 잊어버리려 했던 술 맡은 관원이 요셉을 파라오 앞으로 당당하게 데리고 나온 이유다. 심지어 자신의 죄까지 들추어내면서 말이다. 물론 당시는 자신의 죄에 대한 부끄러움도, 요셉이 노예이며 성추행범으로 감옥에 갇힌 것도 전혀 문제가 되지 않았다. 이 모든 문제는 요셉이 파라오의 꿈을 풀면 끝나는 것이었다. 때문에 술 맡은 관원은 자신의 꿈을 풀었던 요셉을 직접 데려다 파라오에게 천거했다. 이것이 하나님의 역사요 섭리다. 그로 인해 요셉은 극적으로 이집트의 역사에 등장했다.

다가올 흉년을 준비하라

파라오의 꿈 내용을 들은 요셉은 그 꿈을 해석했다. 우리는 요셉이 파라오에게 하는 말 중 몇 가지를 주목해야 한다.

첫째, 요셉은 그 꿈이 하나님이 파라오에게 무엇인가를 보이시기 위함임을 분명히 했다. 즉, 하나님이 앞으로 14년 동안 하실 일을 파라오에게 가르쳐 주신 것이라는 점을 분명히 했다.

하나님은 역사의 처음이시자 마지막이시다. 또한 역사를 직접 이끌어 가시는 분이다. 우리가 지나온 과거도, 살아갈 미래도 하나님은 다 아신다. 하나님은 그분이 이끌어 가실 미래를 우리에게 감추시는 분이 아니다. 그분이 하실 일을 감추어 우리를 곤혹스럽게 만드시는 분이 아니다. 하나님은 언제나 자신이 장차 할 일을 미리 우리에게 가르쳐 주신다. 심지어는 마지막 때에 어떠한 일들이 일어날지도 알려 주셨다. 요한계시록, 에스겔서, 이사야서 등을 통해 말세가 되면 사람들의 왕래가 빨라지고, 지식이 폭발적으로 증가하고, 처처에 기근, 재난이 발생한다고 미리 알려 주셨다.

지구 온난화로 인해 올해도 전 세계에 엄청난 일들이 일어났다. 기근, 지진, 화산 폭발, 재해, 태풍, 전염병, 신종플루 유행 등은 물론이고, 중세 때 일어났던 페스트도 다시 발생했다. 모두 하나님이 우리에게 알려 주신 일들이다. 미래는 어떻게 될까? 성경을 통해 하나님이 미리 알려 주신 대로라면 지금보다 더하면 더했지 덜하지는 않을 것이다.

둘째, 하나님이 장차 일어날 일들을 가르쳐 주시는데, 누구에게 가르쳐 주시느냐 하는 것이다. 기도 많이 한 목사에게 가르쳐 주시는가? 물론 그렇게도 하신다. 하지만 우상숭배의 앞잡이였던 파라오에게도 장차 일어날 일들을 가르쳐 주셨다.

지금도 마찬가지다. 신실하고 경건한 기독교인들에게 하나님은 자신이 이끌어 갈 세상에 대해 '지혜'로 깨닫게 하신다. 아주 세세하게 언제, 어디서, 무슨 일이 발생하는지는 가르쳐 주시지 않지만, 하나님이 세상을 어떻게 이끌어 가실지에 대한 커다란 방향과 흐름은 언제든지 깨닫게 해 주신다.

　그런데 때로 하나님은 믿지 않는 자들에게 일반은총의 영역 안에서 장차 일어날 일들에 대한 지혜를 주시기도 한다. 심지어는 파라오처럼 다른 신을 섬기는 사람들에게도 하나님이 이끌어 가실 시대에 대한 지혜를 미리 알려 주신다. 그러므로 하나님이 장차 세상을 어떻게 이끌어 가실지를 알려 하는 자들이라면 이들의 목소리에도 귀를 기울여야 한다.

　사실 한국 교회는 비기독교인과 안티기독교인에게 계속 공격을 받고 있다. 하나님이 신실한 기독교인을 통해 자신의 마음을 전달하시고 자신이 이끌어 갈 시대에 관해 지혜를 주시는데 우리가 못 알아들으니, 교회 밖의 비신자들과 타 종교인들을 통해서까지 이야기하시는 것이다. 경고하시는 것이다. 그런데 한국 교회는 듣지 않는다.

　성경을 보라. 하나님이 이스라엘 백성에게 경고하실 때에는 개나 돼지로 여겨졌던 이방인을 통해서 하셨고, 그들을 통해서 치셨다는 것을 잊어서는 안 된다. 지금 한국 교회가 왜 지적을 당하고 있는지 분별할 줄 알아야 한다. 현재 한국 교회가 받는 비난과 지적이 우리가 순수한 믿음을 지키기 위한 행동들을 하다가 받는 것인지, 아니면 한국 교회가 시대적 소명을 잃어버리고 잘못된 길을 가는 것에 대해서 하나님이 교회 밖 사람들을 통해 주시는 경고인지 분별해야 한다. 지금 한국 교회와 교인이 받는 공격은 일제강점기나 공산치하에서처럼 순수한 믿음을 지키려다 받는 핍박이 절대로 아니다.

　요셉의 꿈 해석 이야기로 돌아가 보자. 요셉은 파라오에게 앞으로 이집트에 일곱 해 큰 풍년이 있고, 이후 일곱 해 큰 흉년이 있을 것이라고 해석해 주었다. 그 흉년은 앞서 일곱 해 동안 누린 풍년의 기쁨을 완전히 잊어버릴 정도로 아주 극심하고 끔찍한 것일 터였다.

"후에 든 그 흉년이 너무 심하므로 이전 풍년을 이 땅에서 기억하지 못하게 되리이다 바로께서 꿈을 두 번 겹쳐 꾸신 것은 하나님이 이 일을 정하셨음이라 하나님이 속히 행하시리니" 창 41:31~32.

여기서 중요한 것을 하나 발견할 수 있다. 이 정도 되면 우리는 어떻게 반응했을까? 일곱 해의 풍년은 감사하지만, 일곱 해의 흉년은 오지 않게 해 달라고 기도할 것이다. 그런데 요셉은 일곱 해의 흉년을 막아 달라고 기도하지 않았다. 성숙한 신앙생활을 하려면, 기도할 것과 기도하지 않을 것을 구별하는 것이 중요하다. 요셉은 왜 기도하지 않았을까? 답은 간단하다. 일곱 해의 흉년도 하나님이 정하신 것이기 때문이다. 하나님 편에서 생각해 보니, 흉년이 오지 않도록 기도하는 것은 도리어 하나님의 뜻에 어긋나는 것 같았을 것이다. 일곱 해의 흉년은 하나님의 위대한 구원계획 속에 있는 중요한 사건이었다.

이 땅을 살아가는 우리에게 풍년이냐 흉년이냐는 매우 중요한 문제다. 그런데 중요도의 기준에서 하나님과 우리 사이에 큰 차이가 있다. 우리 주위에는 만사가 잘될 것으로 기대하면서 예수님을 믿거나 헌신하는 사람들이 적지 않다. 병에 걸리면 예수 믿어 고치려고 한다. 물론 병이 낫기도 한다. 안되던 사업이 풀릴 수도 있다. 사업이 어렵고 고통스럽자 새벽기도 40일 하고 기사회생할 수도 있다. 그런데 예수 믿는다고 해서 세상 모든 일이 잘 풀리는 것은 아니다. 도리어 예수 믿고 잘 안되는 경우가 많다. 기도하는데 사업은 망하고 일이 더 꼬이기도 한다. 하지만 그것을 받아들여야 더 깊은 믿음의 세계로 들어갈 수 있다.

우리는 일곱 해의 풍년에만 관심이 있다. 그러나 하나님은 일곱 해의 풍년에 관심이 없으시다. 우리는 일곱 해의 흉년을 피하고 싶어 기도한다. 그러나 하나님은 일곱 해의 흉년에도 관심이 없으시다. 건강하게 살고, 자녀가 성공하고, 돈 많이 벌고, 명예를 얻는 것은 중요하다. 하지만 하나님께는 그런 것들이 별로 중요하지 않다. 우리에게는 예수 믿고 사업을 통해 성공하는 것이 중요하지만, 하나님은 그런 것들을 중요하게 생각하지 않으신다. 이것이 하나님과 우리의 차이점이다.

우리는 인생 70년 동안 풍년만 있기를 원하고, 흉년은 풍년으로 바뀌기를 원하지만 하나님께는 그것이 별로 중요하지 않다. 그러기에 우리는 기도해도 병에 걸리고, 신앙생활을 오랫동안 열심히 해도 사업이 잘 안될 수도 있고, 교회에 헌신해도 세상에서 성공하지 못할 수도 있다. 필자의 삶과 사역 속에서도 이런 일들은 자주 일어났다. 엄마 따라 새벽기도에 나왔다가 돌아가는 길에 뺑소니를 당해 그 자리에서 죽은 아이가 있었다. 기도하지 않는 사람은 잘 돌아다니는데, 아이 엄마는 기도하러 나왔다가 자식을 잃었다. 그 아이의 장례를 치르면서 얼마나 울었는지 모른다. 신앙생활을 하는데 왜 이런 일들이 일어날까? 왜 우리 주위에는 예수 믿고 성공한 사람보다 예수 믿고 고통당하는 사람이 더 많을까?

필자가 발견한 것은 이것이다. 하나님은 우리가 예수 믿고 이 땅에서 세상의 기준으로 성공하거나 실패하는 것에 관심이 없으시다. 하나님은 일곱 해의 풍년과 흉년에 관심이 없으시므로 일곱 해 흉년도 주셨다가, 일곱 해 풍년도 주신다. 그러면 도대체 하나님은 무엇에 관심이 있으실까? 하나님은 일곱 해의 흉년이 오더라도, 건강하지 않더라도, 시한부 삶을 산다 하더라도, 행복한 삶을 살지 못할지라도, 우울증에 빠져 있더라도, 사업이 오늘내일하더라도, 쫓기는 삶을 산다 하더라도 '변하지 않는 하나님을 향한 마음'에 관심이 있으시다.

사람은 잘되면 하나님으로부터 마음이 멀어지고, 힘들면 기도한다. 목사들도 어려우면 더 기도하게 된다. 요즘 교인들은 큰 위기를 만나야 교회에 와서 기도한다. 평소에 새벽기도회, 철야기도회에 나오라고 권면해도 안 나온다. 그러다가 사업이 위기를 만나면, 중병에 걸리면, 자식에게 위급한 일이 생기면 밤새워서 기도한다. 이뿐이 아니다. 평탄할 때는 변화를 추구하지 않지만, 고통이 찾아오면 변화를 시도한다. 호황기에는 세상의 방법과 기준을 따라가지만, 불황기에는 하나님의 원칙과 방법을 애써 찾는다.

사람은 평탄할 때보다 삶이 고통스럽고 문제가 있을 때 더 간절히 하나님 앞에 나아가는 습성이 있다. 평탄할 때는 주일이 되면 교회가 아니라 골프장으로 간다. 자신을 위한 웃음은 있지만, 타인을 위한 눈물은 없다. 고통당하고 있는 교인을 만나면 자신의 기준으로 판단한다.

하나님은 사람의 이러한 연약함을 잘 아시기에 신앙생활을 더 잘할수록 세상적인 복을 주지 않으실 가능성이 크다.

지금 어느 시기에 있는가? 풍년인가, 흉년인가? 풍년이라면 자신을 경계해야 한다. 지금의 작은 풍년을 잘 관리하지 못하면 더 큰 풍년을 주시지 않을 수도 있다. 청지기다운 모습을 보여야 한다. 주인 행세하면 안 된다. 겸손하게 잘 관리해야 한다. 다가올 흉년을 지혜롭게 준비해야 한다. 이 땅의 삶에서 풍년과 흉년이 반복되는 것은 하나님의 뜻이고 법칙이다.

앞으로 10년, 한국 교회는 요셉의 지혜가 절실히 필요하다

"고통에는 뜻이 있다." 스승이신 옥한흠 목사님이 즐겨 하시던 말이다. 필자가 그분 밑에서 사역할 시기에도 그분은 이미 병약하셨다. 고통 가운데 뜻이 있다는 그분의 고백과 메시지는 목회자로서 성경을 묵상하고 해석하다 알게 된 것이 아니다. 실제로 고통의 깊은 곳까지 들어가서 깨닫게 된 것을 고백한 내용이다. 교역자들을 모아 놓고 하신 말씀이 기억난다. 고통을 당하는 아이들이나, 불행한 일을 만난 교인들을 바라볼 때마다 하나님의 뜻을 알 수 없다고, 왜 그런 고통을 주시는지 모르겠다고 하셨다. 하지만 그런 고통에는 하나님의 뜻이 있다는 것을 확신한다고 하셨다.

옥 목사님은 하나님께 가는 마지막 순간까지도 줄곧 고통을 겪으셨다. 폐암이 재발해 손을 쓸 수 없는 상황이 되었을 때는 "제발 고통 없이 잠 한 번 잘 수 있도록 해 주십시오"라고 부탁하실 정도였다. 최고의 침 전문가에게 자신의 몸을 맡기신 이유는 암을 치료하려는 목적이 아니라 하룻밤이라도 편히 잘 수 있었으면 해서였다.

그런 고통 속에서도 옥 목사님은 한국 교회를 걱정하시고 후배들에게 올바른 목회를 하라고 당부하셨다. 한국 교회의 미래와 다가올 위기를 걱정하셨다. 후배 목회자들이 자신의 시대보다 더 힘든 목회를 해야 할 것을 안쓰러워하셨다. 자신이 한국 교회 부흥기의 마지막 시기를 사역한 사람이라며 안타까워하셨다. 한국 교회도 일곱 해의 풍년이 끝나고 일곱 해의 흉년이 시작되고 있음을 직감하셨다. 잔치가 끝이 나고 고통과 괴로움이 시작된다는 것을 아셨다. 수치와 눈물의 시대가 다가오고 있음을 아셨다.

지혜로운 목회자들이 직감하듯 한국 교회는 부흥은커녕 극심한 침체기로 들어설 가능성이 크다. 필자가 앞서 예측한 2050년까지 가지 않더라도 앞으로 5년 이내에 부동산 거품이 본격적으로 빠지고 1, 2차 베이비붐 세대인 1,640만 명이 은퇴하는 2028년경이 되면 교회 헌금은 반 토막이 나면서 목회와 선교의 엔진이 꺼질 것이다.

앞으로 적게는 수십억에서, 많게는 수백억의 빚을 해결하지 못해 파산하는 교회가 속출할 것이다. 많은 교회가 통폐합될 것이다. 매각처를 찾지 못한 교회들은 이단이나 다른 종교 기관에 교회를 넘기는 치욕스런 일을 겪게 될지도 모른다. 미국 교회들처럼 중국이나 동남아 이민자들이 주일 오후에 한국 교회를 빌려 쓰다가 크게 성장하면서 한국 교회를 인수하는 일이 벌어질 것이다. 평균 수명 100세 시대에 접어들며 은퇴 후에도 30~40년을 살아야 하는 목회자들이 대거 발생하면서, 목회자가 은퇴하면 곧바로 빈곤층으로 전락하는 현상이 발생할 것이다.

국내 상황이 이 정도가 되면서 한국 선교도 도미노처럼 무너질 것이다. 한국 교회들이 국외 선교를 감당할 경제적 여력이 없어지기 때문이다. 수많은 선교사가 국내 지원을 받지 못해 선교도 동력을 상실하게 될 것이다.

하나님은 필자의 이런 예측이 현실화되는 것을 원하지 않으신다. 파라오에게 꿈을 통해 경고하시고 준비하게 하신 것처럼 미래 예측이라는 방법을 통해 한국 교회에 경고하시고 새로운 변화를 요청하고 계신다. 미리 알려 주시는 것은 한국 교회와 교인들이 다가오는 위기 속에서 망하지 않도록 하시기 위함이다창 41:36.

지금 우리에게 필요한 것은 미래에 대해 좀 더 분명히 아는 것과 다가오는 위기에 선제 대응하는 것이다. 동시에 새로운 부흥을 준비해야 한다. 전 세계적 경제 위기는 최소 3~4년, 길게는 6~7년 정도 지속할 것이다. 기술은 더욱더 고도화되고 가상공간에서의 생활이 증가할 것이다. 윤리와 가치의 문제는 점점 더 부각될 것이다. 이럴수록 사람들은 '하이터치' High Touch를 갈망하게 된다. 미래는 종교의 부흥기가 될 가능성이 크다.

한국 교회는 위기와 기회가 복잡하게 공존하는 미래에 직면해 있다. 기독교 역사 120년 만에 급격한 몰락을 할 것인가, 새로운 100년의 부흥기를 열 것인가의 갈림길에 서 있다. 앞으로 10년, 한국 교회는 요셉의 지혜가 절실히 필요하다.

한국 교회는 위기와 기회가 복잡하게 공존하는 미래에 직면해 있다. 하나님은 이런 한국 교회에 경고와 함께 새로운 변화를 요청하고 계신다. 이를 위해 가장 먼저 해야 할 일은 위기와 변화를 불러오는 진원지를 살펴보는 것이다. 그 속에 새로운 부흥의 기회가 숨겨져 있기 때문이다.

Chapter 2

한국 교회 위기와 변화의 내부 진원지를 살펴라

위기의 내부 진원지로 들어가라

한국 교회는 위기와 기회가 복잡하게 공존하는 미래에 직면해 있다. 하나님은 이런 한국 교회에 경고와 함께 새로운 변화를 요청하고 계신다. 한국 교회의 미래를 바로 세우기 위해서는 위기를 감지하는 데만 그쳐서는 안 된다. 행동으로 옮겨야 한다. 이를 위해 가장 먼저 해야 할 일은 위기와 변화를 불러오는 진원지를 살펴보는 것이다. 침몰이 시작된 내부 지점으로 들어가야 한다. 한국 교회가 빠져든 늪 속을 들여다보아야 한다. 호랑이를 잡으려면 호랑이 굴에 들어가야 하듯이 말이다. 위기의 진원지에 무엇이 있으며, 변화의 실체들이 무엇인지를 낱낱이 살펴보아야 한다. 그 속에 위기탈출의 해법이 있기 때문이다. 새로운 부흥의 기회가 숨겨져 있기 때문이다.

가장 먼저 들여다보아야 할 것은 한국 교회를 지배한 성장에 대한 가정들이다. 리먼 브라더스의 파산으로 시작된 미국발 금융위기가 세계를 충격의 도가니로 몰아넣고 있던 2009년에 있었던 일이다. 런던정경대를 방문한 엘리자베스 여왕이 당대 최고의 경제학자들에게 다음과 같이 질문했다고 한다. "뛰어난 학자와 이론이 이렇게 많은데, 지금 같은 엄청난 금융위기가 올 것을 왜 아무도 예측하지 못했습니까?"

현재의 경제 위기는 그간 세계를 지배해 오던 주류 경제학에 대한 심각한 반성을 요청하고 있다. 경제학의 주요 가정들, 예측들, 정책들이 현실과 완전히 동떨어진 오류였다는 지적이 나오고 있다. '인간은 대단히 합리적으로 경제 활동을 하며, 경제는 상황에 따라 약간의 출렁임이 있지만 평균적으로는 꽤 안정적이며, 시장은 늘 효율적이고 중립적으로 작동되며, 자본주의 시스템은 공정하고 영원히 성장한다'는 경제학의 기본 법칙들은 그다지 과학적이지도, 상식으로 받아들일 만큼 진리도 아니었다. 그리고 어느 때부터인가 기득권층을 대변하는 이데올로기로 전락했다. 빈곤과 부와 행복의 불균형을 해결하기에는 역부족임을 드러냈다. 자연스럽게 주류 경제학을 폐기하고, 이를 대체할 새로운 경제학을 써야 한다는 목소리가 커지고 있다.

이런 현상과 반성은 경제학 영역에만 해당되지 않는다. 지난 120년간 한국 교회를 지배해 온 교회 성장학의 주요 가정들, 예측들, 정책들에 대해서도 심각한 반성이 요청되고 있다. '교회는 세상의 영향에서 한발 비켜나 있는 무풍지대이자 피난처이며, 교회 지도자는 상당히 합리적이고 영적이어서 탐욕에서 벗어나 있거나 완전히 통제할 만한 능력을 갖추고 있고, 교회는 본질적으로 하나의 교회를 지향하기에 교회

간의 지체의식이 뛰어나 서로 잘 배려하며, 교회는 늘 시시각각 나타나는 세상의 새로운 문제와 불행과 고통에 관심이 있으며, 교회 성장은 누구에게나 공정하고, 교회는 영원히 성장한다'는 기본 법칙들이 잘못되었거나 그다지 잘 작동하지 않는다는 목소리가 커지고 있다. 점점 더 심한 부작용을 불러일으키는 주류 교회 성장학, 성도를 감동시키지 못하는 현재의 목회학과 교회 정치를 대체할 새로운 무엇이 필요하다는 반성이 일어나고 있다.

만약 우리가 이런 목소리에 계속해서 귀를 막아 버리면 어떻게 될까? 아마도 10~20년이 지난 후, 한국 교회 지도자들은 이런 질문을 던지게 될 것이다. "뛰어난 학자와 이론이 이렇게 많은데, 수천, 수만 명 성도를 거느린 교회가 이렇게 많은데, 왜 아무도 한국 교회가 지금같이 심하게 몰락하리라는 것을 예측하지 못했습니까?"

이런 충격적인 미래가 현실이 되기 전에 우리는 새로운 목소리에 귀를 기울여야 한다. 지금까지 목회적으로, 신학적으로 그다지 중요하게 여기지 않았던 것들에 관해 관심을 가져야 한다. 깊은 목회적 성찰을 통해 기존의 것 중 좋은 것은 계승하고, 틀렸거나 유효기간이 지난 것은 과감히 내려놓아야 한다.

진원지 1
초대형 교회만 살아남을 것인가

잘못되거나 혹은 더는 유효하지 않은 교회 성장 이야기가 계속되는 한 목회자의 권력남용, 성윤리 문제, 교회 내에서의 경제적 소송 문제 등은 계속 발생할 것이다. 그뿐만 아니라 맨주먹으로 개척했다가 곧바로 교회 문을 닫는 상황, 심각한 재정난과 교인 수의 감소로 기성교회마저 힘을 잃어 가는 상황, 양적 성장을 위해 교인들과 세상과 타협하는 상황, 교회 시장 법칙이 만들어지고 그 위에서 교회 쇼핑이 자연스레 허용되는 상황 등이 지속될 것이다. 결국 한국 기독교는 초대형 교회들만 살아남는 기형적인 목회 환경으로 전환될 것이다. 모 일간지에 실렸던 기사를 보자.

맨주먹 개척교회 문 닫는 곳 많다

경기도 남양주시에 최근 교회를 개척한 김 모 목사는 주변에서 개척을 만류하는 얘길 듣고 당혹스러웠다. "서울에 있는 신학대학원을 나와 부교역자 생활 잘하고 있는데 왜 사서 고생하느냐"는 거였다. 심지어 신대원 동기들까지 "주위에 교회가 얼마나 많은데 또 교회를 세우느냐", "기존 교회에서 성실하게 섬기면 되지 않느냐"라며 교회 개척에 부정적이었다.

김 목사는 결국 주변의 아무런 도움 없이 1천만 원으로 교회를 개척했다. 부교역자로 있던 교회도 재정 형편이 넉넉지 못해 지원받을 수 없었고, 노회나 교단으로부터의 지원은 꿈도 꾸지 못했다.

젊은 목사들이 교회 개척에서 가장 고통받는 것은 재정난이다. 작은 상가 빌딩에 세를 얻어 개척하더라도 최소 1억 원 이상의 비용이 들기 때문에 갓 개척에 나선 목회자들에게는 재정 확보가 최고의 고민거리다. 이들은 대개 개인적으로 재정을 확보하기 때문에 부채에 시달리고 있으며, 재정난으로 결국 문을 닫는 '유아사망형' 교회가 늘고 있다.

……교계 관계자는 "목회자 부부만 덩그러니 교회를 시작하며 어려움을 혼자 다 감당하게 하는 60~70년대 모델을 갖고 젊은 목회자들에게 교회를 개척하라고 하는 것은 잔인한 일"이라며 "교회 개척이 필요하다면 체계적인 지원이 이뤄져야 한다"고 말한다.

개척교회 목사가 교회 성장이 더디다는 이유로 무차별 방화를 해서 사회에 큰 충격을 준 사건이 있었다. 얼마나 현실이 비참했으면 목회자가 홧김에 방화하고 생활고를 비관해 자살했을까?

개척이 어려운 데에는 '떼거리 개척' 패턴도 한몫한다. 서울 근교에 신도시가 하나 생기면 앞을 다투어 개척교회가 들어선다. 수많은 교회가 신도시 안에 혹은 신개발 아파트 단지 안에 개척을 시도한다. 신도시 건설이나 대규모 아파트 단지의 건설이 끝나면 종교부지를 분양받은 중대형교회들이 들어선다. 이렇게 되면 한정된 지역 안에 우후죽순처럼 생긴 개척교회가 포화상태에 이르면서 미자립 교회들이 속출하게 된다. 비싼 임대료와 은행융자 등 재정 압박을 견디지 못해, 결국 얼마 못 가 많은 교회가 문을 닫고 만다.

기성교회도 안심할 수 없다. 교인도 없고 재정난을 이기지 못해 문 닫는 개척교회를 '유아사망형' 교회라 한다면, 그나마 있던 교인들이 떠나고 심각한 재정난을 이기지 못해 문을 닫는 '요절형' 기성교회도 늘어나고 있다.

경제적 이유로 교인들이 대도시로 빠져나가는 것과 그에 따른 경제적 압박감이 요절형 교회가 늘어나는 원인 중 하나다. 그런데 근본적인 이유 중 하나는 교회가 근원적인 에너지를 상실해 가고 있기 때문이다. 지금 한국 교회는 외형적으로는 화려하지만 내부는 심각한 영양실조에 걸린 상황이다. 복음의 열정은 시들고, 주일마다 외쳐지는 설교는 양적 성장을 위한 도구가 되었다. 울다 웃다 끝나는 설교가 최고의 설교라 칭송받는다.

먹고살기 바쁘다는 핑계로 헌신은 줄어들고, 목회자와 중직자마저 사명감과 열정이 줄어들고 있다. 신학교들이 졸업생 배출을 늘리고 있어서 목회자의 질이 심각하게 저하되고 있다. 목회자는 늘어나고 사역지는 줄어들고, 농촌이나 오지에는 가지도 않고 갈 수도 없고, 사역지를 찾지 못한 무임 목회자의 수가 절반이 되어 간다. 목회 활동이 아닌 다른 직업을 갖는 이들도 늘어나고 있다. 73%가 넘는 교인들이 주일에만 교회에 출석한다. 일주일에 한 번 30분 설교를 듣고 세상에서 살아간다. 신앙과 삶이 일치한다고 고백한 교인은 겨우 5.8%에 불과하다.

'교회 쇼핑'이라는 말이 일반화되었다. 한국 기독교 전체 교인의 숫자는 매년 감소하지만, 교회의 숫자는 증가하는 기이한 현상이 일어나면서 한국 교회 안에 '시장'이 형성되었다. 교인들은 수많은 교회 가운데 하나를 선택하는 소비자가 되어 버렸다.

이런 분위기가 계속된다면 앞으로 한국 교회의 10년은 교회 간의 치열한 생존 경쟁으로 얼룩질 가능성이 높다. 물론 교회 간의 경쟁이 새로운 영혼에 대한 구령의 불길로 이어진다면 참으로 좋겠지만 말이다.

그런데 한미준(한국 교회 미래를 준비하는 모임)과 한국갤럽이 공동으로 조사한 자료에 의하면 현재 한국 교회의 전도율은 1998년도보다 낮아지는 추세다.[2] 1인당 전도하는 평균 숫자가 불교인들보다 낮다. 이런 추세에서는 앞으로 일어나게 될 교회 간의 치열한 생존 경쟁이 새로운 영혼을 전도하는 구령의 불길로 전환되기보다는 이웃 교회의 교인을 빼앗아 오는 진흙탕 전쟁으로 치달을 가능성이 더 크다.

물질을 통한 환심 사기, 험담을 통한 타 교회 깎아내리기, 시장경제 이론을 적용한 교회의 상업화 등 바람직하지 못한 수단과 방법을 동원한 부흥전략(?)을 쉽게 볼 수 있다. 실제로 다른 교회에서 시끄럽게 문제를 일으키다가 교회를 옮긴 교인들을 블랙홀처럼 빨아들이는 교회가 있다. 물론 이전 교회에서 여러 이유로 정착하지 못하고 방황하는 교인을 따뜻하게 맞아 주는 교회가 무슨 문제냐고 할 수 있다. 문제는 그렇게 자신의 교회에 등록한 것을 환영하는 방법으로 돈 봉투를 건넨다는 것이다. 장로가 오면 얼마, 집사가 오면 얼마 하는 식으로 말이다. 이런 행태가 얼마나 분하고 억울했으면 어느 장로가 사석에서 "우리도 그 교회처럼 다른 교회에서 학생들이 와서 3개월만 출석하면 장학금을 모두 줍시다"라고 호소했을까!

결국 돈도 없고 전도의 열정도 없는 교회들은 있는 교인마저 빼앗겨 버리고 요절할 수밖에 없다. 한국 교회의 수평이동을 조사한 자료에 의하면 주로 소형교회와 미자립교회에서 가장 많은 수평이동이 이루어졌다. 특히 농어촌이나 소도시에서 그 현상이 두드러졌다. 앞으로 농업시장의 변화가 가속화되면 그 심각성은 더해질 것이다. 농어촌이나 소도시의 인구는 앞으로 10년 안에 더욱더 급속도로 빠져나갈 것이다.

그런데 이렇게 빠져나온 교인들은 대도시의 작은 교회나 미자립교회로 가지 않는다. 중형교회나 대형교회로 옮겨 간다. 사는 게 어렵고 힘들어서 주일날 교회에 갈 형편이 안 되면 교회 자체를 떠나 버린다. 1997년 한국갤럽의 조사 결과, 개신교를 믿다가 교회를 떠난 숫자가 무려 1,090만 명이었다. 190만도 아니고 1,090만이다. 도저히 믿고 싶지도 않고 믿을 수도 없는 숫자다.

물론 이런저런 이유로 교회에 한 번 방문했다가 나오지 않은 숫자까지 포함되었을 것이다. 하지만 한국 교회의 현실을 적나라하게 보여 주는 통계라서 마음이 아프다. 결국 교인들의 수평이동이나 교회 이탈 등으로 인해 앞으로 한국 교회는 작은 교회는 계속 더 작아지고 큰 교회는 더욱 커지는 양극화 현상이 심해질 것이다. 한국 교회 교인들은 자신이 다니는 교회의 열악한 환경을 기쁨으로 감수할 수준에서 멀어져 버렸다. 새로 선택하는 교회의 열악한 환경을 기쁨으로 받을 수준은 더더욱 아니다. 더 편한 교회, 더 좋은 시설, 더 큰 교회, 더 쉽게 신앙생활할 수 있는 교회, 더 좋은 프로그램이 있는 교회로 이동하고 있다.

여기에다 목회자의 설교나 영성, 인격 문제가 사회적 문제로 대두하고 있다. 부모 세대와 비교해 목회자에 대한 신뢰와 존경이 줄어들고 있는데, 교인들의 의식, 교육 수준이 높아짐으로 교역자나 교회에 바라는 기대치는 증가하고 있다. 교회 내에서 일어날 수 있는 인간관계의 거북함을 인내할 능력을 상실한 교인들에게 출석 교회를 위해 헌신하라는 명령 아닌 명령을 더는 할 수 없는 시대가 되었다. 교인들은 헌신의 요구에 대한 순종보다는 자신의 욕구에 따라 움직이기 시작했다.

중대형교회로의 이동이 증가함에 따라 한국 교회의 80%를 차지하는 소형교회는 심각한 패배주의에 빠져들고 있다. 이런 현상이 지속된다면 10년 후 한국 교회는 소수의 초대형교회를 제외하고는 정체 혹은 쇠퇴의 길을 걷게 될 것이다.

진원지 2
목회 생태계 교란이 위기를 가속화한다

한국 교회 위기의 두 번째 원인은 목회 생태계 교란이다. 한국 교회의 성장과 관련된 잘못된 가정들 때문에 목회 생태계 자체가 망가져 버렸다. 하나님이 만드신 세상은 생태학적으로 상호의존적인 연결망으로 구성되어 있다. 노르웨이의 철학자 나에스는 '심층 생태학'이라는 용어를 최초로 사용하면서, 우리가 사는 세계를 분리된 사물들의 집적으로 보지 않고, 근본적으로 상호 연결되어 있고, 상호의존적 현상들의 연결망network으로 보았다.

'생태계' 혹은 '생태학'이란 말을 들으면 '생물학'을 먼저 떠올릴 것이다. 생태학은 지구 상에 존재하는 다양한 생물의 모든 구성원을 '서로 연결 짓는 관계'(생태계)에 대해 연구하는 학문이다. 이 단어는 1866년 독일의 생물학자 헤켈이 처음 만들었고, 1920년 찰스 엘턴이 〈동물생태학〉이라는 책에서 먹이사슬과 먹이연쇄라는 개념을 최초로 도입함으로 주목받았다. 이후 영국의 식물 생태학자 탠슬리가 동물과 식물의 군집을 나타내는 생태계라는 신조어를 만듦으로 널리 사용되었다.

그런데 모든 개체가 분리되지 않고 근본적으로 상호 연결된 상태로 있는 것은 생물의 세계만이 아니다. 우리가 사는 사회도 그렇고, 교회도 마찬가지다. 하나님이 이 땅에 세우신 교회는 초대형교회, 대형교회, 중형교회, 소형교회, 개척교회 등이 서로 분리된 채 독립적으로 존재하는 것이 아니다. 겉으로 보기에는 따로 존재하는 듯 보이지만, 자연과 마찬가지로 생태학적 상호연관 관계로 연결되어 있다. 하나님이 교회를 세우실 때 그렇게 하셨다.

그런데 인간이 자신의 욕심을 채우기 위해 이기적으로 행동하며 자연 생태계를 무너뜨리는 것처럼, 특정 교회들이 한국 전체 혹은 자기 지역의 목회 생태계의 균형을 염두에 두지 않고 자기 교회만의 이기적 성장을 지속하면서 문제가 발생한다. 초대형교회, 대형교회, 중형교회, 소형교회, 개척교회 등이 사이좋게 공존하지 못하고 목회 생태계가 파괴되어 버리는 것이다. 자연 생태계의 파괴가 결국 자연 전체의 붕괴를 가져오듯, 목회 생태계의 파괴 역시 한국 교회 전체의 붕괴를 몰고 올 것이다.

필자는 결코 초대형교회나 대형교회를 비판하거나 무용론을 주장하는 사람이 아니다. 반드시 초대형교회가 있어야 하고, 대형교회도 있어야 한다. 자연 생태계에 연약한 토끼만 가득하지 않고 여우도 있고, 호랑이도 있는 것처럼 말이다. 중요한 것은 조화와 균형이다. 그리고 생태계의 유지를 위해 개체마다 자신의 힘과 크기에 걸맞은 책임과 의무를 감당하는 것이 절대적으로 필요하다.

호랑이가 자신의 개체 수를 늘리기 위해 혹은 자신의 몸집을 불리기 위해 마구잡이로 사냥해 버리면 결국에는 호랑이도 굶어 죽게 된다.

그래서 호랑이나 사자 같은 맹수들은 본능적으로 생태계의 균형과 조화를 이루는 행동을 한다. 인간처럼 마구잡이로 포획하거나 씨를 말리는 행위를 하지 않는다. 그리고 자신의 책임과 역할을 본능적으로 감당한다.

그러나 인간은 다르다. 강력한 감시와 법을 통해 통제하지 않으면 자신의 경제적 이익을 위해, 자신의 생존을 위해 씨를 말리는 행위를 서슴지 않는다. 이런 행위가 목회 현장에서도 나타난다. 교회의 부흥을 위해, 교회의 생존을 위해, 교회의 규모를 위해 지역을 훑는 사역을 한다. 신도시에 대형교회가 수백억, 수천억을 들여 예배당을 짓고 들어가면 반경 수 킬로미터 이내에 있는 개척교회는 씨가 말라 버린다. 심지어 오랫동안 그 지역에서 잘 사역하고 있던 중형 규모의 지역 교회도 휘청거린다. 목회 생태계의 파괴가 시작되는 것이다. 이런 식의 사역은 그 지역 교회 전체의 붕괴, 나아가서는 한국 교회 전체의 붕괴를 몰고 오게 될 것이다. 이러한 상황은 이미 시작되었다.

그렇다면 어떻게 해야 목회 생태계가 복원될 수 있을까? 생태계 복원의 책임은 강력한 종種에게 있다. 가장 강력한 종인 인간이 자연계를 잘 관리하면 무너진 생태계를 충분히 재건할 수 있듯 목회 현장도 그렇다. 가장 강력한 종에 해당하는 초대형교회나 대형교회들이 목회 생태계 전체를 위해 자신의 책임을 다하면 지금이라도 한국 교회의 무너진 목회 생태계를 충분히 재건할 수 있다.

초대형교회와 대형교회는 초원의 사자처럼 연약한 토끼를 먹이 삼아 살아가기 때문에 그에 대한 감사의 마음을 가져야 한다. 초대형교회와 대형교회는 아무리 조심하더라도 지역에 있는 개척교회나 중소형교회

교인들을 자연적으로 흡수할 수밖에 없다. 상황이 이러하기에 초대형교회와 대형교회는 한국 교회 전체를 살리는 데 관심이 있어야 한다. 연약한 지역 교회들이 하지 못하는 사역을 통해 지역과 작은 교회를 도와야 할 책임이 있다.

예를 들어, 시대가 바뀔 때마다 새 시대에 맞는 새로운 교육 프로그램을 개발해 보급하고 나눔으로써 도와야 한다. 농어촌 교회들이 고령화되면서 사역이 힘들어지면, 초대형교회와 대형교회는 자신의 교인들의 부모가 다니는 교회라 생각하고 봉양(?)하는 마음으로 도와야 한다. 초대형교회와 대형교회는 지역사회에서 비신자를 대상으로 전도하는 것만큼 중소형교회와 개척교회가 전도와 선교 사역을 잘 감당할 수 있도록 도와야 한다.

진원지 3
농부아사 침궐종자(農夫餓死 枕厥種子)

한국 교회 위기의 세 번째 원인은 씨를 뿌리지 않음에 있다. 성경에 하나님의 위대한 통치의 법칙이 몇 가지 나와 있다. 그중 하나가 '심은 대로 거두는 것'이다. 이 법칙은 사람과 사회, 자연계 모두를 망라하는 하나님의 위대한 통치 법칙이다. 놀라운 법칙이자 변치 않는 법칙이다. 하나님이 우주를 통치하실 때 가장 핵심으로 사용하시는 법칙이다.

인간은 아담이 범죄한 이후 뿌린 대로 거두지 못하는 저주에 빠졌다. 아담의 범죄로 땅이 저주를 받아 열심히 씨를 뿌려도 가시와 엉겅퀴를 낸다. 그런데 하나님이 예수 믿고 구원받은 백성에게 회복해 주시는 은혜가 있다. 그것이 바로 심은 대로 거두는 것이다. 이 진리는 우리에게 큰 희망을 준다. 특별히 30배, 60배, 100배의 복에 대해 기도하지 않아도, 심은 대로 거두는 것만으로도 우리는 감당할 수 없는 은혜를 받는다. 우리 삶과 목회 현장에서 심은 대로 거두기만 하면 두려울 것이 하나도 없다.

심은 대로 거두지 못하는 세상에서는 영어 단어 100개를 외워도 한 달 지나면 다 잊어버린다. 100개 심었는데 아무것도 남지 않는다. 심은 대로 거두는 것은 100개 심었으면 100개 거두는 것이다.

세상의 보통 사람들은 아침 9시부터 저녁 9시까지 일해도 그 노력한 만큼 다 거두지 못한다. 그것이 정상이다. 혹은 거둔다 할지라도 거둔 후에 황충이 달려들어서 뒤로 다 샌다. 그러나 하나님은 믿음으로 사는 기독교인이 새벽 일찍 나와서 기도하고 열심히 노력해 수고의 땀을 흘리면 기쁨으로 거두게 하신다. 노력한 만큼, 일한 만큼 거두게 하신다. 더불어 거둔 후에도 황충을 막아 주셔서 뒤로 새는 것이 없게 해 주신다. 마지막에 승리를 거두게 하신다. 이것이 심은 대로 거두게 하시는 놀라운 하나님의 은혜다. 단지 우리가 노력이 부족하고, 적게 뿌려서 적게 거두는 것이다.

교회 사역도 마찬가지다. 조금 해 놓고 30배, 60배, 100배의 부흥을 달라고 하면 안 된다. 하나님은 그렇게 교회를 부흥하게 하시는 분이 아니다. 피를 흘린 만큼 교회는 부흥했다. 눈물을 흘리며 씨를 뿌린 만큼 교회는 성장했다. 심은 대로 거두게 하시는 하나님의 법칙은 지난 2,000년 기독교 역사에서도 예외가 없었다. 물질만능주의가 팽배해도 나가서 복음을 전하면 어린아이든 어른이든 주께로 돌아온다. 좋은 밭이 아니라 황무지여서 수고와 노력이 더 필요할 뿐이다. 아무리 환경이 열악하고 힘들어도 심은 대로 거두게 하신다. 아무리 환경이 좋더라도 심지 않으면 거두지 못하게 하신다. 이것이 하나님의 통치 방식이다. 심으면 거두지만 심지 않으면 거두지 못한다.

한국 기독교 전체의 성장이나 개별 교회의 부흥도 마찬가지다. 한국 교회가 그나마 2005년 기준으로 870만 명이라도 되는 것은 한 세대, 두 세대 전에 주일학교 사역자들이, 교사들이, 교인들이, 교역자들이 목숨 바쳐, 피 흘려, 시간 바쳐, 자신의 모든 것을 다 바쳐서 씨를 뿌렸기 때문이다.

왜 한국 교회가 1990년대 후반 이후 무너지고 있을까? 총동원 주일 행사도 하고 열심히 기도했는데도 도리어 침체기로 들어간 이유는 무엇일까? 중요한 원인 중 하나가 바로 이것이다. 거두는 데는 열심을 냈지만, 씨를 뿌리는 데는 게을렀기 때문이다.

특히 주일학교에 대한 씨 뿌림이 부족했다. "주일학교가 무슨 돈이 되냐!" 하면서 재정적으로 어려우면 주일학교 예산부터 줄였다. 예전에는 북 치고 장구 치면서 전도했다. 지금은 그렇게 하면 욕먹는다. 그런데 누가 욕을 하는가? 비신자들이 아니다. 교인들이다. 예전에는 주일학교 교사들이 토요일마다 학교 앞에서 전도했다. 지금은 하지 않는다. 뿌리지 않는다. 자기 자녀조차 교회에 데리고 나오지 않는 교인도 있다. 이처럼 뿌리지 않거나 적게 뿌리고, 총동원 주일 행사를 통해서 남의 곳간에 있는 이미 추수된 곡식을 가져온다. 곳간을 더 크게 지으면 작은 곳간이나 볼품없는 곳간, 비가 새는 곳간에 있는 곡식들이 이쪽으로 올 것으로 생각한다.

바로 이것이 1990년대 후반부터 한국 교회가 무너지기 시작한 이유다. 전도 열풍이 불고 영성운동의 붐이 일었음에도 말이다. 예전 여의도 광장에서 수십만 명이 모여서 한국 교회의 부흥을 위해 기도한 것처럼 다시 모여 기도한다 해도, 지금처럼 해서는 한국 교회의 부흥을 기대하기 어렵다. 기도는 행동으로 옮겨져야 비로소 완성된다. 모여서 기도하는 것은 절반의 기도에 불과하다. 그 기도가 이루어지기 원한다면 기도한 대로 사는 것이 반드시 뒤따라야 한다.

잘살게 되니까 사람들이 종교생활을 피하려 한다고 말하는 사람들이 많다. 그래서 교인도 줄고, 전도도 되지 않는다고 한다. 그러나 이 말은 거짓말이다. 지금은 종교의 부흥기다. '하이테크(첨단기술)-하이터치(고감성)'라는 원리가 있다. 미래학자 존 네이스비트가 말한 것이다. 우리의 삶에 더 많은 하이테크를 도입할수록 우리는 더 많은 하이터치를 갈망하게 된다는 것이다. 물질문명이 고도화되면 될수록 인간의 마음은 공허해진다. 공허한 심령을 채우기 위해 사람들은 갈수록 더 종교적 노력을 한다.

실제로 지난 10년 동안 기독교가 쇠퇴할 때, 불교와 천주교는 성장했다. 2005년도 통계를 기준으로 천주교는 186만(1985년 기준)에서 514만으로 성장했다. 불교는 1,072만으로 늘어났다. 심지어 이단들마저 성장했다. 무교(점집)도 매년 40%씩 성장했다. 뉴에이지도 전 세계로 프랜차이즈를 확장할 정도다.

이런 종교의 부흥기에 개신교만 쇠퇴했다. 전도는 고사하고, 자신의 자녀에게 신앙을 전수하는 노력마저 게을리했다. 자녀가 신앙생활을 소홀히 하는 것을 입시 핑계를 대면서 합리화했다. 대학 간 후에 신앙생활 잘하게 하겠다더니, 막상 대학에 들어간 후에는 "자식이 제 뜻대로 안 되네요"라고 말한다. 그러니 개신교의 신앙 전승률은 아버지 혼자 믿으면 57%, 어머니 혼자 믿으면 70%에 불과하다. 불교는 신앙 전승률이 97%에 이른다. 신앙 전승률이란 부모가 믿는 종교를 자녀가 그대로 물려받는 것을 비율로 나타낸 것이다.

뿌리지 않고 땀 흘리지 않는다면 한국 교회에는 미래가 없다. 심지 않은 데서 거두는 기적을 기대해서는 안 된다. 자녀가 입시 때문에 정신이 없으니 어른이 되어 전도하면 될 것이라는 생각은 착각이다. 그것은 하나님의 법칙에 어긋난다. "세 살 버릇 여든까지 간다"라는 말이 있다. 어릴 적에 무엇을 먹었느냐가 평생의 식습관을, 어릴 적에 어떤 환경에서 자랐느냐가 평생의 성격을 좌우한다. 어릴 적에 어떤 종교에 노출되었느냐가 평생의 종교를 결정한다. 교회 관련 연구소가 한국 교회 장년 교인들을 대상으로 설문 조사를 했다. "여러분은 언제 처음 교회에 갔습니까? 언제 처음 예수님을 믿게 되었습니까?"라는 질문에 대해 무려 80%가 주일학교 때라고 대답했다. 이것이 하나님의 법칙이다. 뿌린 대로 거두고, 심지 않으면 거두지 못한다.

한 세대 전만 해도 주일학교의 규모는 장년 교인의 2~3배였다. 그런데 지금은 주일학교가 장년의 30%밖에 되지 않는다. 그마저도 10년마다 30%씩 줄어들고 있다. 이대로 30~40년 지나면 한국 교회 전체 주일학교 규모는 30~40만 명으로 줄어든다. 지금이라도 주일학교를 위해 대대적인 씨 뿌림을 하지 않으면 한국 교회의 미래는 없다.

이미 유럽 교회와 미국 교회가 경험했다. "교회도 망합니까?"라고 질문할지 모른다. 정확하게 대답하면 복음은 망하지 않는다. 기독교는 망하지 않는다. 그러나 씨를 뿌리지 않는 교회, 시대적 소명을 감당하지 못하는 교회는 사라진다. 하지만 열악한 환경에도, 핍박을 당하면서도 눈물을 흘리며 씨를 뿌리는 교회, 시대적 소명을 감당하는 교회는 하나님이 부흥하게 하실 것이다.

진원지 4
변화된 시대적 소명에 둔감해지다

한국 교회의 영성에 관한 부분은 이견이 많다. 한국 교회 영성이 예전만 못하다는 주장도 있고, 시대가 바뀌어 영성의 표현방식이나 강조점들이 달라졌을 뿐이지 한국 교회 영성은 여전히 건강한 편이라는 의견도 있다. 그래서 한국 교회의 무너지는 영성이 한국 교회의 위기를 만든 원인 중 하나라고 말하기가 조심스럽다. 하지만 겉으로 드러나는 모습을 보면 많은 부분이 변했다. 강단에서 선포되는 말씀의 내용이 정치와 사회, 부자 됨에 관한 이야기가 많다. 죄를 지적하는 메시지를 강하게 가르치지 못하는 교회가 많다.

새로운 형태의 새벽예배가 등장했지만, 철야기도회는 거의 사라져 간다. 새 신자 전도축제나 총동원 전도주일은 빈번해졌지만, 기독교인들은 오히려 줄고 있다. 주일학교는 전도 열정이 줄었는지, 아니면 전도할 아이들이 없어서인지 아이들을 대상으로 하는 전도가 예전만 못하다. 한국 교회 교인들과 목회자들의 지적 수준은 훨씬 높아졌지만, 여기저기서 신학의 경계가 무너지면서 교단들의 고유한 색깔이 사라져 가고 있다. 신학의 경계가 모호해지는 와중에 이종교배 현상도 나타나고 있다. 가장 큰 위험은 교회 속 이단인 '친절한 불가지론'이 교파를 막론하고 득세하고 있는 것이다. 흔들림 없는 진리보다는 이리저리 흔들리기 쉬운 감정적 은혜를 더 좋아한다.

그러나 이보다 더 심각한 문제가 있다. 필자는 이것이 한국 교회 위기의 마지막 원인이라고 생각한다. 한국 교회 위기의 마지막 원인은 변화된 시대를 이끌어 갈 새로운 시대적 소명에 둔감해진 것이다.

역사를 주관하시고 시대를 바꾸시는 분은 하나님이시다. 인간이 세상을 변화시키고 기술이 새로운 시대를 여는 것처럼 보이지만, 이 모든 것을 주관하시는 분은 하나님이시다. 하나님은 시간이 흘러가는 것과 비례해서 거시적 사회, 문명, 시대를 끊임없이 변화시키는 분이시다. 이처럼 하나님의 주관 아래 시대가 변하면 교회는 하나님이 여시는 새로운 시대에 맞는 새로운 시대적 소명을 가져야 한다. 지난 100년간 한국 교회는 그 100년의 시대적 소명에 부합하는 사역을 했다. 그래서 한국 교회는 기독교 역사상 유례없는 부흥을 경험했다. 하지만 어느 순간부터 한국 교회는 시대적 소명에 둔감해졌다.

현재 우리를 둘러싸고 있는 대한민국이라는 환경은 급격한 변화의 흐름 속에 놓여 있다. 국가, 기업, 개인 모두 "위기의 시대, 우리는 어디로 가야 하는가?"라는 질문에 대한 답을 찾지 못해 큰 혼란에 빠져 있다. 전 세계를 휩쓸고 있는 거대한 경제적 재앙에 대해 수많은 분석과 미래 전망 보고서가 쏟아지지만 명확한 해법을 찾지 못하고 있다. 그 이유는 금융위기의 골이 깊기 때문만은 아니다. 지금까지 우리 사회를 지탱해 온 기존 사회, 경제 방식이 한계에 도달했고 새로운 이동이 시작되었기 때문이다.

새로운 시대에 맞는, 새로운 시대적 소명이 필요하다. 그런데 한국 교회는 변화 자체를 거부하고 있다. 성경이 아니라 예전의 방식으로 돌아가려 한다. 종교개혁의 정신이 아니라 20~30년 전 교회의 관습과 성장 방식을 고집하며 가르치고 있다.

지금 대한민국의 상황은 급변하고 있다. 한반도의 미래가 달라지고 있다. 인류에게 닥친 미래의 이슈가 달라지고 있다. 시대의 패러다임이 변하고 있다. 하나님이 원하시는 가치 있는 시대적 소명을 다시 찾아야 한다. 그래야만 침몰을 멈추고 위기에서 탈출할 수 있다.

1. 글로벌 경제 위기가 한국 교회를 위협한다
글로벌 위기 20년간 지속된다
금융위기 이후, 미국과 유럽 경제의 미래
2014~2015년, 위기의 1차 전환점
금융위기 이후, 중국과 아시아 경제의 미래
한국의 미래 방향이 바뀌면 교인들의 미래가 바뀐다
복잡 다양한 스펙트럼과 변수들
위기관리 능력 – 근거 없는 낙관론부터 버려라
변화를 알면 불확실성을 통제할 수 있다

2. 한국판 잃어버린 10년이 다가온다
세상은 빨리 변하고 큰 파도는 반복적으로 일어난다
변화의 시대에는 새로운 시스템이 필요하다
기존 산업이 성장 한계에 도달했다 – 비즈니스 2.0 시대의 도래
종신고용 붕괴로 중산층이 약화된다

3. 시대 변화의 한복판, 교인들이 위태롭다
지금의 위기는 목회환경에 어떤 영향을 줄까
위태로운 교인 1. 일자리가 줄어든다
위태로운 교인 2. 세대 간 갈등
위태로운 교인 3. 고령화의 저주
위태로운 교인 4. 퇴직연금 붕괴
위태로운 교인 5. 부동산 버블 붕괴
보릿고개 시절보다 더 가난해진 교인들

PART 2

2020 한국 교회 대전망

교회와 교인의 미래를 둘러싼
거시적 힘의 변화가 시작되었다

인류는 앞으로 10~20년 동안 역사상 유례없는 불확실성의 시대를 지날 것이다. 불확실성에 어떻게 대응하느냐에 따라 기업이나 국가의 운명이 바뀔 것이다. 교회의 미래도 마찬가지다.

Chapter 1

글로벌 경제 위기가 한국 교회를 위협한다

한국 교회의 주변을 둘러싸고 있는 다양한 변화의 힘들을 이해하면 할수록 한국 교회의 미래를 꿰뚫어 보는 통찰력이 커진다. 통찰력이 커지는 만큼 위기관리 능력도 향상된다. 한국 교회를 둘러싼 변화의 힘 가운데 한국 경제를 논하지 않을 수 없다. 최근 전 세계적으로 불어 닥친 금융위기는 한국 경제뿐 아니라 한국 교회 양자의 침체와 불행을 가져다주는 주요 요소가 되고 있다. 그동안 한국 교회는 한국 경제와 함께 급성장해 왔다. 이제 침체기를 맞은 한국 교회는 한국 경제와 동반 성장할 것인가, 동반 추락할 것인가의 갈림길에 서 있다.

글로벌 위기 20년간 지속된다

서브프라임 Sub-prime 모기지 사태로 시작된 전 세계적 경제 위기는 아직 전초전에 불과하다. 2008년 9월 미국발 서브프라임 금융위기 때문에 세계 주식시장은 대략 20조 달러 이상의 손실을 보았다. IMF에 따르면 2008년부터 2009년까지 2년 동안 전 세계적으로 상각된 부실자산 규모는 1조 7,000억 달러 정도다. 유럽발 금융위기를 통해서도 엄청난 규모의 추가적인 자산 상각을 해야 한다. 각국이 앞다투어 경제 위기 극복을 위한 다양한 지원책을 진행했다. 하지만 필자가 예측한 것처럼 2010년과 2011년에도 미국, 유럽 등 선진국은 저성장과 재정 적자 규모 축소, 부채 청산 압박으로 말미암은 통화량 수축 때문에 소비가 회복되지 않았다.

지금의 위기는 정부와 개인들의 위기이기 때문에 전 세계 경제는 당분간 저성장이나 낮은 더블딥(이중침체)double dip 현상을 보일 것이다. 그러나 이번 위기가 해소되더라도 앞으로 20년 동안 최소 4~5번의 글로벌 금융위기가 추가로 발생할 가능성이 크다. 이런 위기들은 교인들과 교회들의 미래에도 큰 영향을 미칠 것이다. 그렇기 때문에 예측에 귀 기울이고 준비를 시작해야 한다.

급격한 기술발달과 세계화로 시간과 공간이 빠르게 압축되면서 변화의 속도에 가속이 붙고 있다. 지구 온난화, 로봇기술과 생명공학기술이 불러올 윤리적 문제, 가상현실Virtual Reality 기술로 말미암은 다양한 인격과 새로운 의식의 출현, 산업영역 파괴, 세계적 빈곤문제, 국제적 테러의 증가, 물과 식량자원의 부족 등 수많은 미래 문제가 현실화되고 있다. 이러한 미래 이슈들은 세계 경제에 영향을 미치는 요소로 작용할 것이다.

신용(빚) 창조[3]를 통한 경제 성장 시스템 자체가 가진 태생적 결함 때문에 1~2번의 금융위기가 다시 찾아올 것이다. 현재 세계 경제 시스템은 신용 중독에 빠져 있다. 17세기 영국에서부터 본격화된 신용 창조에 의한 경제 성장 시스템은 100년에 한 번씩 큰 말썽을 부렸다. 그러다가 20세기에 들어온 후에는 1920년대, 1970년대, 1990년대, 2008년, 2011년에 한 번씩 큰 규모의 금융위기를 발생시켰다. 말썽을 부리는 속도가 빨라지고, 강도와 충격의 범위도 커졌다.4)

지금 유럽 위기가 해소되더라도 세계 경제는 10년 안에 또 다른 금융위기를 맞게 될 것이다. 특히 일본, 중국, 한국 등을 포함한 아시아가 진원지가 될 가능성이 높다.

거듭되는 기술혁신으로 말미암은 경제 혼란이 3~4차례 올 것으로 예측된다. 역사적으로, 세상을 바꿀 만한 기술의 발명으로 신산업이 등장할 때는 투기적 거품과 금융위기가 동시에 발생했다. 미지의 신세계에 대한 희망을 주는 신산업들은 시장 진입 초기에 강한 기대만큼 투기 역시 강하게 일어난다. 하지만 어디서부터가 실제인지 예측하기 어려워서 강한 거품 붕괴가 뒤따라오는 패턴을 보인다.

1840년대 초 사무엘 모스가 미국 의회에서 정보를 먼 곳으로 보낼 수 있는 혁신적인 기술을 시연한 후 미국 전역은 광분했다. 투자자들은 벌 떼처럼 이 신기술에 배팅했다. 하지만 1849년에 전신 선로는 공급 과잉에 이르렀고 거품은 순식간에 터져 버렸다. 또한 남북전쟁 이후 1880년대는 철도 건설의 시대였다. 이 기간에 지어진 철도 선로는 무려 7만 1,000마일에 달한다. 하지만 1894년, 4분의 1이 도산했다. 아울러 1920년대는 미국에서 주식투자에 대한 획기적인 개념이 만들어졌다. 투자자들은 대박의 환상에 취했지만 1929년 10월, 금융투자의

거품은 붕괴했다.[5]

1990년대는 IT 거품의 시대였다. 주식시장에서는 닷컴 회사들의 주가가 수십 배로 올랐지만, 결과는 참담했다. S&P 주가는 40% 폭락했고 실물경제는 3~4년간 침체했다.[6] 그 후에 또다시 2008년, 금융산업의 신기술인 파생상품으로 말미암은 부동산 거품 폭탄을 맞았다.

앞으로 20년 동안 이를 능가하는 기술혁신과 버블 현상이 최소 4~5번은 올 것이다. 벌써 에너지와 관련된 혁신적 기술들은 새로운 산업의 투자들을 불러일으키고 있으며 부수적으로 곡물 투자의 환상을 불러오고 있다. 하지만 이런 움직임은 앞으로 자산시장의 충격과 금융시장의 혼란을 부추길 것이다. 에너지 다음은 로봇과 미래 자동차다. 로봇산업은 20세기 초의 철도나 자동차 산업의 혁신과 비교될 정도의 막강한 이슈이기 때문에 경제적으로는 IT 버블 이상의 충격을 가져올 것으로 전망된다.

그리고 IT 분야의 제2의 버블로 불릴 만한 가상현실과 유비쿼터스Ubiquitous 기술의 혁신적 진보와 투자 열풍도 조심해야 한다. 줄기세포 기술로 널리 알려진 바이오 기술BT 분야와 양자역학과 더불어 나노 기술NT 산업 분야에서 혁신적 기술의 진보, 새로운 영토인 우주산업과 이에 따른 금융거품들을 차례로 조심해야 한다. 물론 글로벌 투기세력들은 이런 경련적 진폭현상들과 금융혼란을 적극 활용할 것이다. 우리나라처럼 금융시스템과 경제시스템이 취약한 국가나 개인들은 더욱더 크고 실제적인 위협에 노출될 수 있다. 수십조의 외화가 일거에 빠져나가고 들어오는 현상들이 반복되면서 시시각각 생존을 위협받는 불쌍한 처지에 놓이게 될 것이다.

이 과정에서 세계 경제는 마치 롤러코스터를 타는 것 같은 현상을 보일 것이다. 그리고 사회, 문화, 환경, 제도 등 2차, 3차 영역에서 새롭게 파생되는 변화들로 '경련적 사회'가 초래될 것이다. 필자는 이런 시기를 '월드스패즘'(세계적 경련 현상)World-spasm의 시대라고 명명하고, 이런 시기가 최소 약 10~20년 정도 지속할 것으로 예측하고 있다.

금융위기 이후, 미국과 유럽 경제의 미래

'앞으로 10~20년간 세계의 금융, 경제, 국제질서 등은 어떻게 전개될 것인가?' 일부에서는 미국의 시대는 끝났고 중국의 시대가 될 것이라고 한다. 미국 내에서조차 이런 말들이 나오고 있다. 하지만 미국의 시대가 끝났다고 단정해서는 안 된다.

2008년 이후 불거진 미국 경제의 위기는 정부의 재정적자 문제로부터 발생한 것이다. 미국 정부의 엄청난 재정적자 규모 때문에 달러가치가 하락하고 미국의 신용에 의구심이 커지면서 기축통화에 대한 불신이 높아졌다. 하지만 미국이 이런 위기를 맞은 것은 처음이 아니다. 20세기 중후반(1985년 달러 투기, 1987년 주식 투기)에도 미국은 비슷한 도전과 위기를 맞았다. 결과는 미국이 초강대국의 지위를 회복하는 것이었다.

물론 2025~2030년경이 되면 중국이 경제 규모 면에서는 미국을 충분히 앞설 수 있다. 그러나 근본적인 문제가 미국의 천문학적인 재정적자이기 때문에, 미국이 이를 극복하면 현재의 위치를 다시 단단하게 만들어 중국과 본격적인 경쟁을 할 수 있다.

국가가 재정적자를 해결하는 데에는 다양한 방법이 있다. 극단적 방법으로는 전쟁을 일으키거나 모라토리엄을 선언하면 된다. 그러나 미국은 둘 중 어떤 것도 선택하지 않을 것이다. 왜냐하면 두 가지 외에도 사용할 방법이 많기 때문이다. 첫째는 어느 정도의 인플레이션을 용인하는 것이다. 둘째는 씀씀이를 줄이고 세금을 더 많이 걷는 것이다.

방법은 더 있다. 예전보다 더 많이 벌어 빚을 갚으면 된다. 보호무역주의 정책을 통해 기존 산업을 보호하고, 부채를 추가로 늘리더라도 미래형 산업에 적극 투자하면 된다. 현재 미국은 IT 분야, 바이오 분야, 뇌공학, 양자역학을 중심으로 하는 나노기술, 우주기술, 로봇기술 등에서 최고의 기술을 보유하고 있다. 그래서 현재로서 가장 가능성이 큰 시나리오는 미국이 이런 영역에서 엄청난 부를 새롭게 만들어 냄으로 영향력과 지위를 다시 회복하는 것이다.

2030년경이 되면 제2차 세계대전을 기점으로 형성된 미국 중심의 세상은 어느 정도 변화되어 있을 것이다. 절대적이고 철옹성 같던 미국의 힘에 균열이 발생할 것은 분명하다. 그 틈을 비집고 중국의 강력한 부상, 개발도상국들의 경제성장, 기술의 빠른 발전과 풍부한 노동력과 자원을 활용한 후발 국가들의 새로운 카르텔(공동행동) 형성 등으로 세계의 권력, 부와 영향력에도 탈미국화 현상이 나타날 것이다. 군사력에서도 중국과 일본이 급격하게 부상하고 있다. 러시아도 옛 소련의 명성을 되찾기 위해 노력하고 있다. 그러나 미국이 최근의 분위기처럼 그렇게 빨리 무너지지 않으리라는 것을 생각해야 한다. 2014년 이후 미국의 대반격 시나리오에 관심을 기울일 필요가 있다.

미국은 지난 2년 동안 1조 7,000억 달러나 되는 막대한 유동성을 시장에 퍼붓고도 이렇다 할 시장 회복의 성과를 내지 못했다. 이런 와중에 미국의 금융위기가 유럽으로 번지면서 전 세계 국가들은 아무런 안전판 없이 급격하게 이루어진 미국판 세계화의 위험을 깨달았다. 개인부채, 국가부채 등의 위험을 심각하게 느끼면서 기업은 신규투자를 꺼리고, 국가는 재정지출을 줄이고, 개인은 지갑을 열지 않으면서 단기적 공황 혹은 낮은 더블딥의 조짐이 깊어지고 있다. 세계 경제는 지금 빚 갚기가 야기해 온 새로운 재앙에 빠져 있다.

국가 파산 직전까지 몰린 PIIGS(포르투갈, 이탈리아, 아일랜드, 그리스, 스페인) 각국의 금융경제와 실물경제는 크게 흔들렸다. 다른 나라들도 가능하면 빨리 재정적자를 줄여 빚을 갚아야 생존할 수 있다는 극심한 압박감을 받고 있다. 미국, 일본, 유럽의 주요 나라들은 과다한 부채에 시달리고 있다. 일본은 GDP(국민총생산) 대비 200%를 넘었고, 미국도 2011년 의회가 부채 한도 증액을 승인함으로써 가까스로 파산 위기를 넘겼다. 우리나라도 정부, 공기업, 공적금융기관 부채가 700조 원을 넘었다. 이런 상황 때문에 각국 정부는 당분간 부채축소 쪽으로 정책을 시급히 옮길 수밖에 없다. 기업들도 미래의 불확실성과 부채압박에 대비하기 위해 현금 확보에 열을 올리고 있다. 개인들도 가처분소득 대비 가계 대출이 많이 늘어나서 부채축소 쪽으로 급히 움직이기 시작했다.

물론 빚을 갚는 것은 좋은 것이다. 하지만 '급격한' 부채청산은 보호무역전쟁, 경기회복 둔화, 기업파산, 실업률 증가 같은 새로운 위기를 불러온다.[7] 다시 말해 빚을 갚는 것은 재정 건전성을 높이지만, 한편으로는 재정지출, 신규투자, 개인소비를 급격하게 줄이는 부작용을 낳는다. 그러면 기업의 매출이 줄고, 전체 경기는 둔화하여 다시 소비감소와 부동산, 주식 등의 자산 가치 하락의 악순환이 발생한다. 이 과정에서 실업률은 회복되지 않고, 디플레이션의 가능성은 커지게 되어 기업과 금융권 부실을 가중시킨다. 앞으로 최소 2~3년은 이런 상황이 전 세계적으로 지속될 가능성이 크다. 이 과정에서 많은 국가가 보호무역주의로 돌아서게 되어 수출 중심국들의 어려움이 커질 것이다. 그러나 이런 위기는 영원히 지속하지는 않는다. 2014~2015년경이 되면 세계 경제는 중요한 분기점을 맞이할 것으로 예측된다.

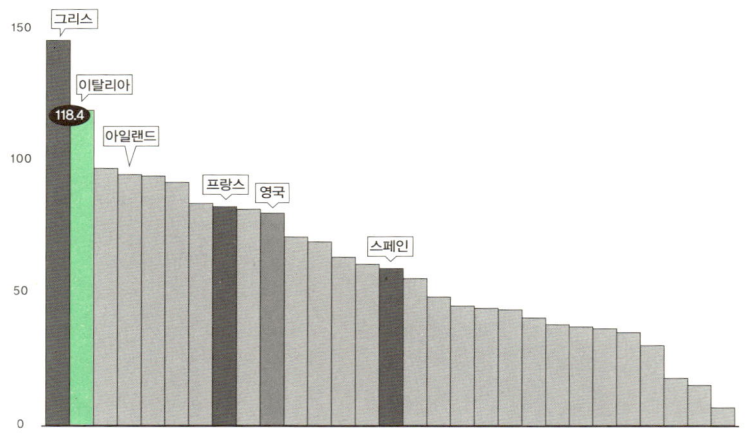

[2010년 GDP 대비 정부 부채 비중]
단위 : %. 유럽연합통계청, 구글

이 그래프는 2010년 유럽 주요국의 GDP 대비 정부 부채 비율이다. 2012년에는 상황이 더욱더 심각해졌다. 그리스는 2012년 구제금융을 받고 난 후 상반기 부채가 GDP 대비 161.7%를 넘어섰다. 이는 전년도 대비 16.8% 증가한 수치다. 다음 위기의 진원지인 이탈리아와 스페인 역시 사정은 마찬가지다. 이탈리아는 2012년 기준으로 정부의 부채가 GDP 대비 120%를 넘어섰다. 물론 전년도 대비 1.4% 증가 추세에 있다. 설상가상으로 이탈리아의 민간 부채도 GDP 대비 122%를 넘었다. 스페인은 GDP 대비 정부 부채가 79%로 상대적으로 낮은 편이지만 민간 부채가 GDP 대비 213%에 이르러 심각한 상황이다. 부동산 버블의 타격을 직접 받으면서 은행들의 부실이 급격히 커지고 있다.

포르투갈 역시 GDP 대비 정부 부채가 112.8%로 전년도 대비 19.5% 증가 추세에 있다. 세수는 전년 대비 감소하고 있으며 경제 성장률도 하락 중이다. 아일랜드는 GDP 대비 정부 부채가 105%이며, 전년도 대비 12.9% 증가 추세다. 아이슬란드도 GDP 대비 정부 부채가 128%이며, 전년도 대비 3.6% 증가했다.

이처럼 PIIGS 및 인근 국가들의 부채는 2008년 이후 다양한 조치에도 오히려 더 늘고 있다. 하나의 위안거리가 있다면 부채가 늘어나는 속도가 조금은 감소했다는 것이다.

건전하다고 평가받는 나라인 영국도 GDP 대비 정부 부채가 86%에 이르렀다. 프랑스도 GDP 대비 정부 부채가 89%이며, 민간 부채는 114%를 넘어서서 PIIGS 국가들처럼 극히 위험한 수준이다. 유로존의 유일한 버팀목이며 재정 건전도가 가장 높다는 독일조차도 GDP 대비 정부 부채가 81%, 민간 부채는 107%에 이르렀다. 이처럼 유로존에서 건전한 1그룹에 속한 국가들마저 위험 수준에 이르렀기 때문에, PIIGS 국가의 엄청난 빚을 떠안으면서 유로존을 위기에서 탈출시킬 수 있는 상황이 아니다.

2014~2015년, 위기의 1차 전환점

위기가 계속 증가하는 상황에서 세계 경제의 미래를 예측하기 위해서는 레버리지 Leverage Point 파악이 아주 중요하다. 현재로서는 세계 경제의 미래를 좌우할 중요한 포인트는 두 가지다. 하나는 유로존이 근본적인 해법을 꺼내 드는 시점이 언제냐는 것이고, 다른 하나는 세계 경제의 기초를 떠받치고 있는 미국 경제가 자생적으로 회복되는 시점이 언제냐는 것이다.

필자가 예측하기에 2014~2015년경 이 두 가지와 관련한 중요한 미래 징후[8]가 발생할 가능성이 크다. 이 시기가 전 세계 경제가 방향을 전환하는 시점이 될 가능성이 상당히 높을 것으로 예측된다. 유로존에서는 금융위기가 전체적으로 드러날 것이며 동시에 유로존 위기에 대응하는 근본적인 해법을 꺼내 들어야 하는 시기가 될 것이다.

미국과 유로존 사태의 핵심은 단기적 유동성의 문제가 아니라, 근본적으로 부채가 계속 늘어나고 있다는 점이다. 그래서 해법은 모라토리엄을 선언하거나 디폴트 처리를 하는 과정에서 부채 원금의 일정량을 탕감해서 근본적으로 부채의 상당 부분을 없애는 것이다. 이 방법이

나와야만 유로존 위기가 해결방향으로 전환될 수 있다. 이것이 전 세계 위기의 바닥을 확인할 수 있는 핵심적인 레버리지다.

2012년에는 이런 근본적 해결책이 나올 가능성이 적었다. 미국 대선 때문이었다. 오바마 대통령은 2008년 미국의 금융위기 이후 엄청난 재정을 투입하여 실업률을 10%대에서 8%대로 떨어뜨리는 데 성공했다. 하지만 이런 식의 재정투입을 지속하는 것은 불가능하다. 그렇기에 오바마 대통령의 재선 전략은 8%대로 떨어뜨린 실업률을 유지한 상황에서 선거를 치르는 것이었다.

미국의 경제상황을 설명해 주는 몇 가지 지표를 살펴보자. 통화 공급량 지표를 나타내는 MZM(만기가 없어 언제든지 꺼내 쓸 수 있는 통화 공급량 지표)Money with Zero Maturity을 살펴보면, 미국의 통화량은 2008년 금융위기 이후 계속 상승세를 보였다. 즉, 경기부양을 위한 미국연방준비제도이사회(미연준)FRB의 통화팽창 기조 정책이 유지되고 있었다. 그러나 이런 노력에도 미국은 4년 넘도록 장기적 침체에서 벗어나지 못하고 있다. 미국은 앞으로 재정지출 및 감세 등을 통한 경기부양의 여력이 그다지 많지 않다. 이 때문에 유럽의 위기가 지속하거나 좀 더 악화하면 미국도 크게 도움을 줄 형편이 되지 않는다.

이렇게 돈이 많이 풀렸어도 미국 경제가 눈에 띄게 살아나지 않는 이유는 무엇일까? 돈이 시장으로 흘러나가지 않고 급한 부실채권 문제만 해결한 채 은행권 내부에서 맴돌기 때문이다. 2011년 중반 이후 미연준의 지불준비금 계정 규모는 급증세를 멈추고 보합세를 보였다. 미연준이 엄청난 규모의 돈을 공급했지만, 돈이 시중에 공급되지 않고 은행권 내부에서만 맴도는 유동성 함정에 빠진 상황이었다.

물론 2008년부터 현재까지 몇몇 구간에서는 유동성 함정에서 조금씩 벗어나는 양상을 보여 왔다. 하지만 유럽 재정위기의 여파가 계속되면서, 미국 대형 금융기관들의 신용 하락 압박이 높아지면서, 지불준비금 계정 규모가 증가세로 반전되면서 다시 유동성 함정에 빠져들고 있다. 이와 맞물려 미국 소비자들의 신용잔고도 다시 늘어나는 추세로 바뀌고 있다.

현재 미국의 경제상황은 1929년 대공황 때와 같은 심각한 국면에 진입한 것은 아니지만, 2011년 말 대비 회복세를 보였던 제조업 수출, 실업률, 주택거래량 하락폭 등이 다시 악화 또는 정체의 신호를 보내고 있다. 다시 침체국면으로 빠져들 가능성도 크다. 다른 지표들을 분석해본 결과, 미국의 경제는 최악의 상태는 벗어난 듯 보인다. 낮아진 원자재 가격, 안정된 물가와 높아진 저축률에 힘입어 가계소득이 회복되고 있다. 그러나 아직은 고용지표와 주택거래량 및 가격지표가 호전되지 않은 상황이다. 내수가 단기간에 회복될 가능성은 낮다. 이와 더불어 현재 미국 수출시장의 22%를 차지하는 유럽과 최근 성장세인 중국시장이 실물경제 침체로 점차 가라앉으면서 미국의 수출도 지지부진한 상황이다.

이러한 상황이기 때문에 유럽 재정위기의 여파로 국제금융시장의 위험이 커지면서 미국 상업은행의 신용 문제가 불거지면 미국 경제가 다시 더 깊은 침체국면으로 퇴보할 가능성이 높다. 또한 유럽의 정상들은 2013~2014년까지는 근본적인 해법을 구사하지 않고 다른 방법을 사용해서 유럽 재정위기를 벗어나려는 전략을 구사할 것이다.

그리스를 구제금융 해 주는 것도 타격이 큰 상황에서 규모가 몇 배나 더 큰 스페인, 이탈리아를 구제금융 해 주는 것은 사실 만만치 않다. 하지만 이보다 더한 상황은 스페인과 이탈리아 등이 구제금융을 받고서도 결국은 무너져 내려서 그리스처럼 부채의 상당량을 탕감받아야 하는 것이다. 이렇게 되면 두 나라에 엄청난 규모의 돈을 빌려 준 프랑스, 독일, 미국 등의 국가와 금융권들이 큰 손해를 보게 된다. 때문에 돈을 더 빌려 주어서라도 급한 불을 끄면서 구조조정을 유도해 장기적으로라도 원금을 다 회수하기를 원한다. 따라서 당장 부채를 탕감해 주기보다는 이탈리아와 스페인에 구조조정과 재정적자 감축 압력을 주고, 대규모의 유동성을 공급해 주면서 어떻게든 생명을 유지하는 노력을 필사적으로 할 것이다.

그런데 지금 같은 강도 높은 구조조정이 1~2년 정도 지속되는 상황에서 정부와 금융권의 빚이 계속 늘어 가고 시민과 노동자들의 강력한 반발이 지속되어 정치적 불안정성이 증가하면 어떻게 될까? 결국 이탈리아와 스페인에게도 일정량의 부채 탕감을 할 수밖에 없다. 필자는 그 시기가 대략 2014~2015년 정도가 되리라 본다. 금융시장에 충격이 가해지더라도 위기 국가들의 빚의 원금 일부를 없애 준 후에 구조조정을 진행하고 경기부양책을 사용해 경제위기를 탈출하는 것이 근본적인 해법이다.

필자가 언급한 근본적 해법을 사용함으로써 유럽의 위기가 해결되는 가닥이 보인다면, 이때부터 금융자본이나 기업들이 자발적이고 선제적인 투자를 할 것이다. 기업들의 자발적 투자의 시작 시기가 중요한 이유는 미국 정부가 더는 실업률을 떨어뜨릴 여력이 없기 때문이다. 미국의 실업률을 6~7%대로 떨어뜨리는 것은 기업의 몫이다.

미국의 실업률이 6~7%대로 하락하는 것은 세계 경제와 관련해서 매우 중요하다. 이는 미국 기업들이 이제는 선제적으로 움직일 때라고 판단했다는 것을 짐작할 수 있는 미래 징후이기 때문이다. 미국의 경제는 GDP 대비 75%가 소비에 의존한다. 그러므로 미국 경제가 살려면 반드시 소비가 살아나야 한다. 또한 2008년 기준으로 전 세계 소비의 50%는 미국에 의존해 있다. 즉, 미국의 소비가 살아나는 것이 전 세계 경제회복을 알리는 가장 중요하고 확실한 신호가 된다는 말이다.

이렇게 중요한 의미가 있는 미국의 소비가 살아나려면 미국의 중산층이 살아나야 한다. 중산층이 소비를 늘리는 방법은 소득효과와 자산효과가 있다. 현재로서 자산효과는 당분간 기대할 수 없는 상황이다. 따라서 유일한 통로는 소득효과밖에는 없다. 소득효과는 취업률이 올라가야 발생한다. 고용률을 높여야만 중산층의 비율이 올라가고, 이들의 소비력으로 미국의 GDP가 올라가 전 세계적인 제품과 서비스의 판매, 수출과 소비를 떠받칠 수 있는 기틀이 마련된다. 따라서 현재로서 회복의 국면으로 전환되는 또 하나의 중요한 레버리지는 미국 중산층의 고용률이다.

미국은 2008년 금융위기가 발생하자 실업률이 10%로 치솟았다. 당시 전문가들은 미국이 3~4%대 정상적인 수준의 실업률로 되돌아가는 데 대략 10년 정도의 시간이 걸릴 것으로 예상했다. 그런데 실업률이 3~4%대 수준으로 내려가야만 시장이 회복되는 것은 아니다. 실업률이 6~7%대로만 떨어지더라도 투자자들은 미래의 기회를 보고 선제적으로 행동을 취한다.

미국의 정책과 미래 전망을 예측해 봤을 때, 8%대의 현재 실업률을 추가로 하락시키는 방법은 두 가지다. 하나는 정부가 계속 재정을 투여하며 공공의 수단을 활용해 일자리를 만들어 내는 것이다. 사실 2008년 당시 10%로 치솟았던 미국의 실업률이 2012년 8%로 떨어진 것은 기업의 노력 때문이 아니다. 미국 정부가 지난 4년 동안 신용등급 하락을 감수하면서까지 추가적인 국채를 발행하고 재정적자 정책을 유지하면서 공공근로, 임시직, SOC 투자 등을 늘리면서 거둔 결과다. 미국 기업들은 이 기간에 구조조정을 하면서 실업률을 올리는 역할만 했다.

필자는 실업률을 2% 정도 떨어뜨리는 것이 미국 정부가 할 수 있는 최고의 수준이라 생각한다. 미국 정부가 앞으로도 몇 년 동안 계속 시장에 돈과 일자리를 투여하면 될까? 아니다. 미국 정부는 막대한 부채와 재정적자, 그리고 부채의 증가를 제한하는 의회와의 협약 때문에 더는 부채를 늘릴 수 없는 상황이다. 즉, 8%대의 실업률을 추가로 하락시키는 일은 기업들의 몫이다. 유럽 위기 해소의 실제적인 실마리가 나오고, 실물경제 침체가 바닥에 도달해 이제는 선제적 투자를 해도 된다는 미래 징후를 읽은 후에 기업들이 자발적 판단으로 고용을 늘리는 방법밖에 없다.

현재의 유럽과 미국의 정책적 추이를 보았을 때, 2014~2015년이 되면 고용률이 6~7%로 될 가능성이 크다. 그때가 되면 미국은 2008년 서브프라임 사태 이후 만 6~7년이 지난 상황이 된다. 부동산 버블 붕괴가 일어나면 금융충격이 발생한 후 실물경제 침체가 7~8년 정도 지속한다. 이런 패턴을 미국 경제에 적용해 보면 2014~2015년은 미국의 실물경제 침체기의 후반기로 볼 수 있다. 이 시점은 유럽 재정위기가 모두 드러나는 시점과 맞물린다. 이러한 징후들은 미국의 기업들에게 선제적 투자를 할 시기가 도래했다는 신호가 될 것이다. 이런 종합적인 이유 때문에 필자는 2014~2015년을 세계 경제가 위기탈출을 하는 데 아주 중요한 분기점이 될 것으로 예측한다. (단, 주의할 점은 정확하게 2014~2015년으로 보기보다는 대략 이 시기를 변곡점으로 정해 놓고 모니터링이 필요하다.)

금융위기 이후, 중국과 아시아 경제의 미래

2014~2015년 금융위기가 전환점을 맞게 된 이후 20년간의 세계 경제의 미래 향방을 가름할 핵심 요인은 미국과 중국의 경제전쟁 결과가 될 것이다. 많은 사람이 2014~2015년 이후 미국과 중국이 예전처럼 동반자의 관계를 지속할 것으로 예측한다. 물론 이 시나리오도 충분히 가능하다. 하지만 필자는 다른 시나리오를 고려해 보아야 한다고 주장했다. 필자가 이름 붙인 일명 '미·중전쟁'이다. 현재는 미국과 중국이 유로존의 금융위기 사태 해결이라는 같은 목표에 집중하고 있기 때문에, 두 나라가 본격적으로 충돌할 가능성은 낮다. 그러나 2014~2015년경 필자의 예측처럼 전환점이 마련되면, 미·중전쟁은 본격적인 2라운드에 들어갈 가능성이 크다. 그리고 그 영역은 패권전쟁, 무역전쟁, 환율전쟁, 자원전쟁, 산업전쟁, 인재전쟁의 6가지 영역이 될 것이다. 현재로서는 미국이 좀 더 유리한 국면에 있다.

2014~2015년경 세계 경제 전환 시나리오와 미국과 중국의 본격적인 경제전쟁 시나리오 가운데서 아시아 미래 경제를 들여다보면 어떤 결과를 예측할 수 있을까? 일본은 앞으로 10년 이내에 외환위기를 맞을 가능성이 크다. 개인과 기업은 이에 대한 시나리오를 세우고 철저하게 준비해야 한다. 만약 일본이 구제금융을 신청하게 되면 전 세계 경제는 큰 충격을 받을 것이다.

앞으로 벌어질 미국과 중국의 경쟁 구도에서 아주 중요한 위치에 있는 나라는 인도다. 미국은 중국을 견제하고 아시아에 대한 영향력을 넓히기 위해 인도와의 관계를 더욱더 강화할 것이다. 인도의 시장적 가치를 최대한 끌어올리는 데 신경을 쓸 것이다. 인도의 인구가 중국에 견줄 만하고, 영어를 사용하고, 중국과는 전통적으로 갈등 관계라는 것이 미국이 인도를 주요한 파트너로 선택하는 이유가 된다. 미국이 인도와 손잡고 시장을 크게 만들어 중국과 대립할 것으로 예측된다.

장기적으로 보면 세계 경제의 축이 아시아로 이동할 것이다. 하지만 그 과정에서 한국, 중국, 일본은 각각 넘어야 할 커다란 과제와 위기가 있다. 그리고 아시아의 가장 커다란 미래 시장으로 급부상하고 있는 인도를 눈여겨보아야 한다.[9]

한국의 미래 방향이 바뀌면 교인들의 미래가 바뀐다

그런데 왜 이렇게 어려운 내용에 관심을 두고 이해하고 알아야 할까? 알아야만 하는 분명한 이유가 있다. 이 모든 변화는 한국의 정치, 외교, 경제의 방향 전환에 영향을 줄 것이기 때문이다. 한국의 미래 방향이 바뀌면 교인들의 미래가 바뀐다. 교인들의 일터의 미래가 바뀐다. 교인들의 생각과 삶의 모습이 바뀐다. 그뿐만 아니다. 국외 정세가 바뀌면 선교의 방향과 정책도 변화할 수밖에 없다. 한국 교회와 교인들의 미래를 둘러싼 거시적 힘의 변화가 이미 시작되었기 때문에 지금이라도 이런 문제에 대해 교회의 지도자들은 관심을 가져야 한다.

예전에는 이런 문제에 대해 교인들이 목회자에게 질문하면 기도한 후 지혜를 나누어 주었다. 앞으로도 교인들이 경제나 사회의 변화로 말미암은 문제에 대해 목회자에게 질문하면 기도를 통해 얻은 지혜를 나누어 주어야 한다. 그런데 앞으로의 세계 변화는 지금 목회자들이 가지고 있는 정보의 수준을 훨씬 넘어선다. 다가올 위기들은 앞서 경험해 본 위기의 수준을 훨씬 넘어선다. 그러므로 교인들을 올바른 길로 인도하기 위해서는 더욱더 많은 기도와 함께 변화에 대한 구체적인 관심이 필요하다.

복잡 다양한 스펙트럼과 변수들

우리는 시간과 공간의 압축을 통해 급성장하고 급변하는 시대를 살고 있다. 사회학자들이나 미래학자들은 지난 100년의 변화가 앞선 1만 년, 즉 인류 역사의 변화와 맞먹는 변화라고 분석했다. 더불어 앞으로

20년 동안 일어날 변화는 지난 100년의 변화와 맞먹으리라 전망하고 있다. 결국 앞으로 20년 동안의 변화가 인류 역사 전체의 변화와 맞먹는 변화일 것이라는 의미다.

속도의 변화와 맞물려서 한 사람이 하루 혹은 전 생애 동안 도달할 수 있는 공간이 점점 넓어지고 있다. 이처럼 활동범위와 생활범위가 넓어지면 심리적으로는 세상이라는 개념이 그만큼 좁아진다. 이런 심리적 공간의 압축은 지구 상에 존재하는 다양한 사회, 경제, 문화, 심리적 요소들이 국경을 넘어서 촘촘히 연결되게 하는 효과가 있다. 이처럼 시간과 공간이 압축되어 점점 더 복잡한 세상과 가파른 변화를 만들어 내기 때문에, 단선적 관점이나 혹은 특정기술 등 하나의 부분에만 의존하여 변화를 예측하는 것은 불가능하다.

예를 들어 우리나라 조선산업의 미래를 예측하기 위해서는 조선업종의 경쟁력만 가지고 전망해서는 안 되고 국제정세, 금융역학, 신재생에너지 등 다양한 측면을 포괄하여 볼 수 있어야 한다. 신재생에너지도 마찬가지다. 기술만의 문제가 아니다. 국제적 역학 관계, 지구 온난화 문제의 심각성에 대한 인식의 정도, 원유 가격, 경제 환경 등이 더 중요한 변수로 작용한다.

최고의 기술이 최고의 히트상품이 된다는 생각은 매우 순진한 것이다. 실제 현상에서는 보통 2~3위의 기술이 세계를 제패한다. 이런 현상이 발생하는 이유는 특정 기술이나 상품 혹은 산업의 성공이 국제 정치, 세계 경제 흐름, 소비자의 심리 흐름, 환경적 변화, 법과 규제의 변화 등과 맞물려 있기 때문이다. 하나의 상품이 이러할진대, 한 기업이나 한 국가의 성공은 훨씬 더 복잡하고 다양한 스펙트럼과 변수들을 고려해야 한다. 그래야 현명하고 똑똑한 전략을 수립할 수 있다.

위기관리 능력
- 근거 없는 낙관론부터 버려라

위기관리 능력을 기르기 위해서는 어떻게 해야 할까? 우선 근거 없는 낙관론부터 버려야 한다. 전 세계적 규모의 금융위기가 발발하기 직전, 국내의 모 경제연구소는 2020년이면 우리나라 국민소득이 3만 5,000달러가 되리라는 예측을 발표했다. 연평균 4%씩 성장하면 10년 후 3만 5,000달러가 된다는 것이 예측의 근거였다. 참으로 순진한 예측이었다. 그런 식이라면 1996년 2만 달러를 얘기한 우리는 이미 3만 5,000달러를 넘어 있어야 한다.

한국 교회 혹은 특정 교회의 미래에 대한 예측이나 목회 태도도 이런 경우가 흔하다. "지금까지 한국 교회는 폭발적인 성장을 해 왔으니 앞으로도 이런 성장추세가 계속될 것이다!", "우리 교회가 지난 몇 년 동안 연평균 10%씩 성장해 왔으니 10년 후에는 지금보다 두 배는 성장해 있을 것이다!" 미래 예측은 이렇게 순진하게 해서는 안 된다. 왜냐하면 미래가 단순하지 않기 때문이다.

경제적 측면만 예로 들어 보더라도, 매년 3~4% 성장을 해도 한두 번의 경제위기를 만나면 몇 년 치 성장 몫이 사라져 제자리로 되돌아간다. 앞서 소개한 모 경제연구소의 2020년 한국의 경제전망은 앞으로 불황도 없고, 급격한 부채청산의 부작용에 따른 위기도 없고, 한두 번의 추가적인 외환위기, 환율의 극심한 변동, 부동산 버블, 중국 버블, 거대한 글로벌 시장의 버블을 피하고자 만들어지는 동남아 및 개발도상국으로의 위기 전이 등도 전혀 없음을 전제로 만들어진 것이다.

세계가 복잡한 그물망처럼 연결된 상황이라는 맥락에서 볼 때도 가능성이 대단히 희박한 미래다. 하나님이 만드신 모든 생물과 조직, 나라들 가운데 성장이 영원했던 것은 하나도 없다. 앞으로도 없을 것이다.

100년을 넘겨 살아남은 기업이 희소한 것처럼, 100년을 넘겨 부흥을 지속하는 교회도 드물다. 한국 교회 역사도 100년을 넘겼다. 지난 120년을 돌아보면 1970년대부터 한국 교회는 폭발적으로 부흥했다. 그때를 기준으로 계산하면, 상당수 교회가 40~50년을 넘어섰다. 장년기를 넘어 노년기로 접어들었다. 근거 없는 낙관론을 순진하게 주장하기에는 시대가 달라졌고 상황이 바뀌었다.

그렇다고 우리나라가 성장할 수 없다는 것은 아니다. 우리나라도 국민소득 3만 5,000달러 수준으로 갈 수 있다. 골드만삭스도 2050년이 되면 우리나라가 세계 2위의 경제선진국이 될 수 있다고 전망한 적이 있다. 그들의 예측이 현실이 되기를 간절히 원한다. 또한 지난 50년 동안의 기적적인 부흥이 앞으로도 한국 교회에서 계속되기를 열망한다.

그러기 위해서는 미래에 대한 근거 없는 낙관론이나 패배주의적 태도를 버리고, 현실과 미래를 객관적으로 보면서 이에 대응하는 자세를 가져야 한다. 하나님이 우리와 함께 계신다는 긍정적 믿음을 품고 좋은 태도를 가져야 한다. 이런 태도를 기반으로 하는 위기관리 능력은 불확실성을 통제하는 것에도 유익하다.

변화를 알면 불확실성을 통제할 수 있다

《하버드 비즈니스 리뷰》 편집장인 토마스 스튜어트 박사는 "20세기 경영이 리스크 관리에 중점을 두었다면, 21세기 경영의 핵심은 불확실성과 의혹 관리에 있다"고 선언했다. 그의 말을 굳이 빌리지 않더라도, 근래 개최되는 대부분의 국제적 포럼이나 회의에서 최고의 화두는 '불확실성'이다.

인류는 앞으로 10~20년 동안 역사상 유례없는 불확실성의 시대를 지날 것이다. 불확실성에 어떻게 대응하느냐에 따라 기업이나 국가의 운명이 바뀔 것이다. 교회의 미래도 마찬가지다.

그렇다면 미래의 생존을 위해 가장 우선적으로 고려해야 할 불확실성을 관리 가능한 수준으로 만들려면 어떻게 해야 할까? 불확실성을 관리하려면 먼저 불확실성이 무엇인지에 대한 정확한 정리가 필요하다. 다음에 제시된 셋 중 불확실성이 가장 높은 것은 무엇일까?

1. 내일 서울 지역에 비가 올 확률 : 99%
2. 내일 내가 산 주식 가격이 오를 확률 : 50%
3. 내일 내가 로또 1등에 당첨될 확률 : 1/800만%

정답은 2번이다. 보통 3번을 선택하는 사람이 많다. 바로 이것이 우리의 착각이다. 1번의 경우 일어날 것이 '확실'하다. 3번의 경우 일어나지 않을 것이 '확실'하다. 불확실성이 높다는 것은 예측하지 못한 일이 일어난다는 의미가 아니다. 꿈에도 생각지 못한 일이 일어난다는 것도 아니다. 에이리언 같은 괴물이 튀어나오는 것도 아니다. 불확실성이 높다는 것은 일어나지 않을 확률과 일어날 확률이 반반이어서 확신 있게 의사결정하기 어렵다는 것이다.

그렇다면 왜 앞으로 10~20년 동안 불확실성이 높아질까? 이유는 간단하다. 변화가 예전보다 빠르게 일어나기 때문이다. 생각했던 것보다 미래의 변화가 빠르다 보니, 99%의 확률이 깜박하는 순간 50%로 떨어진다. 변화가 너무 빠르다 보니, 의식하지 못하는 사이에 800만분의 1의 확률에 불과했던 사건이나 기술이 50%의 확률로 올라온다. 일상의 일에 파묻혀 지내다 정신 차려 보니, 50%로 떨어지리라 생각지 않던 것이 50%가 되어 있고, 50%로 올라오리라 생각지 않던 것이 50%가 되어 있다. 이래서 개인, 기업, 국가가 의사결정을 쉽게 하지 못하는 상황으로 몰리는 것이다.

예전에 '인생극장'이라는 제목의 TV 코미디 프로그램이 있었다. 프로그램 초반에 하나의 이야기가 전개되다 중간쯤 되었을 때, 둘 중 하나의 길을 선택해야만 하는 장면이 나온다. 'Yes' 혹은 'No'를 선택해야 한다. 그 선택에 따라 이야기가 전개되고, 전혀 다른 두 결과가 발생한다. 이처럼 주인공이 'Yes 시나리오'와 'No 시나리오' 사이에서 갈등하고 고민하는 그 상황이 불확실성의 상태다. 한쪽이 다른 한쪽보다 명백히 일어날 확률이 높아 보이면 과감하게 그쪽을 선택하면 된다. 의사결정이 편하다. 그런데 현실은 그렇지 않다. 상당히 많은 경영적 의사결정 항목들이 40~60%대 확률 내에 존재한다.

예를 들면, 근래 들어 전 세계적으로 친환경에너지, 신재생에너지 분야에 대한 논의가 활발해졌다. 지구 온난화 문제로 수백 년 동안 사용해 온 화석에너지 사용을 줄이고 자연에너지로 가야 한다는 새로운 방향이 제시되었다. 그래서 각국 기업들이 너 나 할 것 없이 친환경에너지를 미래의 신성장동력으로 보고 뛰어들고 있다. 기업들은 친환경에너지 산업의 성공을 위해 큰 비용을 들여 컨설팅을 받기도 한다.

사실 컨설팅을 받는다고 뾰족한 수가 나오는 것은 아니다. 자연에너지 분야는 이제 막 시작된 것이기에, 그 산업이 앞으로 연관적으로 만들어 낼 엄청난 규모의 산업에서 극히 일부분만 열려 있다. 증기기관이 처음 발명되었을 때, 그 기술이 진화하면서 로봇, 우주선, 하늘을 나는 자동차가 나올 것이라고는 아무도 상상할 수 없었다. 지금 붐이 일고 있는 친환경에너지 역시 단순히 친환경에너지만으로 끝나지 않을 것이다. 여하튼, 지구 온난화 문제, 석유가격의 폭등 등으로 인류는 친환경에너지, 신재생에너지의 방향으로 갈 수밖에 없다. 가지 않으면 고사당한다. 에너지 산업만 이런 상황에 몰리고 있는 것이 아니다.

현재 우리나라뿐 아니라 선진국 대부분의 기업은 현금보유율이 그 어느 때보다 높다. 미래의 불확실성 때문에 부채는 낮추고, 현금보유율은 높이고 있다. 하지만 이것도 좋은 대안은 아니다. 자칫 잘못 선택하면 생각지도 못한 결과를 낳는 것이 불확실성 시대의 특성이다. 우리는 앞으로 10~20년 동안 이런 상황을 계속 경험해야만 한다. 오늘보다는 내일, 내일보다는 다음 주, 다음 주보다는 내년, 내년보다는 3년 후가 더 불확실성이 높아질 것이다.

불확실성은 세상의 변화 속도와 내가 변화에 적응하는 속도의 불일치에서 발생한다. 불일치가 크면 클수록 위기도 잦아진다. 그렇다면 불

확실성을 통제할 방법은 없을까?

불확실성을 통제하려면 첫째, 변화의 정체가 무엇인지 알아야 한다. 둘째, 변화의 속도에 민감해야 한다. 셋째, 변화에 관심을 많이 두고 세상의 변화 속도에 빠르게 적응해야 한다. 이를 위해서는 지금보다 더 똑똑한 정보와 지식을 구축하는 노력을 계속해야 한다. 그러면 자연스럽게 변화의 속도에 일치하면서 불확실성을 통제할 확률이 높아진다.

똑똑한 정보란 복잡한 세상의 구조와 흐름을 정확히 꿰뚫어 보게 하는 정보다. 이것은 단순히 정보의 양이 많다고 얻을 수 있는 게 아니다. 미래 예측을 가능하게 해 주는 엄선된 정보가 우리의 생존을 보장해 주는 똑똑한 정보다. 이런 정보를 가지고 현재 무슨 일이 일어나고 있는지, 앞으로 무슨 일이 일어날 것인지에 관해 정리된 지식을 축적해야 한다. 이런 과정을 거치면 불확실성의 터널에서 탈출하여 살아남을 수 있다. 불확실성을 탈출하기만 하면 기회가 가득 찬 미래를 손에 움켜쥘 수 있다.

'잃어버린 10년'은 망한다는 뜻이 아니라 장기불황을 의미한다. 그렇다면 장기불황이란 무엇을 의미할까? '지금부터 장기불황에 들어간다면 우리나라는 앞으로 10년 동안 계속 2만 불에 머물러 있을 수 있다'는 의미다. 이는 우리에게 많은 것을 시사하고 있다.

Chapter 2

한국판
잃어버린 10년이 다가온다

세상은 빨리 변하고 큰 파도는 반복적으로 일어난다

'잃어버린 10년.' 이는 필자가 예측한 바 2020년 이후 발생할 가능성이 가장 큰 한국의 기본 미래다. 앞에서 언급했듯이 기본 미래란 현재 시스템이 크게 변화되지 않고 그대로 지속된다고 가정할 때 일어날 가능성이 가장 높은 미래다. 미래학은 현재 일어나고 있는 확실한 추세들이 지속된다면 나타날 확률이 가장 높은 것을 기본 미래로 삼는다. 그렇다고 일어날 확률이 100%라는 말은 아니다. 지금의 사회, 기술, 경제, 환경, 제도, 정치, 영성, 심리적인 영역에서 일어나고 있는 흐름이 크게 변하는 것 없이 계속 지속된다고 가정할 때 이런 미래가 일어날 확률은 70~80% 이상이다. 그래서 미래의 무언가에 관해 의사결정할 때 가장 먼저 고려해야 할 상황이 된다.

필자가 예측한 것들이 문자 그대로 완벽하게 일치해서 발생하는 것은 아니다. 만약 당신이 이 책을 그런 관점에서 읽고 있었다면 필자를 용한 점쟁이나 노스트라다무스로 여기고 있었던 셈이다. 미래 예측 시나리오를 발표하면 이런 질문을 하는 분들이 있다. "미래학자님, 시나리오가 틀렸는데요? 예측이 틀렸는데요?" 전부는 아니어도 일정 부분 틀릴 수 있다. 미래학자는 예언가가 아니다. 맹신은 금물이다. 이 점을 기억하고 앞으로 전개하는 한국의 미래에 대한 시나리오들을 주목해 주길 바란다.

'한국판, 잃어버린 10년.' 이것은 우리의 서글픈 기본 미래다. 앞으로 10년 이내 우리는 내우외환의 형국을 맞이할 확률이 가장 높다. 외부적으로는 앞에서 예측한 세계의 미래 변화들 속에서 발생하는 위기와 위협 때문에 사회, 정치, 경제, 기술, 환경, 심리 등 거의 모든 분야가 요동치는 월드스패즘이 기다리고 있다. 내부적으로는 지금의 일본처럼 역동성을 잃고 장기 침체에 빠져들 가능성이 크다.

쉽게 표현하자면, 10~20년 이내 국내 30대 그룹 중 15개 정도는 사라지게 될 것이다. 다른 것은 몰라도 이 부분은 가능성의 언급이 아니라 확신 있게 '예언' 할 수 있다.

왜냐하면 역사가 그것을 증명하기 때문이다. 산업주의 시대의 패러다임에서 기업의 평균 생존 기간은 대략 30년 정도다. 우리나라 제조업의 평균 수명은 23.9년이다. 지금은 변화의 속도가 더 빨라져서 기존 산업은 20년, IT산업은 10년을 넘기기 어렵다. 짐 콜린스의 〈좋은 기업을 넘어 위대한 기업으로〉라는 책에서 소개한 기업들, '좋은' 도 아니고 '위대하다' 고 칭송받던 위대한 기업들도 2005년 기준 6개만 남고 사라졌다. 세상이 빨리 변하고 큰 파도가 반복적으로 일어나기 때문에 위대하다 칭송받은 기업도 첫 파도는 무사히 넘긴다 해도 이어지는 파도를 견디지 못하는 것이다. 미래에는 그런 파도가 더 많이 올 것이다.

그러나 그 어느 때보다도 '기회'가 많을 것이다. 투자의 귀재로 추앙받는 워런 버핏을 살펴보자. 전 세계가 서브프라임 모기지 사태로 엄청난 충격을 받고, 미국과 EU가 넘어지는 상황에서 워런 버핏은 골드만삭스에 투자해 3개월 만에 60억 불(한화 약 7조)을 벌었다. 서브프라임 모기지 사태가 없었다면 천하의 워런 버핏도 단기간에 그렇게 많이 벌 수는 없었을 것이다. 이처럼 불황을 예측하면 더 많은 기회가 주어진다.

'잃어버린 10년'은 망한다는 뜻이 아니라 장기불황을 의미한다. 그렇다면 장기불황이란 무엇을 의미할까? '지금부터 장기불황에 들어간다면 우리나라는 앞으로 10년 동안 계속 2만 불에 머물러 있을 수 있다'는 의미다. 우리나라는 1996년 경제협력개발기구 OECD에 가입하고 2만 불 이야기를 했다. 그런데 10년 이상의 시간이 지났음에도, 여전히 2만 불 이야기를 하고 있다. IBM은 이미 우리나라를 20년간 정체로 보고 있다.

그렇다면 우리나라는 성장할 수 없다는 것인가? 아니다. 한때 골드만삭스는 2050년에 우리나라가 세계 2위의 경제선진국이 될 것으로 전망했다. 그들의 예측이 현실이 되기를 간절히 원한다. 하지만 필자가 '한국판, 잃어버린 10년'의 위기를 화두로 던지는 것은 경제선진국으로 가려면 선제적으로 해결해야 할 문제들이 있기 때문이다. 이 문제들을 풀어야만 경제선진국이 될 수 있다.

변화의 시대에는 새로운 시스템이 필요하다

창업했다고 하자. 창업과 동시에 성장의 한계가 정해진다. 그것을 시스템의 태생적 한계라고 한다. 시스템의 한계는 시스템 내에 있는 사람, 자본, 기술, 사업모델 등과 맞물려 있다. 사업을 시작했을 때 이를 기반으로 열심히 일하면 10억 정도 매출을 달성할 만한 시스템이 만들어졌다고 하자. 열심히 하면 10억 매출을 얻을 수는 있겠지만 10억 이상의 매출이 달성되지는 않는다. 시스템의 한계 때문이다.

그렇다면 어떻게 해야 100억 매출로 올릴 수 있을까? 10억 매출에서 10배의 노력을 하면 될까? 아니다. 10억 매출 시스템에서 10배의 노력을 하면 회사는 망가진다. 사람은 다 떠나고, CEO는 병나고, 회사는 문을 닫는다. 그러면 어떻게 해야 하는가? 답은 아주 간단하다. 10억 매출의 한계를 가진 기존 시스템을 100억 매출을 올릴 수 있는 시스템으로 고쳐야 한다. 100억 매출에 걸맞은 조직 문화로 바꿔야 하고, 100억 매출에 걸맞은 직원 역량을 갖추어야 하는 등 조직의 유무형 요소를 100억 시스템으로 고쳐야 한다. 그래야 100억 매출을 달성할 수 있다.

이렇게 해서 100억 매출을 올렸다. 1,000억 매출로 가려면 어떻게 해야 할까? 해법은 같다. 1,000억 매출을 올릴 수 있는 시스템을 만들면 된다. 시스템을 고치지 않은 상태에서 새로운 비전만 세우고 열심히 하자고 외치면 문제가 생긴다.

국가도 마찬가지다. 국가가 계속 성장하려면 최초의 국가 시스템을 계속 바꾸어 나가야 한다. 그렇지 않으면 성장이 멈추고 만다. 현재 우리나라는 '2만 불 시스템의 한계'에 발목이 잡혀 있다. 현재의 국가 시스템, 기업 시스템, 개인 시스템은 2만 불에 최적화되어 있다. 그래서 아무리 노력해도 2만 불의 벽을 넘지 못한다. 세계 경제 대국인 일본이 '잃어버린 10년'에 들어간 것도 성장 한계에 봉착한 시스템적 문제를 풀지 못했기 때문이다.

일본은 세계 2위 경제 대국이다. GDP가 미국의 4분의 1 정도 된다. 인구도 1억 2,000명이나 되는 큰 나라다. 그런데도 잃어버린 10년을 맞이했다. 그리고 지금 일본에서는 '잃어버린 20년' 이야기가 나오고 있다. 도대체 왜 이럴까? 아직도 시스템을 고치지 못했기 때문이다. 일본을 '잃어버린 10년'에 빠뜨린 원인 여덟 가지가 있다. 기존 산업의 성장 한계, 종신고용 붕괴, 저출산, 고령화, 재정적자 위기, 경제성장률 저하, 부동산 거품 붕괴, 정부의 뒤늦은 정책이 그것이다. 아직도 이런 시스템 문제의 대부분을 풀지 못하고 있다.

우리나라는 앞으로 10년 이내에 일본이 겪은 여덟 가지 문제와 우리만의 특수한 두 가지 문제에 맞닥뜨리게 될 것이다. 우리가 맞닥뜨려야 하는 시스템적 문제를 보면 선진국에서 나타나는 문제들이라는 공통점이 있다. 혹은 이머징 국가에서 선진국으로 넘어갈 때 반드시 풀어야 할 문제다.

미국도 같은 문제를 겪었다. 미국은 이런 문제들을 미리미리 대처해서 풀었다. 기존 산업의 성장 한계는 금융업으로 치고 나갔다. 물론 그 금융 때문에 큰 문제를 만들어 냈지만 말이다. 종신고용 붕괴는 노동 유연성으로 풀었다. 저출산 문제 해결을 위해 이민을 받아들여서 출산율을 2.1명으로 끌어올렸다. 경제성장률 저하 문제는 어떻게 풀었을까? 노동의 질 향상을 위해 외국에서 막대한 자원을 들여 인재를 영입했다. 고령화는 아직 숙제로 남아 있지만, 다른 나라에 비해 잘 풀어 가고 있다. 재정적자 위기는 단지 최근에 불거진 문제가 아니다. 1970년대, 1980년대에도 미국은 이 문제에 부딪혔다. 그러나 전략에 의해서 넘어갔다. 부동산 거품 문제는 지금 풀어야 할 숙제다. 미국도 이런 문제들이 있었지만 풀었고, 지금도 풀어 가고 있다. 그리고 미국은 기축통화와 국제적 힘이라는 엄청난 무기가 있다.

그리스와 스페인의 재정적자 문제로 불거진 EU의 현재 상황도 여덟 가지 문제가 근본적 원인이다. 이 문제를 풀기 위해 엄청난 재정적자를 만들어 낸 것이다. EU는 이 문제를 풀기 위해 많은 희생을 치러야 한다. 미국보다 더 불안한 것은 EU다. 만들어진 초기에는 EU도 매우 탄탄했다. 그런데 그리스 같은 국가를 흡수하면서 부실 덩어리를 안게 되었다. 그리스 같은 국가는 EU에 들어가기 위해 부실을 숨겼다. 골드만삭스를 통해서 부채를 분식회계해 숨기고 재정보존도가 높게 보이게끔 포장해 EU에 들어간 국가가 많다. 그 결과 EU는 하향 평준화되었다. 건전하던 국가들조차 상당히 위험한 상태다. 여덟 가지 문제가 더욱더 커져 버렸다. 그러나 EU는 덩치가 크기 때문에 버틸 수 있을 것이다.

2010년 우리나라는 G20의 의장국이었다. G20에 진입하고 의장국이 되었다는 것은 우리나라가 선진국에 진입하는 국면에 있다는 말이기도 하다. G20의 위상은 대단하다. G20의 GDP를 다 합치면 전 세계 GDP의 85%가 된다. 나머지 15%를 180여 개 국가가 나눠 가진다. 전 세계 지분의 85%를 가진 20개 국가가 모여서 국제적 기준들을 결정하면 그 영향력이 엄청나다.

　전쟁의 폐허 속에서 60년 만에 이런 힘과 영향력을 가진 G20에 들어갔고 의장국이 되었다. 그러나 G20의 지위를 계속 유지하려면 시스템을 수정해야 한다. 현재 시스템이 나쁘다는 것이 아니다. 선진국으로 넘어가려면 새로운 시스템이 필요하다는 것이다. 경제가 커지려면 GDP가 커지고, 경제성장률도 커지고, 국민의 삶의 수준도 커지고, 기업의 건전성도 커져야 한다.

　문제를 풀지 못하고 10년을 그냥 보낸 뒤, 부작용들이 현실화되고 중첩되어 나타나면 어떻게 될까? 우리나라는 미국처럼 기축통화가 없고, 일본처럼 엄청난 부채를 감당할 여력도 없고, EU처럼 덩치가 크지도 않다. 문제를 해결하지 않고 시간을 보내다가는 장기 침체를 면할 수 없다. G20에서도 탈락하게 될 것이다.

[한국 교회 위기를 만드는 외부 요인들의 역학 관계]

기존 산업이 성장 한계에 도달했다
- 비즈니스 2.0 시대의 도래

　제2차 세계대전 이후, 아시아에서 공산주의 세력의 확대를 막기 위해 미국은 1949년부터 일본 경제를 본격적으로 지원했다. 이후 일본 경제는 1965년 베트남 전쟁을 기반으로 고속성장했다. 그리고 1980년대에 무서운 기세로 세계 경제를 호령했다. 하지만 지금 일본은 '잃어버린 30년'을 말할 정도로 참담하게 무너져 내렸고 군국주의 부활과 우경화라는 부정적인 결과를 낳았다. 이 모든 일의 시발점은 기존 산업이 성장의 한계에 봉착한 것이었다.

　우리나라는 1950년 6·25전쟁의 폐허를 딛고 성공적으로 공업국가로 전환했다. 한국 기독교의 눈부신 양적 성장도 이때부터 시작되었다. 한국 산업과 경제의 일차적 발전은 내수에서는 비료, 기초화학, 시멘트 등의 산업이 이끌었다. 수출에서는 노동집약적 경공업(섬유, 신발, 완구, 가발 등)이 급부상했다. 1970년에는 화학, 철강, 기계, 조선, 전자 등 중화학공업을 육성했고, 1990년에는 자동차, 전자정보통신산업이 비약적으로 발전했다. 물론 IMF 구제금융사태가 발발했지만 성공적인 구조조정을 통해 디스플레이, 핸드폰, 반도체, 전자, 조선, 자동차 등의 산업들에서 세계적 경쟁력을 갖추게 되었다.

　이런 성공적인 산업성장의 과정을 거쳐 현재 우리나라는 100조가 넘는 내수규모를 가진 6개의 산업이 있다. 한국은행의 2008년 자료로, 280조 7,000억 원 규모의 건설과 부동산 산업, 222조 9,000억 원 규모의 석유화학산업, 206조 원 규모의 철강금속산업, 174조 3,000억 원 규모의 전기전자산업, 110조 4,000억 원 규모의 유통산업, 그리고 109조 8,000억 원 규모의 금융산업이다. 수출산업은 전기전자산업이 123조 9,000억 원, 석유화학이 65조 8,000억 원, 자동차가 45조 4,000억 원, 철강금속이 33조 7,000억 원, 해운물류가 31조 3,000억 원, 그리고 조선업이 30조 원이다. 즉, 최근 우리나라의 경제발전을 선도해 온 산업은 내수와 수출을 포함해 9개 정도가 된다.

그러나 2005년 한국은행은 "우리나라 산업은 이미 성숙기에 들어갔다!"고 선고했다. 성숙기는 완곡한 표현일 뿐, 결국은 우리나라를 여기까지 성장시켰던 기존 산업들이 성장 한계에 도달했고 특별한 조치가 없으면 쇠퇴기에 들어서는 것은 시간문제라는 말이다.

이런 상황을 다른 표현으로 '넛크래커Nutcracker 현상'에 빠졌다고 할 수 있다. '넛크래커'는 호두 껍데기를 까는 기계다. 호두를 그 가운데 넣고 위아래에서 누르면 호두 껍데기가 깨진다. 신산업은 선진국들이 누르고 있어서 파고들기 힘들고, 기존 산업은 후발 주자들이 강력한 원가경쟁력을 무기로 밑에서 쳐 받쳐서 위험한 상황임을 비유한 말이다.

1990년 이후 일본이 그러했다. IT 같은 신산업은 미국에 밀리고 후발 주자인 우리나라에도 밀렸다. 그리고 기존 산업들은 우리나라와 중국에 밀리면서 넛크래커 현상에 빠졌다. 20년이 지난 지금, 일본이 우리나라를 보면서 "이제 너희가 넛크래커에 빠졌다!"라고 말한다. OECD 가입 당시, 우리나라의 1인당 국민소득은 1만 2,000달러였고 이후 지속적인 성장을 했다. 하지만 기대와 다르게 2007년 2만 1,653달러를 기록한 후 2009년 다시 1만 6,000달러 선으로 퇴보하는 등 1994년

9,457달러 이후 지금까지 3만 달러를 못 넘고 있다.

"지금이 진짜 위기다. 글로벌 일류 기업이 무너질지 모른다. 삼성이 어찌 될지 모른다. 10년 안에 삼성이 대표하는 사업과 제품이 사라질 것이다. 다시 시작해야 한다. 머뭇거릴 시간이 없다!"

이 말은 2010년 150조의 매출과 20조의 영업이익을 기대하고 있는 삼성그룹의 이건희 회장이 복귀하면서 한 말이다.

혹자는 이건희 회장이 복귀하려고 별말을 다 한다고 수군거렸다. 하지만 우리 연구소도 똑같은 예측을 했다. 뼈를 깎는 혁신적인 변화가 없다면 삼성이 주력하고 있는 대부분 제품은 10년을 버티지 못할 가능성이 크다. 못 버틴다는 것은 그 제품이 안 팔린다거나 사라진다는 것이 아니다. 10년 이내에 삼성의 주력 제품들이 넛크래커에 걸려서 시장점유율이 급격히 줄어드는 상황이 발생한다는 말이다.

아무리 대기업이라도 매출이 10~20% 줄어들면 어떻게 되는지 잘 알 것이다. 그 상태로 한 5년 정도 가면 대기업이라도 심각한 경영위기에 직면한다. 삼성도 1999년에 이미 부도위기를 넘긴 적이 있다. 세상에 영원히 유지되는 기업은 없다. 앞으로 매출액의 10~20%가 줄어들면 다른 매출로 채워야 하는데, 채우지 못하면 그 때문에 한순간에 몰락할 수 있다.

삼성은 삼성전자의 상징성이 국내외로 크다. 실제로 반도체의 매출이 전체 매출의 약 25%를 차지하고, 삼성전자의 총순이익에서도 반도체의 영업이익이 전체의 반절을 차지한다. 그리고 2010년 삼성전자의 4~6월 영업이익은 2분기 연속으로 최대치를 기록했다. 외형상으로는 전혀 넛크래커에 빠지지 않은 듯 보인다. 순이익 측면에서도 일본의 상위 19개 소비자가전기업의 순이익을 모두 합한 것보다 많다. 오히려 경쟁사들을 압도한다.

하지만 내용을 뜯어 보면 긍정적이지만은 않다. 반도체 부문을 제외한 패널, 휴대전화, 디지털미디어 부문은 지난 몇 년 동안 혁신적 제품이나 기술을 보여 주지 못하고 고전하고 있다. 2010년 7월 8일 영국의 경제 일간지 《파이낸셜타임스》는 이런 삼성전자의 모습에 대해 "반도체를 제외하고는 소비자들의 심리를 끌어당기는 경쟁을 주도하지 못하고 있다. 삼성전자의 태블릿 PC 갤럭시탭은 애플의 아이패드와 화면 크기만 빼면 신비할 정도로 닮았다. 다른 업체를 따라가는 삼성전자의 특성 Me-too qualities은 애플의 시가 총액이 2,260억 달러로 삼성전자의 2.5배 수준이라는 지표에 그대로 반영돼 있다"고 진단했다.

우리는 지금 '비즈니스 2.0' 시대로 진입 중이다. 비즈니스 1.0 시대는 소유의 경제, 공급자 중심의 비즈니스, 하드웨어 중심의 비즈니스였다. 반면 비즈니스 2.0 시대는 소유 대신 접속의 경제, 공급자 중심보다는 공급자, 소비자, 경쟁자, 이해관계자 모두가 함께하는 생태계 중심의 비즈니스, 지식이나 소프트웨어가 하드웨어의 운명을 좌우하는 경제로 전환된다.

게임의 규칙이 변화될 때에는 어떤 상품을 만드느냐보다 게임의 규칙에 익숙해지고 수긍하는 것이 더 중요하다. 손만을 사용하던 권투와 달리 손과 발을 다 사용하고, 심지어는 상대방을 들어서 던져도 되는 K1이나 WWF 같은 새로운 스포츠가 생겨났다. 손만 잘 쓰는 권투선수는 K1에서 다리를 걸고 손을 꼬고 머리를 잡아당기고 의자도 집어 던지는 상대방을 이기기 어렵다. 게임은 할 수 있겠지만 승률은 예전만큼 나오지 못한다. 이런 새로운 경기 방식에서 승리하려면 손만 사용하던 권투의 습성을 버리고 새로운 규칙에 빨리 적응해야 한다.

비즈니스 2.0의 규칙에 가장 잘 적응하고 있는 애플과 구글이 우리나라 IT산업의 신성장동력 부문을 위협하며 넛크래커 현상을 촉진하고 있다. 애플은 아이폰에 이어 아이패드를 출시했다. 아이패드는 출시한 달도 되지 않아 100만 대가 팔렸다. 아이패드 구매자 중 절반은 전자책과 게임기 같은 하드웨어는 필요 없다고 응답했다.

애플은 아이폰과 아이패드에서 신문과 도서를 팔기 시작했다. 아이패드에서 팔린 E-book이 무려 150만 권이다. 아이팟에서부터 음악, 게임 등이 한곳에서 판매된다. 휴대전화나 아이패드는 중국 업체들이 사흘이면 복제할 수 있지만, 애플이 구축해 놓은 비즈니스 생태계, 애플리케이션 마켓, 인터페이스나 솔루션은 복제할 수 없다. 애플은 여기에 아이팟, 아이폰, 아이패드, 아이TV를 끼워 팔 뿐이다.

최근 구글은 구글 TV를 시장에 출시했다. 사용자가 직접 생산하고 유통하는 애플리케이션 시장이 TV까지 진출한 것이다. 우리나라는 이제 애플과 구글이라는 거대한 경쟁자를 동시에 맞닥뜨려야 한다. 이런 현상은 IT기업만의 위기가 아니다. 이대로 간다면 구글, MS, 애플은 iCar(전기 자동차), iHouse(집)를 만들어 팔 수도 있다.

2010년 전경련의 발표에 의하면, 우리나라와 중국의 기술격차는 평균 3년, 최대 4년에 불과하다고 한다. 여기에 대만의 기술력이 더해지고 있다. 중국의 산업은 우리나라의 산업과 포트폴리오가 거의 중복된다. 아니, 더 정확히 말하자면 중국은 1차, 2차, 3차, 4차(신성장동력) 산업이 동시에 발전하고 있다. 우리는 산업발전을 이루면서 새로운 기술이나 산업을 일으키기 위해 선진국의 눈치를 살피며 힘들게 여기까지 올라왔다. 하지만 중국은 막대한 부를 가지고 고도의 기술을 그냥 사 버리는 전략을 사용하면서 급격한 속도로 우리를 넛크래커에 몰아넣고 있다.

기존 산업의 성장 한계 정체가 지속될수록 한국 기업의 위기는 커진다. 삼성경제연구소는 "한 번 매출액이 정체된 기업이 다음 해에도 정체할 확률은 59%이고, 2년 연속 정체된 기업이 3년째 다시 정체할 확률은 68%에 이른다"는 분석 보고서를 발표했다. 그리고 이렇게 매출 정체가 4년 연속 이어지면 퇴출 확률이 무려 8배나 증가한다고 했다.

실제로 매출 정체가 4년 연속 이어진 기업 중 40%가 시장에서 사라졌다. 이는 '정체의 늪'이 얼마나 무서운지 보여 준다. 10년 후, 한국에 이런 기업이 나올 가능성이 크다는 점을 미리 염려해야 한다. 하루라도 빨리 한국 기업들이 자본과 노동 등 생산요소 투입을 통한 단기적 생산량과 매출 확대 전략에서 벗어나서 기술 개발과 경영 혁신을 위주로 하는 산업으로의 체질 개선을 서둘러야 한다. 넛크래커에서 빠져나오기 위해서는 기존 산업과 미래형 산업을 위한 연구개발의 확대, 경영 개선과 글로벌 수준에 맞는 경영선진화, 노사관계의 선진화 등이 시급히 요구된다.

앞으로 10년 이내에 이를 해결하지 못하면 한국 제조업은 근본적인 위기에 봉착할 것이다. 그리스가 제조업의 약화, 이에 따른 관광산업의 높은 의존도, 고소득층의 누적된 탈세, 부의 불균형 분배, 중산층과 청년층의 높은 실업률, 통화정책의 실패로 유럽발 금융위기의 진원지가 되었다는 점을 기억해야 한다. 전 세계적 위기 속에서 상대적으로 더 큰 위험에 처해 있는 그리스, 스페인, 아일랜드 등의 공통점은 제조업의 붕괴다. 즉, 제조업의 붕괴가 비정상적 경제 구조, 부의 불균형 분배, 실업률 상승 같은 새로운 문제를 일으키는 도화선 역할을 할 수 있다는 말이다.

종신고용 붕괴로 중산층이 약화된다

2009년 윤증현 기획재정부 장관은 "고용 없는 성장이야말로 가장 먼저 풀어야 할 과제다"라는 말을 했다. 종신고용의 붕괴와 고용 없는 성장은 선진국형 문제다. 그런데 중산층의 붕괴는 각 나라가 어떻게 이 문제를 대처하느냐에 따라 달라진다.

일반적으로 종신고용이 붕괴하면 소비의 주체가 되는 중산층이 타격을 받게 된다. 그리고 중산층의 타격은 내수시장에 큰 부담을 준다. 2009년 말 기준으로 취업준비생이나 구직단념자 등을 포함하는 우리나라의 사실상 실업자는 330만 명을 넘어섰다. 실업률이 13%에 육박하면서 공식 실업률의 4배를 넘어섰다. 우리나라 10대 그룹은 2005년에 43만 9,776명에서 2009년 44만 5,159명으로 겨우 1.22%의 일자리를 추가로 창출했다. 고용 없는 시장이 오래전부터 시작되었다는 말이다.

매년 대기업들은 몇천 명에서 1~2만 명씩의 신입사원을 뽑는다고 발표한다. 이런 발표를 들으면 '올해 또 수천 명에서 1~2만 명씩을 해고

했겠군!' 하는 생각이 든다. 매출이 매년 신기록을 경신하면서 주주들의 배는 불렸지만, 고용 측면에서는 수많은 직원을 해고하고 뽑고, 해고하고 뽑는 등의 반복만 지난 수년 동안 한 것이다.

우리나라는 2003년 이후 중산층이 계속 줄고 있다. OECD는 한 나라의 전체 가구를 소득순으로 분류했을 때 맨 가운데에 해당하는 '중위소득'을 기준으로, 50~150% 범위에 해당하는 가구를 중산층으로 규정한다. 2010년 7월 한국개발연구원 KDI이 전국 가구의 가처분소득을 기준으로 우리나라의 중산층 비중을 분석한 내용을 보면, 1996년 68.5%에서 2009년 56.7%로 13년 동안 무려 11.8%가 줄었다. 이 추세대로라면 2015년경이면 한국 중산층은 50%대 밑으로 줄어들 것이다. 반면 상위층은 1996년 20.3%에서 2009년 24.1%로 3.8% 늘었고, 빈곤층은 같은 기간 11.3%에서 19.2%로 7.9% 증가했다. 즉, 중산층에서 상위층으로 올라간 것보다는 빈곤층으로 떨어진 비율이 더 큰 것으로 나타났다. 특히 2009년에는 서브프라임 모기지 사태 때문에 2008년 기준으로 3.5%나 중산층이 줄었다. 중산층의 붕괴는 일자리, 부동산, 사교육 등에서 빈부격차를 크게 만든다. 빈곤층으로 한번 떨어진 중산층들은 아무리 발버둥을 쳐도 헤어날 수 없는 빈곤의 늪에 갇혀 버린다. 가난이 대물림되고, 부자가 선망의 대상이 아닌 분노와 증오의 대상이 되어 사회적 갈등이 점점 더 커지면서 대한민국이 양극화되는 참사를 불러오게 된다.

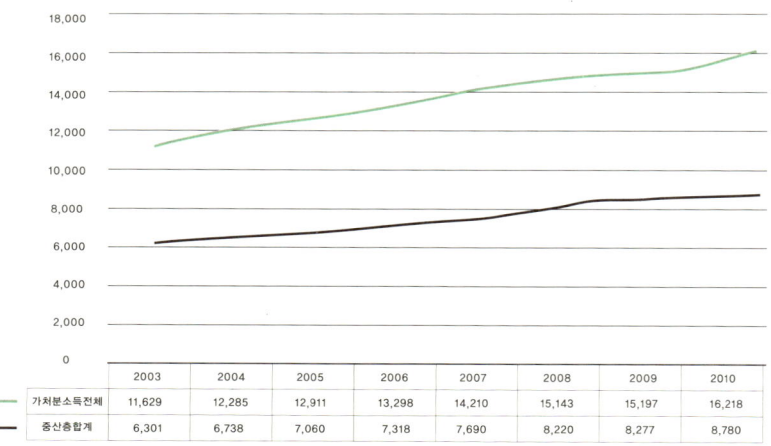

[중산층 가처분소득 점유율 추이]
가처분소득=(근로소득+사업소득+재산소득+이전소득)-공적 비소비지출
공적 비소비지출=경상조세+연금+사회보장

　이 표를 보면 우리나라는 경제성장 혜택의 불균형 분배가 이미 시작되었다. 2003년 대비 2010년의 총가처분소득은 증가했지만, 중산층은 그 증가 속도를 따라가지 못하고 격차가 벌어지고 있다. 즉, 2003년부터 2010년까지 새롭게 증가한 부가 중산층과 서민층보다는 부자들에게 더 많이 돌아갔다는 것이다.

　다음의 시스템 연관관계를 보면, 한쪽에서는 불투명한 미래로 기업들의 투자 감소, 글로벌 경쟁 심화로 고용 없는 성장, 국내 소비의 감소가 지속되는 구조가 이미 형성되었다. 다른 한쪽에서는 부동산 버블 증가와 주식시장 버블 증가로 물가와 금리는 상승하지만 개인의 소득 증가율은 연평균 인플레이션에도 못 미치는 상황이 이어지면서 서민층과 중산층의 기반이 약화되고 있다. 동시에 기업의 부실을 떠안아

주면서 발생하는 정부의 재정부실도의 증가까지 겹치면서 우리나라의 미래를 어둡게 만들고 있다. 이런 상황에서 만약 부동산 버블과 주식시장 버블이 동시에 급격하게 터지게 되면 중산층과 서민층의 충격은 상상도 못할 정도가 될 수 있다.

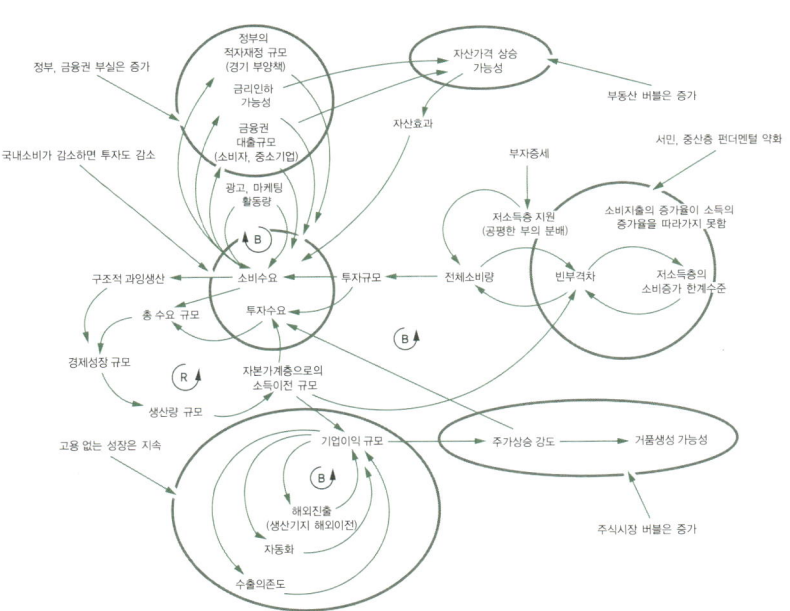

[소비와 투자 관점에서 본 부작용]

모 신문에 실린 기사를 읽어 보자.

10여 년 전, 혹독한 구조조정 한파에 휩쓸려 직장을 그만둬야 했던 강성훈(53·가명) 씨. 이미 중간정산을 받았던 터라 손에 쥔 퇴직금은 1,500만 원 남짓에 불과했다. 막막했다. 집 한 채 없이 두 자녀를 키워야 하는 절박한 처지에서 무엇이든 해야 했다. 지인 소개로 한 부품 중소기업에 들어갔지만, 연고도 없는 지방으로 발령이 나는 바람에 그만둘 수밖에 없었고, 아동용 서적을 파는 인터넷 쇼핑몰 사업을 시작했다가 3년을 넘기지 못한 채 접고 말았다. 다시 절치부심. 4년 전, 대출까지 받아 아내와 함께 자동차용품점을 열었다. 처음엔 자리를 잡나 싶더니, 최근 불황 여파에 월세와 대출이자 내기에도 급급한 처지다.

이런 사람들에게 지난 10년은 이미 '잃어버린 10년'이었다. IMF 구제금융사태 이후 수많은 중산층이 돈, 직업, 미래의 희망을 모두 다 잃으면서 '워킹푸어'(근로빈곤층)Working poor로 전락했다.

2009년 우리나라 근로자 449만 명이 저임금에 시달리고 있다. 이는 지난 5년 새에 17%에서 25%로 급증한 결과로, OECD 국가 중에서 가장 높은 수준이다. 법정 최저임금도 받지 못하는 노동자가 193만 명에 이른다. 최저임금 미달자는 2001년 8월 59만 명(4.4%)에서 2006년 8월 144만 명(9.4%), 2007년 8월 189만 명(11.9%), 2008년 3월 193만 명(12.5%)으로 늘어났다. 물론 비정규직의 50%가 여기에 속해 있다.

상위 20%와 하위 20%의 소득격차는 8배 이상으로 벌어진 상태다. 2008년 한 취업 사이트의 조사결과, 20~30대 직장인의 65%가 자신을 워킹푸어라고 생각하고 있었다. 그러나 더 큰 문제는 엄청난 사교육비와 자녀양육비 때문에 자신의 가난과 실패를 자녀에게까지 물려주어야 한다는 불안감이다.

앞으로 중산층의 몰락과 부의 불균형 분배는 더욱더 심각해질 것이다. 분배를 앞세웠던 참여정부도 해결하지 못할 수준으로 부의 불균형 분배가 시스템으로 굳어졌기 때문이다. 소득불균형을 나타내는 '지니계수'(1에 가까울수록 소득불균형이 심함)는 2003년 0.270에서 2009년 0.294로 높아지면서 전혀 개선되지 않고 있다.

20년 동안 우리 교인들은 말로만 중산층이었고, 말로만 더 잘살게 되었을 뿐이다. 교인들은 부자가 된 것이 아니다. 실질 소득은 줄고, 빚만 늘어난 상황이다. 겉으로는 화려해 보이고, 번듯한 사업을 하고 있다. 부부가 함께 일하면서 소득이 두 배로 늘어난 것처럼 보인다. 몇억짜리 집이 있어 부자가 된 것처럼 보인다. 하지만 그들은 어느 때보다 가난하다.

Chapter 3

시대 변화의 한복판, 교인들이 위태롭다

지금의 위기는 목회환경에 어떤 영향을 줄까

 기존 산업의 성장 한계 문제와 중산층의 붕괴는 앞으로 어떤 양상을 가져올까? 필자는 앞으로 10년 동안 두 가지 갈림길에 서게 될 것으로 본다. 하나는 정말로 넛크래커 상황에서 빠져나오지 못하고 중진국 단계에서 성장이 완전히 멈춰 버리는 것이다. 다른 하나는 주력산업과 경제 시스템을 철저히 개혁하여 새로운 성장의 계기를 얻어 기사회생하는 것이다. 그렇게 되면 중산층을 다시 회복시킬 수도 있다. 그러나 둘 중 어느 하나로 정해지든 관계없이 당분간은 비정상적 경제구조, 부의 불균형 분배, 높은 수준의 실업률, 수출 둔화로 인한 무역수지 악화 등의 위기가 발생할 것이다. 당분간 이런 상황이 지속되면 한국 교회의 목회환경에 다음과 같은 영향을 줄 것으로 예측한다.

첫째, 2013년부터 기업들이 구조조정을 거세게 하고, 주력산업을 바꾸는 과정에서 고용의 불안정성이 더욱 커지게 되고, 이에 따라 직업과 고용의 불안에 쫓기는 교인 숫자가 늘어난다. 이런 상황 속에서 교인들은 교회사역에 헌신하는 절대적 시간을 줄이려 하게 되고, 어쩔 수 없이 많은 모임이 위축되거나 사라지면서 더 많은 교인이 사역의 주변인으로 전락하게 될 것이다.

둘째, 산업과 경제변화에 상대적으로 늦게 대응하는 사람들과 기업들이 나오면서 각종 파산, 강제적 조기 은퇴, 직업 상실, 노사관계의 갈등이 증가한다. 결국 국민 대다수에게 생존 위협, 상대적 박탈감, 사회 폭력, 심리적 스트레스와 상호불신이 극도에 달하는 상황이 오래 지속된다. 이는 교인들의 심리도 극도로 불안하게 만들어, 기존 권위와 가치에 대항하는 다양한 갈등을 유발하는 핵심 원인으로 작용할 것이다.

교회 내에서는 예전보다 정신적 쇼크와 이상을 보이는 교인이 늘어난다. 청년 실업과 은퇴자 재취업 문제로 말미암은 우울증 환자의 증가, 가정의 파괴 위험도 많이 증가한다. 기존의 목회와 신학은 새로운 성찰을 요구받을 것이다. 또한 안정적인 직장을 가진 성도라도 경제 위기의 반복과 미래의 직업 불안 때문에 헌금에 대한 부담이 그 어느 때보다 커질 것이다. 이런 흐름 때문에 앞으로 한국 교회 내에서의 가장 큰 갈등의 이슈는 '재정집행과 부채문제'가 될 가능성이 크다.

셋째, 사회적 기여에 인색하던 재벌들이 국민 불만과 개혁의 일차 대상이 되듯이 지역사회의 현실적 문제와 부의 불균형 분배, 사회적 약자 등에 대해서 상대적으로 무관심하거나 소극적이던 한국의 대형교회들이 개혁 대상으로 계속 주목받게 된다. 교회와 목회자의 세금 납부 문제도 현실화된다. 교회 세습, 교회 내 유력 인사들의 힘을 이용해 이루어지던 정치적 힘과 행정적 편의, 사회적 특권이나 비상식적인 권위와 권리의 남용 등이 사회적 문제들로 지적받을 것이다. 한국 교회가 이런 문제들을 지금이라도 자정하고 갱신하지 않으면 사회적 칼날이 교회의 심부를 찌르게 될 것이다.

위태로운 교인 1. 일자리가 줄어든다

교인들은 '일자리 감소'에 대한 걱정이 커질 것이다. 우리나라 젊은이나 장년, 그리고 은퇴자들은 모두가 일자리에 대한 걱정이 많다. 일자리 문제가 다른 모든 걱정거리의 근본적인 원인이자 해결책이기 때문이다. 우리나라가 지금보다 좀 더 잘살게 되면 일자리가 더 늘어날까? 즉, 우리나라 GDP가 3~4만 불로 늘어나면 좋은 일자리가 지금보다 1.5~2배로 늘어날 수 있을까?

한국 기업은 IMF 구제금융위기 이후 지난 10년 동안에도 무리 없는 성장을 했다. 금융회사들을 제외한 한국 2,000대 기업의 매출액은 2000년 815조 원에서 2010년 1,711조 원으로 두 배 이상 증가했다. 특히 제조업들이 글로벌 무대의 치열한 경쟁에서 승리한 결과, 비약적인 성장을 했다.

하지만 이러한 성장에도 좋은 일자리는 늘어나기 힘들다. 한국 기업이 글로벌 경쟁상황에서 넛크래킹의 늪에 빠지게 되고, 넛크래킹 효과가 반복되는 글로벌 금융위기로 기업의 재무건전성의 불확실성이 커질 것이며, 지난 10년간 선전하던 제조업 기업의 시스템 역량이 한계에 이르렀고, 이 모든 문제로 제조업의 사업 수익성 악화가 가속화할 경우 자동화를 통한 고용 없는 성장 추세가 더욱더 거세질 것이고, 글로벌 생산체제를 통해 탈자국화 혹은 다국적기업화가 진행될 것이기 때문이다. 미국은 지난 10년 동안 GDP가 19.5% 늘어났지만, 일자리 증가율은 '0'%였다. 청년고용률은 2차 대전 후 최저 수준인 55.3%까지 하락했다. 그런데 같은 기간에 280만 개의 일자리가 중국에서 만들어졌다.[10]

우리나라는 어떨까? 비정규직 문제는 한국 경제를 심각한 위기로 몰고 갈 지경에 이르렀다. 2011년 3월 기준으로 전체 임금근로자 1,573만 1,000명 가운데 577만 3,000명이 비정규직이었다. 또한 정규직 76%가 국민연금에 가입했지만 비정규직은 41.8%만 가입했다. 건강보험 가입은 정규직이 76.6%, 비정규직이 41.8%였다. 이처럼 현재의 소득 위기뿐만 아니라 미래의 노후 위기도 함께 커지고 있다.

더욱 심각한 것은 청년들의 일자리 문제다. 2011년 7월, 정부가 공식 발표한 '6월 청년실업률'은 7.6%로, 전체 실업률 3.3%보다 두 배 이상 높다. 그런데 세분화해 보면 15~19세 실업률은 5.7%, 20~29세는 7.4%에 달했고, 고용률도 각각 6.2%, 59.5%에 불과하다. 대학진학률이 80%를 넘는 상황을 고려해 수치를 봐야 한다. 15~24세 청년들의 상당수는 고등학교, 대학교에 있거나 군대에 있다. 그러면 청년들의 체감실업률은 정부의 통계보다 훨씬 더 높아진다. 실제로 2011년의 한 보고서를 보면 우리나라 대졸청년(15~29세)의 체감실업률이 20%에 달한다는 분석이 제기되었다. 방하남 한국노동연구원 선임연구위원은 2010년 4년제 대졸 이상 159만 1,000명의 청년 중에서 실업자와 취업준비자, '그냥 쉼'이라고 응답한 비취업자들(체감실업자들)이 무려 전체의 19.3%에 해당하는 30만 8,000명에 달한다고 분석했다. 2005년 15.1%보다 훨씬 높은 수치였다. 갈수록 청년들의 실제 취업률이 낮아지고 있다는 말이다. 이런 세태를 반영하듯, 취업하지 못한 청년대학생들을 유혹하는 다단계업체가 활개를 치고 있다.

청년 대학생들을 죽음과 파멸의 다단계로까지 몰고 가는 사회의 상황과 취업 환경이 나아질 가능성은 있을까? 몇 년 후에라도 청년실업률이 줄어들 가망은 있을까? 가능성이 하나 있다. 그것은 2010년부터 5년간 청년층이 60만 명 정도 줄어드는 자연적 인구 감소 요인이다. 즉, 정부가 별일 하지 않아도 청년실업률이 줄어들 여지가 충분히 있다. 하지만 이런 요인이 있음에도 청년실업률이 떨어지지 않거나 오히려 더 높아진다면 정말 심각한 상황이라고 봐야 한다.

그렇게 되면 우리나라에는 어떤 일이 벌어지게 될까? 청년들의 분노가 점점 더 커지게 되고, 이 분노를 시위나 적극적인 투표 행위를 통해 표출할 것이다. 그리고 일자리를 나누어야 하는 외국인 노동자들이나 은퇴 후 재취업자들과의 갈등도 점점 더 커질 것이다.

2011년 영국을 비롯한 유럽을 괴롭힌 폭동의 주요 원인은 청년실업이었다. 유럽연합통계청의 발표에 의하면, 2011년 6월 기준 UN 27개국의 15~24세 청년들의 20.5%가 실업자이고, 특히 스페인은 청년실업률이 무려 45.7%에 이르렀다. 스페인은 최근 몇 년 동안 일자리를 찾아 루마니아에서 밀려온 사람들이 82만 명을 넘어섰는데, 결국 이들의 유입을 일시적으로 제한하기로 긴급히 결정했다.

일자리 감소 문제는 비단 청년들만의 문제가 아니다. 한 가정을 책임져야 할 장년들도 마찬가지이고 은퇴 후 재취업해야 하는 이들도 같은 문제에 봉착해 있다. 장년층은 40대 후반부터 불어닥치는 조기 퇴직 압력에 시달리고 있다. 중년 자영업자들은 전 세계적인 경기 침체와 생활밀착형 서비스 산업이 포화상태에 이른 탓에 점점 더 빈곤의 늪으로 빠져들고 있다.

이미 이런 비극의 전초는 시작되고 있다. 통계청 자료를 분석해 보면, 2006년 230만 명이던 40~60대 임시직 근로자(아르바이트)는 2008년 253만 1,000명으로 증가했고, 2010년에는 271만 5,000명으로 늘어났다. 이런 추세를 반영이라도 한 듯, 2011년 9월 20일자 신문에는 경제위기에 무너지는 베이비붐 세대 가장들에 관한 기사가 나왔다. 죽지 못해 사는 사람들이 점점 더 늘어 가고 있다.

상황이 이 지경까지 이른 이유는 무엇일까? 근본적인 이유 중 하나는 우리나라를 2만 불까지 끌고 왔던 기존 산업이 1998년 외환위기 이후 빠른 속도로 글로벌시장에서 넛크래커 현상에 빠져들었고, 국내에서는 부의 분배가 더욱 불균형해지면서 소비시장이 성장의 한계에 도달한 탓이다. 우리나라의 산업구조는 빠른 개발과 성장을 위해 지난 50년간 대기업 위주의 시스템으로 갖춰지면서 기업의 건전한 생태계가 망가져 버렸다. 대기업이 국외로 진출하거나 혹은 국내의 일자리를 늘리지 않더라도 중소기업과 벤처기업들이 활발하게 만들어지면서 전체의 60~70% 정도 되는 일자리들을 만들어 주어야 한다. 하지만 대기업이 전체 경제의 60~70%의 비중을 차지하면서도 전체 취업 인구층의

60~70%를 고용하지 못하는 기형적 구조가 된 상황이다.

문제가 문제를 낳고, 악순환이 더 큰 악순환을 낳는 법이다. 좋은 일자리를 바라는 것은 고사하고, 일용직, 비정규직 같은 좋지 않은 일자리라도 얻으려 애쓰는 상황이 전 세대에 걸쳐 빠르게 전개되고 있다. 아르바이트나 인턴 등의 일자리들도 경쟁이 극심하다. 하나의 일자리를 두고 청년, 장년, 은퇴 후 재취업자, 외국인 노동자, 여성의 5파전이 벌어지면 사회적 혼란과 불만은 극대화될 것이다. 시위가 잦아지고 폭동이 일어날 수도 있다. 정치권에 대한 심판의 목소리는 더욱 높아질 것이다. 그리고 남편과 아내, 자식, 건강한 노인이 모두 좋은 일자리를 갖고 자신의 삶을 꾸려 가는 이상적인 모습은 꿈속에서조차 사라질지 모른다.

고용의 안정성이 파괴되어 종신고용이 붕괴하면 직업의 안정성이라도 지켜져야 한다. 즉, 한 회사에서 중도 퇴사할 때 최소 3~6개월 안에 다른 직장이나 직업을 안정적으로 구할 수 있는 안전판은 보장되어야 한다. 그래야 중산층의 경제적 여건이 지속될 수 있다. 왜냐하면 소비의 주체가 되는 중산층은 전적으로 안정적인 직장생활을 통한 소득에 의존하기 때문이다.

한 국가의 경제적 안정성과 잠재성장력은 중산층의 안정에 절대적으로 의존한다. 중산층 붕괴는 일자리, 부동산, 사교육 등에서 빈부격차의 원인이 된다. 빈곤층으로 떨어진 사람들이 빈곤의 늪을 빠져나오지 못한 채 가난을 대물림하고, 워킹푸어가 증가하고, 내수시장의 약화가 촉진되고, 부자가 선망의 대상이 아닌 분노와 증오의 대상이 되어 사회적 갈등이 더 커진다. 사회적 갈등의 증가는 국가의 잠재적 성장률을 갉아먹는다. 사회가 불투명한 미래로 접어들게 되면 기업은 국내의 투자를 줄이고 국가의 재정부실도는 증가하게 된다. 중산층들의 이런 모습을 기준으로 볼 때, 우리나라는 이미 '잃어버린 10년'에 접어든 셈이다. 그러나 우리는 지금 이 모든 것들을 일부 대기업이 이끄는 국가 전체의 외형적 성장이라는 열매로 덮어 두고 있다. 예를 들자면, 사과 한 상자를 샀는데 위에만 아주 먹음직스럽고 커다란 사과가 깔렸고, 그 밑에는 썩고 부실하고 작은 사과들로 가득한 상태다.

이런 충격이 가져올 사회 변화의 영향에서 교회도 절대로 벗어날 수 없다. 앞에서 설명한 것들에 대다수 교인이 직면하고 있기 때문이다. 교인들은 이 고통을 지닌 채 교회에 온다. 그러나 한국 교회는 이들의 문제에 별 관심이 없다. 이 문제들은 국가나 기업이 책임져야 할 문제라고 치부한다. 물론 교회가 직업을 창출하는 곳은 아니다. 그러나 예수님은 이들의 고통과 문제를 외면하지 않으셨다. 교인들도 예수님을 그런 분으로 알고 있다. 교인들은 이런 상황을 예수님이 뒤바꿔 주시길 간절히 원하는 것이 아니다. 예수님이 내 삶에 개입하셔서 내게 좋은 직장과 직업을 주시길 간절히 바라는 것이 아니다. 그것을 위해서 예수님을 믿은 것이 아니다. 이런 사회 속에서 어떻게 해야 내 가정과 인생에 천국이 임할 수 있을지를 알기 원한다. 종신고용의 종말과 중산층의 붕괴라는 외부 상황이 크게 호전되지 않더라도, 은혜와 사랑이 수반된 믿음과 하나님을 아는 지식으로 경제적 고통과 불안한 미래 가운데서도 하나님을 배신하지 않으려 발버둥을 치고 있다.

그러나 한국 교회와 목회자들은 여기에 관심이 적다. 표면적으로 나타나는 것을 보면 '어떻게 하면 교회를 더 크고 호화롭게 지을까?'에 대한 관심이 있다. '어떻게 하면 한 사람을 끝까지 신실하게 세울 수 있을까?' 보다는 '어떻게 설교하고 목회해야 사람들을 더 끌어모으고 헌금을 더 많이 내게 할 수 있을까?'에, '어떻게 하면 변화시킬까?' 보다는 '어떻게 하면 못 도망가게 붙들어 놓을까?'에 집중한다. 심지어 '어떻게 하면 교회를 아들에게 세습해 줄 수 있을까?', '어떻게 하면 교단에서 정치적 힘을 가질 수 있을까?', '어떻게 하면 은퇴 후 삶을 보장받을 수 있을까?', '어떻게 하면 교회를 빨리 성장시켜 경제적으로 안정적인 궤도에 오르게 하고 명성을 얻을 수 있을까?'에 관심을 둔다. 교인들이 천국행 티켓을 땄으면 된 것이고, 이 땅의 삶은 자신들이 알아서 살거나 국가나 기업이 알아서 할 일이라고 생각한다. 한국 교회 교인들이 느끼는 슬픔과 배신감은 여기서 비롯되고 있다.

위태로운 교인 2. 세대 간 갈등

한 방송사가 "미리 가 본 2050년, 저출산 고령사회"라는 특별 프로그램을 통해 2050년이 되면 우리나라는 '미래노인당'이라는 노인 중심의 정당이 전체 인구의 40%가 넘는 노인들의 지지를 등에 업고 전체 의석의 절반 이상을 석권하며 국회 최다수의 당이 될 것이라는 내용을 방영했다. 선거 이슈는 '노인 세대와 젊은 세대의 대결'이라는 단 한 가지뿐이었다. 즉, 2050년이 되면 노인들과 젊은이들의 세대 간 갈등이 최고의 정점에 이를 것이라는 예측이다.

실제로 노인들의 인구가 점점 늘어나면서 일자리를 놓고 젊은이들과의 사회적 갈등이 심해질 것이다. 이미 젊은이들이나 대학생들이 가져야 할 일자리의 상당수가 은퇴자들에게 넘어가고 있다. 물론 2050년에는 노인들의 불만도 커질 것이다. 그들의 가장 큰 불만은 국민연금 수령 부분이다. 아마도 정년을 몇 번씩 연장하며 연금 수령기간이 늦어질 것이고, 그나마 국민연금도 2036년이면 적자로 돌아서고, 2047년이면 완전히 고갈상태에 들어간다. 국민연금 재정 확보를 위해서는 연금 수령시기를 늦추고 연금수령액도 대폭 삭감해야 한다. 그리고 젊은이들의 일자리를 빼앗아 노인들에게 주고, 하나의 일자리를 여러 개로 쪼개서 나누어 일하는 다양한 단축근무 형태들을 양산해 내며 일자리가 있는 노인들은 연금을 수령하지 못하도록 막는 것뿐이다.

물론 노인들에게 주어지는 다양한 혜택들도 사라지고, 도리어 건강보험료 등 세금 부담은 커진다. 노인들이 증가하면서 2010년 대비 노인들을 위한 요양비는 3.5배, 의료비는 2배, 국민연금은 5배 정도 늘어나면서 건강보험료의 지출이 국가나 젊은이들이 감당할 수 없을 만큼 눈덩이처럼 커지기 때문이다. 이미 2008년 우리나라 건강보험 가입자 4,800만 명 중 65세 이상이 9.6%뿐임에도 이들의 진료에 쓰인 금액이 8조 1,021억 원으로 국민건강보험공단이 지출한 전체 비용 25조 5,819억 원 중 무려 3분의 1(31.7%)을 차지했다.

물론 의료비 혜택의 감소나 세금 증가에 대한 부담은 노인들뿐만 아니라 젊은이들도 함께 져야 하는 짐이 된다. 결국 젊은이들은 젊은이들대로, 노인들은 노인들대로 불만이 폭발할 수밖에 없고 이런 불만들은 정치적 행동으로 나타나면서 갈등을 키울 것이다.

의학기술의 발달로 암 등의 질병이 정복되고, 바이오 기술, 사이보그 기술들을 통해 질병에 의한 사망률이 줄어드는 반면, 생계를 유지할 돈이 없어서 자살하는 사람들의 수는 늘어나게 될 것이다. 즉, 2050년 한국인 사망의 주된 원인은 질병이 아니라, 생계형 자살이 될 것이다. 이 시나리오는 이미 현실에서 나타나고 있다.

다음 그래프는 아시아미래인재연구소에서 2005년 통계청 인구조사 자료를 기초로 2010년 인구 추계 피라미드 시뮬레이션을 한 결과다.

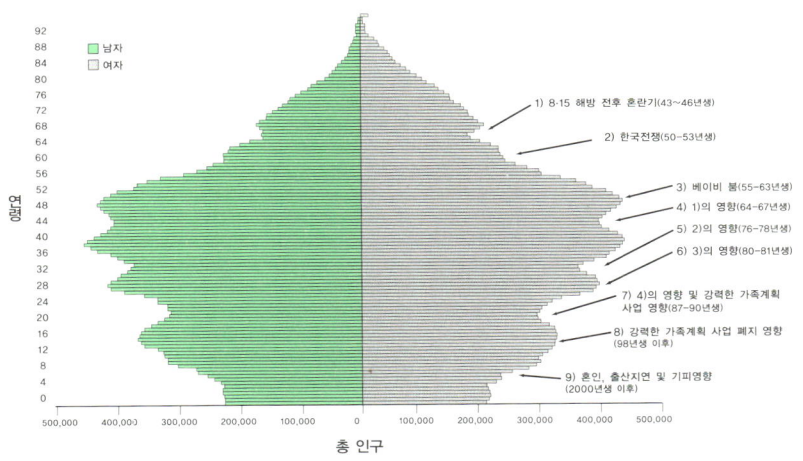

[2010년 인구 추계 피라미드]

2010년 기준, 우리나라 인구는 0~19세가 23%, 20~39세가 30%, 40~59세가 31%, 60~90세가 16%를 구성하고 있었다. 하지만 2050년 경이 되면 전체 인구가 800~1,000만 정도 줄어들고, 0~19세가 13%, 20~39세가 17%, 40~59세가 24%, 60~90세가 46%를 구성하게 되면서 완전히 역피라미드형의 재앙적 인구구조를 갖게 된다.

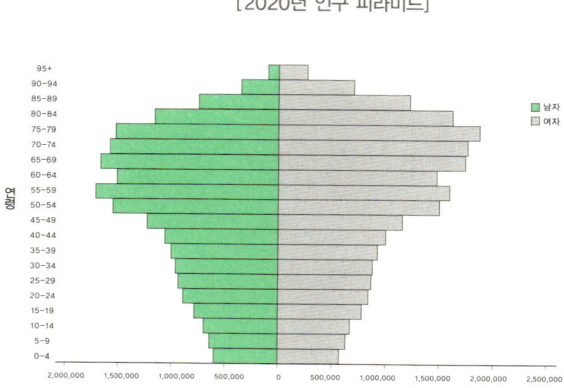

[1960년 인구 피라미드]

[2020년 인구 피라미드]

[2050년 인구 피라미드]

2010년 65세 이상 노인 비율 순위가 10위이던 우리나라는 2020년에는 9위가 된다. 2030년에는 일본, 독일, 이탈리아 다음으로 4위가 된다. 이렇게 되면 새로운 문제가 발생한다. 젊은이는 부족하고 인구의 절반을 노인이 차지하는 환경에서, 높아지는 인건비에 비해 노동력의 질은 저하된다. 이런 환경에서 제대로 된 기업활동은 불가능하다.

대기업들은 더 빠르게 우리나라를 탈출하게 될 것이다. 젊은이들도 좋은 일자리를 찾기 위해, 또한 세금 부담을 덜기 위해 외국으로 빠져나가는 새로운 악순환이 발생할 가능성이 크다. 2010년 우리나라의 생산가능 인구(15~64세)는 전체 인구의 73%이지만, 2050년이면 53%로 급감한다. 0~14세는 9%에 불과해 아이들의 소비시장도 함께 줄어들면서 내수시장이 작아질 것이다. 다음 그래프는 아시아미래인재연구소에서 통계청 자료를 기초로 연령계층별 생산가능 인구 추이를 시뮬레이션한 결과다.

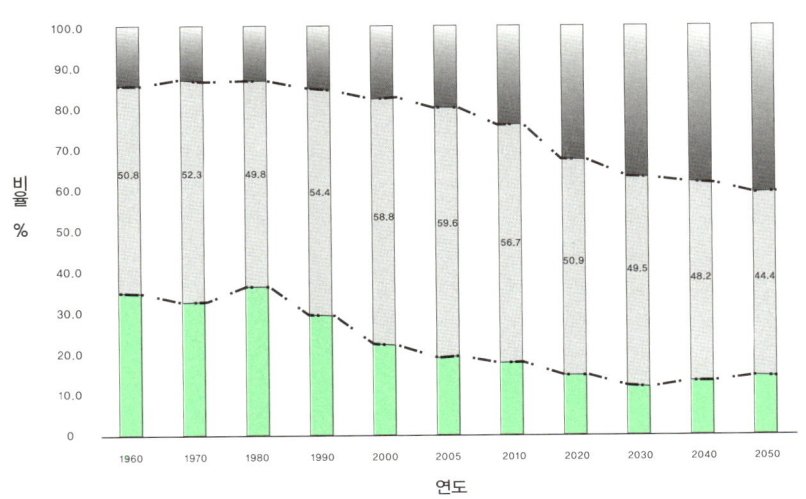

[연령계층별 생산가능 인구 추이]

전문가들은 고령화를 '집을 갉아 먹는 흰개미'에 비유한다. 경제발전이라는 기반이 무너지기 전까지는 침식의 원인인 고령화가 눈에 잘 드러나지 않기 때문이다. 물론 노인층의 증가로 실버시장 규모가 2020년경이 되면 148조 원 정도로 급격하게 성장하겠지만, 이는 어린아이와 장년층 시장 규모가 실버시장으로 옮겨 간 것일 뿐 한국 경제 전반이 좋아지는 것은 아니다. 이것이 결코 먼 미래의 모습은 아니다. 현재 대한민국은 초고령사회에 대비하지 못한 채 저출산과 고령화의 저주 속으로 빨려 들어가고 있다.

출산정책도 타이밍을 놓쳤다. 우리나라는 1970년 4.53명의 출산율을 기록한 이래, 미래를 내다보지 못하는 산아제한정책으로 1980년 2.63명으로 급격히 줄었고, 1990년 1.60명, 2000년 1.47명, 2009년 1.19명이라는 최악의 상황에 이르고 말았다. 사실 1983년에 출산율이 2.1명으로 떨어졌을 때 신속히 조치를 마련해야 했지만, 정부가 적극적으로 출산정책을 시작한 것은 2005년이었다. 대통령 직속으로 저출산고령사회위원회를 만들고 5년 동안 32조 원을 투자하는 등의 정책을 폈지만 도리어 출산율은 더 떨어졌다. 인구정책은 효과가 나타나기까지 최소 20~30년 걸리는데, 1993년까지도 우리나라 정부는 산아제한정책을 시행할 정도로 미래를 내다보는 안목이 부족했다. 통계청 자료를 컴퓨터 시뮬레이션을 통해 분석한 바로는, 이런 추세가 지속되면 2040년에는 우리나라 인구가 400~500만 정도, 2050년에는 800~1,000만 정도가 줄어든다.

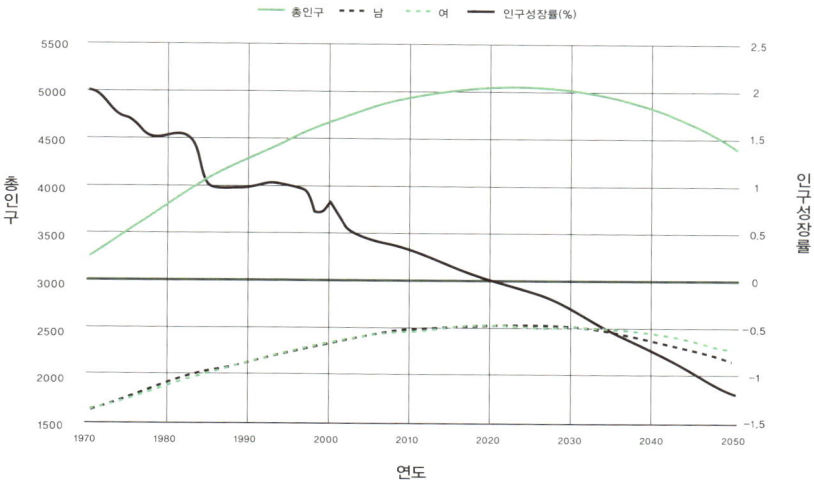

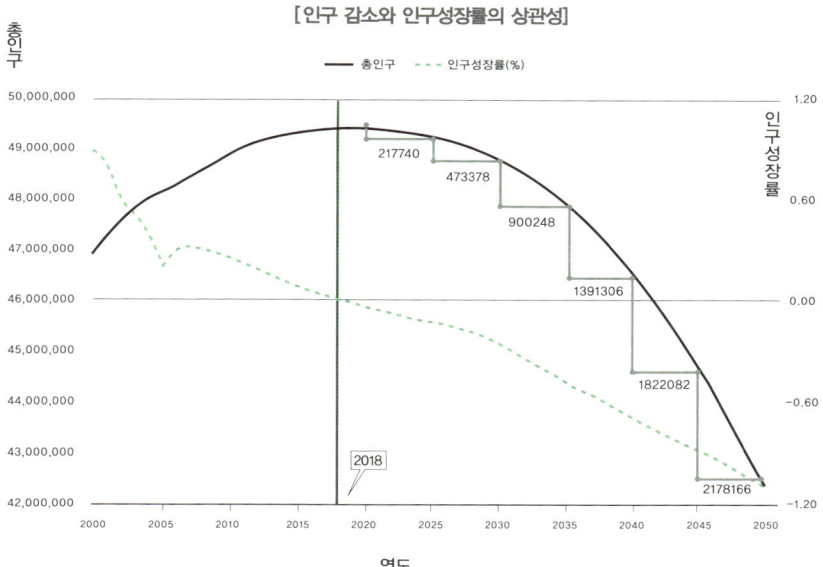

최악에는 2050년이 넘어도 인구가 계속 감소하여 최고 1,200~1,500

만까지 줄어든다. 그 후에야 다시 균형피드백이 돌아서 출산율이 늘어날 것으로 예측한다. 지금 같은 출산장려정책을 시행한다면, 가시적으로 인구의 증가가 보이는 시기는 2070년경이 될 것으로 본다.

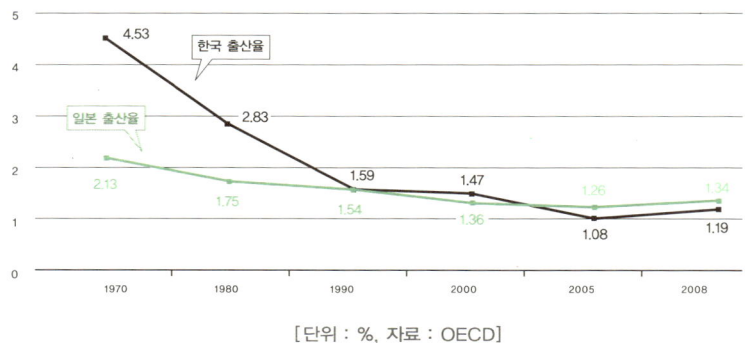

[단위 : %, 자료 : OECD]

프랑스는 출산율 1.7명에서 '인구쇼크'를 받았다. 인구쇼크란 출산율이 문제가 되겠다고 정부나 국가가 인식하는 상태다. 참고로 우리나라는 1.21명에서 인구쇼크를 받았다. 프랑스는 1.7명 시점에서 15년 동안 출산율 증가를 위해 엄청난 재정을 투입하면서 인구유지를 가능케 하는 2.1명까지 출산율을 간신히 0.4 올렸다. 매년 44조 5,000억 원씩 15년 동안을 투여했다. 프랑스는 또한 가족정책과 관련해 매년 GDP의 3.8%(대략 120조 원)의 재정을 투입했다. 이처럼 어마어마한 비용을 들여 공교육은 대학까지 사실상 무료, 임신부터 아이가 성인이 될 때까지 각종 보조금 혜택, 임신한 산모에게 특별수당 지급, 출산 여성이 휴직하면 3년간 매달 500유로 안팎의 보조금 지급 등 다양한 방법으로 출산을 장려한다. 자녀를 둘 이상 둔 경우에도 별도 수당이 있다. 편부모수당, 개학수당 등 다양한 보조금 제도를 운용하고 있다.

그런데 우리나라는 출산과 관련해서 매년 직간접적으로 투입하는 재정이 2조에 불과하다. 이제는 우리나라 출산율과 관련해서 무엇이 문제인지 온 국민이 안다. 대학 때까지 자녀를 양육하는 데 2억 6,000만 원의 비용이 든다. 출산율을 높이는 간단한 방법은 첫째, 사교육을 국가가 무료로 해 주고, 공교육에 드는 비용을 국민이 내면 된다. 매년 국가가 40조 원을 보조해 주면 된다. 둘째, 남성과 여성들에게 안정적인 일자리를 만들어 주면 된다. 특히 여성의 일자리를 안정적으로 만들어야 한다. 지금은 부부가 같이 일하지 않으면 못 사는 시대가 되었다. 많은 샐러리맨 가정이 부동산 버블 때문에 부부가 함께 벌어야 하는 신세가 되었다. 한 사람은 벌어서 아파트 이자를 갚고, 한 사람은 벌어서 생활비를 충당해야 하는 것이다. 셋째, 여성이 출산하면 안정적으로 유급휴가를 주어야 한다.

이런 비용들에 대해 페르미 추정 Fermi Estimate 을 해 보았는데, 우리나라에서는 거의 불가능하다는 결론을 냈다. 우리나라 인구의 20%가 사라지는 것을 막을 방법이 없다. 그렇다면 인구 감소의 속도를 줄일 수는 있을까? 그 한 방법은 국민 개개인이 '아이를 더 낳는 것이 불가피하다'고 스스로 느낄 때까지 기다리는 것이다. 돈이 많이 든다 해도, 사회적 비용이 많이 든다 해도 스스로 그렇게 느낄 때가 올 것이다. 지금 한 아이를 낳았다고 치자. 이 아이는 성장하면서 혼자 자란 외로움을 품고 있다. 그 아이가 장성해 결혼하여 자식을 낳아 '내 자식에겐 내가 겪은 외로움을 주지 말아야지' 하는 강한 심리적 원동력이 걸릴 때가 올 것이다. 그때까지 기다려야 한다. 즉, 한 세대(20~30년)가 지나야 아이를 더 낳아야겠다는 자생적 동기부여가 가능하다는 말이다. 국가의 재정으로 출산율을 끌어올리려면 최소 매년 40~50조 원은 투입해야 한다.

돈을 들이지 않고 출산율을 높일 방법이 없는 것은 아니다. 10여 년 전 서울에서 시작된 육아공동체가 바로 그것이다. 부모들이 출자해서 장소를 얻고, 함께 관리하고, 돌아가면서 운영하는 것이다. 이런 육아공동체 내의 출산율은 일반 육아시설에 아이들을 보내는 가정보다 높다. 4일마다 한 번씩 가족과 함께 시간을 보내게 하거나 자기 계발을 하도록 휴일을 주는 유한킴벌리 같은 회사도 좋은 사례다. 이 회사 근로자들의 평균 출산율은 1.75명이다.

우리나라의 저출산 문제의 근본적인 해법은 이처럼 정부, 지자체, 기업, 지역공동체 등이 한 시스템으로 움직이는 것에서 찾아야 한다. 더 나아가 지역사회의 병원, 비영리단체, 종교단체가 함께 모여서 연계적이고 통합적인 저출산 대책을 마련하면 더 효과적이 될 것이다. 이미 커다란 문제로 비화해 버린 저출산은 작게 쪼개서 접근하고, 잘게 쪼개진 단위들을 사회구성원 전체가 나누어 맡는 접근법을 사용하면 좀 더 효과적이고 눈에 띄는 결과를 낼 수 있을 것이다.

교회 역시 저출산 충격에 휩싸여 있다. 중소도시의 주일학교는 거의 붕괴 직전이다. 농어촌은 다문화 가정의 아이들만 있다. 장년은 수천, 수만 명이 넘지만, 청소년과 어린이 부서의 숫자는 1~3% 미만인 기형적 대형교회들이 나타났다. 설상가상으로, 영적 출산율인 주일학교 전도율도 최악 수준으로 떨어졌다. 그래서 주일학교를 없애 버리거나 포기한 교회가 속출하고 있다. 이런 식이라면, 2050년 이후에는 전국 대부분 교회에서 주일학교 아이들의 분포가 5~10% 미만이 될 가능성이 크다. 장년의 60~70%는 55세 이상 은퇴자와 노인들이 될 것이다. 가히 충격적이고 끔찍한 인구 구성이 교회 내에서 나타날 것이다.

교회에서 아이들이 줄어들면 무슨 일이 벌어질까? 일단 아이들을 둔 30~40대 초반 장년들이 등록하지 않는다. 그 교회에서는 자식을 가르칠 수 없기 때문이다. 아이들과 젊은이가 없는 교회는 시간이 갈수록 역동성과 사역의 질이 저하된다. 아이들이 없어서 당장 비용지출은 줄겠지만, 장기적으로는 교회가 노쇠하여 헌금이 줄어들면서 재정 건전성이 망가진다. 교회의 전체적인 분위기도 활기를 잃고 침체하고 느려진다. 그리고 그 상황으로 한 세대가 지나면 급격한 고령화로 교회가 존폐의 갈림길에 서게 된다.

위태로운 교인 3. 고령화의 저주

고령사회는 65세 이상 인구가 14% 이상인 사회를 말한다. 한국은 2018년이면 고령사회로 진입하고, 2026년에는 인구의 20%가 고령화된 초고령사회로 진입할 것이다. 2030년이면 인구의 24.3%인 1,181만 명이 노인인 사회가 될 것이다. 2050년에는 46%를 넘어설 것이다.

이른바 '고령화의 저주'가 현실로 나타나는 것은 먼 미래가 아니다. 고령화의 저주는 국가 재정부담 가중으로 경제성장의 걸림돌, 평균 생활 수준의 하락, 부동산 하락, 내수시장 규모 축소, 사회 활력 하락, 저축률 하락으로 경제 기반 약화, 농촌 및 중소도시 경제 파괴 등의 문제를 양산할 것이다. 그러나 더 큰 문제는 내수시장의 급격한 침체다.

한 사람이 일생에 있어서 가장 많은 돈을 벌어들이는 시점이 40대 후반에서 50대 초반이다. 그때의 소비를 기준으로 했을 때, 65세가 되어 은퇴하면 소비의 40%를 줄인다. 이것이 고령화다. 40대 후반에서 50대 초반에 한 달 평균 300만 원 정도를 소비했다고 치자. 이들이 은퇴하고 나면 직장도 없고, 자녀도 출가하고, 부부만 남게 되니 평균 소비를 180만 원 정도만 해도 된다. 2018년이 되면 이런 인구가 전체의 14%가 된다.

그런데 문제가 하나 더 있다. 65세라는 기준은 산업주의 시대 기준이다. 산업시대에는 평균 65세에 은퇴했다. 그러나 지금 은퇴시기는 50~55세로 빨라졌고, 평균수명은 늘어났다. 우리나라는 인구의 14.6%에 해당하는 베이비붐 세대의 은퇴가 시작되었다. 전체적으로 712만 명 정도가 된다. 9년 동안 이들의 은퇴가 진행된다. 이들은 고령인구에 잡히지 않는 55~65세에 해당하는 사각지대 인구다. 이들도 은퇴하면 평균 소비를 40% 줄인다. 2018년경이면 65세 이상 고령인구 14%와 베이비붐 세대 은퇴자 14.6%가 합쳐진 28.6%(전체 인구의 3분의 1)가 평균소비를 40% 줄이면서 우리나라의 경제에 충격을 줄 것이다.

지금 한국의 30~40대는 저성장과 부동산 버블이라는 두 개의 폭탄을 짊어지고 있다. 게다가 과다한 자녀양육비용 때문에 자신의 은퇴 이후를 준비할 경제적 여유가 없다. 현재는 젊은이 7~8명이 노인 한 명을 부양한다. 그러나 앞으로 10년이 지나면 젊은이 5명이 노인 한 명을, 2050년이 되면 젊은이 1.2명이 노인 한 명을 부양해야 하는 시대가 된다.

초고령화 속도를 보자. 프랑스 154년, 미국 94년, 독일 77년, 일본 36년, 한국은 26년이다. 엄청난 속도다. 속도가 엄청나게 빠른 만큼 부작용도 엄청나게 빠른 속도로 나타날 것이다. 이런 과정에서 고령사회를 감당하기 위한 젊은이들의 세금부담은 빠르게 증가하고, 연금수령 시작일은 늦어지고 받는 액수도 현저히 줄어들 것으로 예측된다. 이미 유럽의 대부분 국가는 연금수령액을 낮추고 연금수령 시작 시기도 몇 년씩 늦추는 법안을 통과시키고 있다.

1961년 우리나라의 평균 수명은 51세였다. 50년 만에 87세까지 증가했다. 이런 추세라면 2035년이면 평균 수명이 100세까지 이를 것이다. 과학과 의학 기술의 발달이 그것을 가능하게 한다. 이미 일본은 100세를 넘긴 노인이 5만 명이 넘는다. 은퇴 후 국가나 사회 심지어는 자녀의 도움을 받을 수 없는 상황에서 40~50년을 홀로 생존해야 하는 노인들의 미래를 상상해 보라. 현재 65세 이상 노인 중 10%만이 국가의 최저생계비 지원을 받고 있다. 이러면 경제적 빈곤과 이어지는 수많은 문제가 발생할 가능성이 크다. 예를 들면, 노인 상당수가 경제적 극빈층으로 전락하고, 노인 관리 부실로 홀로 사는 노인들이 사망해도 시신이 집에 방치되거나, 부모의 사망을 숨기고 연금을 대신 받는 등 가족과 지역사회의 관계가 파괴되는 심각한 문제들이 발생할 것이다.

고령사회가 되면 이런 일들이 벌어질 수 있다. 지하철 안에 노인석이 따로 필요 없다. 노인이 주류이기 때문이다. '저출산 저사망 시대'라는 말이 나타나고, 일자리를 두고 젊은이들과 노인들이 심한 갈등을 일으킬 가능성이 크다.

고령사회를 준비할 시간이 우리에게는 그다지 많지 않다. 적게는 5년, 많아야 10년 안팎이다. 그나마 잘 준비해 온 선진국도 고령화사회는 큰 부담이다. 미국은 고령화 문제를 푸는 데 기업이 중심이 되어 퇴직

연금이 금융자산의 34%를 차지하도록 하고 있고, 영국은 정부 연금의 부족분을 개인 스스로 개인연금으로 준비하도록 권장하는 등의 대비를 하고 있다. 하지만 이마저도 근본적 해결방안은 되지 못하고 있다. 좀 더 빠른 시기에 준비를 시작한 선진국의 형편이 이런데, 우리는 어떨까? 10년 후 한국 사회를 상상해 보라.

의학 기술의 발달로 암 등의 난치병이 정복되고, 유전자 분석 기술, 바이오와 나노 기술, 사이보그 기술 등을 통해 질병에 의한 사망률이 줄어들 것이다. 건강하게 오래 사는 시대는 이미 시작되었다. 구약성경은 '장수'를 복으로 표현하지만 교회에도, 목회자에게도, 교인에게도 준비하지 않은 장수는 저주가 될 수 있다.

저출산과 고령화가 몰고 올 한국 교회의 미래 위기를 준비할 시간이 대략 10년 정도밖에 남지 않았다. 두 가지 준비가 필요하다. 하나는 은퇴 후 50년을 위한 새로운 삶의 목표 설계다. 다른 하나는 은퇴 후 50년을 살아가는 데 필요한 최소한의 재정적 준비다. 이 두 가지는 국가가 해결해 줄 수 없다. 전자는 교회가 준비시켜 주어야 한다. 은퇴 후 새로운 50년을 위한 새로운 비전을 찾도록 교회가 도와주어야 한다. 후자는 개인이 스스로 준비해야 한다.

위태로운 교인 4. 퇴직연금 붕괴

이제는 옛날처럼 부모가 땅 팔고 소 팔아서 자식을 가르쳐 놓으면 자식이 자라서 부모를 봉양할 것을 기대할 수 없는 시대가 되었다. 2010년 통계청의 사회조사 결과에 의하면 자녀가 부모의 생계를 무조건 책임져야 한다는 의견이 2001년 70.7%에서 반절도 되지 않는 30.6%로 급감했다. 자녀가 부모를 부양하기로 하면, OECD의 분석처럼 노인부양률이 1% 증가할 때마다 0.3%의 저축이 주는 것을 감수해야 한다.[11] 이제는 그럴 마음도 없고, 그럴 마음이 있다 하더라도 부모를 모실 경제적 여력이 없는 시대가 되어 버렸다.

믿을 것은 연금뿐인데, 과연 우리의 연금은 안전할까? 국민연금보험료와 연금지급액을 현 상태로 유지하면 2047~2057년경이면 고갈이 된다. 현재 10대와 20대는 은퇴 후에 국민연금을 한 푼도 받을 수 없다. 원인은 한 가지다. 고령화 때문이다. 참으로 아이러니하다. 고령화를 대비하기 위해 국민연금을 들었는데, 고령화 때문에 연금이 다 사라져 버린다니 말이다.

우리나라의 4대 연금은 국민연금, 사학연금, 공무원연금, 군인연금이다. 이 가운데 군인연금과 공무원연금은 적게 내고 많이 받는 방식이라 이미 적자상태다. 그래서 국민 모두가 낸 세금으로 적자분을 충당하고 있다. 2010년 공무원연금의 적자는 전년도보다 21%가 늘어난 2조 4,000억 원에 이르렀다. 2010년까지 공무원연금과 군인연금의 총 적자규모는 21조를 넘었다. 고령화와 인구감소로 세금을 낼 사람들이 줄어드는 상황에서 이런 방식을 지속한다면 남아 있는 세금납부자들이 지금보다 더 많은 세금을 내야 한다. 현재 우리나라의 정부 세입 구조를 분석하면 30%가량이 근로자의 세금에서 나온다. 근로자의 인구가 줄더라도 남아 있는 근로자들이 계속 국가 세금의 30%가량을 해결해 주어야 한다. 이 부분이 줄면 국가는 하는 수 없이 국채를 발행해 빚을 늘려 가면서 세금의 부족분을 채워야 한다.

OECD의 분석에 의하면 2000년 우리나라의 연금지출액은 GDP의 2.1%였다. 하지만 2035년이면 9.4%, 2050년에는 10%가 넘는 규모의 지출을 해야 하므로, 매년 최소 100~150조 원 이상의 연금지출이 발생한다.

2008년 보건복지가족부 자문기구인 국민연금 재정추계위원회가 추정한 바에 의하면, 적립기금은 2043년에 2,465조 원으로 정점을 찍고 2044년에는 5조 3,560억 원, 2045년에는 18조 6,690억 원의 적자를 내게 된다. 2060년이 되면 보험료 수입이 전체 지출의 39%에 그쳐, 적자가 365조 원을 넘어서고 적립금이 완전히 바닥나고 도리어 214조 원 정도 적자가 된다. 그나마 1998년에 연금수령액을 평균소득의 60%로 낮추고 연금을 타는 나이도 65세로 미뤄 놓았기 때문에 그 정도다. 아마도 이런 개혁안을 통과시키지 못했으면 2033년에 국민연금은 '0'이 되었을 것이다.

그러나 이것이 끝이 아니다. 국가의 이런 계산들은 2008년, 2011년에 겪은 금융위기를 반영하지 않았다. 국민연금은 시간이 갈수록 수입보다 지출이 많아지는 구조적 한계를 극복하기 위해, 최소 내가 맡긴 돈의 화폐가치 하락의 분만큼을 방어하기 위해 일정 부분을 재투자한다. 이때 투자에 실패해서 연평균 수익률이 1% 낮아지면 국민연금 고갈 시기는 5년 앞당겨진다. 즉, 국민연금 고갈시기를 두고 도박을 하는 셈이다. 투자 수익이 높아지면 고갈시기가 늦춰지고, 반대로 투자 수익이 줄어들면 고갈시기는 앞으로 당겨지는 구조다.

더불어 2008년 당시, 다음 해인 2009년 65세 이상 사망자 수를 19만 명 정도로 추정했는데, 실제로는 16만 9,000명 정도밖에 되지 않았다. 수령자 숫자에 대한 예측도 엉터리다. 물가에 연동해 지급액을 결정하는 연금 구조상 물가상승이 이어지는 상황에서는 더욱더 많은 돈을 지급해야 한다. 결국 기금 고갈시기는 정부가 주장하는 시기보다 더 빨라질 가능성이 상당히 높다.

2000년 GDP 대비 0.7%에 불과했던 의료비 지출도 저출산 고령화로 인해 2010년 34조 원에 이르렀다. 2020년이면 84조 원, 2030년이면 153조 원으로 크게 늘어날 것이다. 이런 재정을 유지하려면 건강보험료를 현재 월평균 7만 1,000원에서 2020년에는 2.4배, 2030년에는 4.5배로 올려야 하므로 가계 부담이 커지게 된다.

2035년이 되면 연금과 국민건강보험료 둘만으로도 300조 원이 넘는 천문학적인 비용을 정부가 지급해야 한다. 김한곤 영남대학교 노인치매선도연구센터장은 2050년경이 되면 133~260만 명에 달하는 치매노인이 발생할 것으로 예측했다. 물론 그에 필요한 개인비용과 국가의 의료비 지출이 눈덩이처럼 커질 것은 뻔하다.

연금의 붕괴도 서러운데, 의료보험까지 방대한 적자를 보게 되면 은퇴 노인들 상당수가 빈곤층으로 전락할 가능성이 크다. 대공황이 전 세계를 엄습한 1930년대 초부터 노인복지 정책을 염두에 둘 만큼 노령화를 잘 준비한 나라로 평가받는 일본도 65세 이상 노인의 70%가 빈곤층으로 전락했다.

2003년 기준 우리나라의 의료비 본인부담률은 41.3%로 OECD 국가 중에서 두 번째로 높다. 노인성 질병의 경우 만성질환이나 암처럼 큰 병들이 많아서 고가의 약을 처방받아야 하고, 입원 기간도 길고, 수술도 간단치가 않다. 실질적 본인 부담률은 50~60%를 넘는다. 그나마도 의료보험 적자가 이 정도이기 때문이다. 2025년 인구의 20%가 65세 이상이 되어 늘어나는 엄청난 의료보험 비용 압박으로 자기 부담률을 높이기라도 한다면 더욱 많은 노인이 의료 빈민으로 전락하고 말 것이다.

이 문제들을 해결하기 위한 방법을 찾는 과정에서 OECD의 평균수준인 40%까지 세금을 내야 할 가능성이 크다. 자녀 세대가 성인이 된 2030~2040년 이후가 되면 엄청난 복지비용과 연금비용 지출을 감당해야 한다. 2010년 국가의 실질적 부채인 1,848조 4,000억 원이나 되는 빚이 더욱더 늘어난 상황에서 빚어지는 위기도 세금을 내서 해결해야 한다.

여기에 다른 나라에는 없는 '통일 비용'이라는 것을 직접세와 간접세의 방식으로 지급해야 하기 때문에 40%를 넘는 직접세를 제외하고도 추가로 세금을 국가에 헌납해야 할 것이다. 통일은 우리나라와 다음 세대에 큰 유익을 준다. 하지만 경제적 비용의 증가와 사회적 갈등, 그리고 그 과정에서 한번 늘어나면 절대 줄지 않는 세금이 문제다.

위태로운 교인 5. 부동산 버블 붕괴

1991년 일본의 부동산 버블 붕괴 시작, 2008년 미국의 부동산 버블 붕괴 시작, 2011년 유럽의 부동산 버블 붕괴 시작, 이제 우리나라의 부동산 버블 붕괴가 본격적으로 시작될 순서다. 우리나라도 거품과 폭등의 시대는 끝나고 '부동산 가격의 정상화시대'가 도래할 것이다. 이 과정에서 발생하는 경제적, 사회적 고통이 개인, 기업, 국가 전반에 광범위하게 펼쳐질 가능성이 크다.

초읽기에 들어간 부동산 버블 붕괴는 한국 교회도 휩쓸어 갈 것이다. 한국 교회는 부동산 가격 상승의 마지막 불꽃이 일어나는 시기에 어리석고 분별없는 행동을 했다. 적게는 수십억에서, 많게는 수천억에 달하는 빚을 얻어 교회를 짓기 시작한 것이다. 한국 교회는 한 해에 이자로만 5~6,000억 원에 달하는 돈을 지출한다는 분석이 있다. 이것이 사실이라면 한국 교회가 건축을 위해 빌린 돈의 총원금은 최소 10~12조 원이 된다.

상황이 심각하다. 앞으로 많은 교회가 부도날 가능성이 크다. 부도 위기를 극복할 묘책도 없다. 교인들이 더는 헌금할 여력이 없다. 교회끼리의 합병이 흔해질 것이다. 교회건물이 이단이나 타 종교에 팔려 나가는 수치도 경험해야 할 것이다. 부도 위기를 간신히 극복하더라도 생존을 위해 선교비를 줄이거나 다른 사역 경비를 줄여야 할 것이다. 이 과정을 통해 한국 교회는 부동산에 투자해 돈 버는 것은 축복이 아니며, 빚을 내 교회를 건축하는 것이 큰 믿음이 아니라는 것을 뼈저리게 깨닫게 될 것이다. 이것이 올바른 경제관을 체득하지 못한 한국 교회에 보내는 하나님의 교훈이다.

보릿고개 시절보다 더 가난해진 교인들

가계 부채는 점점 늘고 부동산 버블 붕괴의 위기는 커지는데, 교인들이 보유하고 있는 예금 자산, 주식 자산, 부동산 자산, 지식 자산 등과 같은 각종 자산의 가치가 하락한다면 어떤 일이 벌어질까?

2010년 인구통계 조사결과 40~55세 인구 수는 1,200만 2,912명이었다. 우리나라 5,000년 역사상 가장 많은 숫자를 기록한 40~55세들이 사회에 진입하는 순간부터 우리나라의 산업은 폭발적 성장을 시작했고, 일자리도 갈수록 풍부해졌으며, 경제성장률은 가파르게 상승했다. 국가와 개인들의 부와 임금소득도 가파르게 상승했고, 그 힘들을 가지고 개인과 기업들이 본격적으로 자산시장에 진입하는 순간부터 부동산 시장은 유례없는 호황기를 맞았다.

그러면서 우리는 정말이지 부자 나라, 부자 국민이 되는 줄 알고 있었다. 실제로 우리의 자산 가치를 하락시키는 인플레이션만 없었다면 이 말은 정말 맞는 말이었다.

하지만 그들이 결혼하고 아이 낳고 집을 사고 자동차를 사고 소비를 늘리기 시작하자 사회의 물가는 상승하고 부동산 가격도 오르고 각종 인플레이션이 발생했다. 서울의 짜장면 값은 지난 35년간 25배나 올랐고, 시내버스 요금 24배, 영화 관람료 21배, 대중목욕탕 요금은 28배나 상승했다. 40년 전 4%에 불과하던 아파트는 전체 주거의 59%를 차지하고 있고, 1960년에 224만이던 서울 인구가 1,000만 명을 넘어서면서 4.3배나 늘어났다.

지난 35년 동안 급격한 인플레이션이 임금 상승분을 상쇄시켰기 때문에, 겉으로 보이는 임금의 숫자 단위만 커졌을 뿐 실제적인 임금이나 경제성장의 체감률은 상대적으로 그리 높지 않다. 집값이 치솟으면서 자산가치의 숫자는 거품처럼 불어나 집 가진 부자를 대량 양산했지만, 동시에 빚을 나타내는 숫자도 불어나면서 집 가진 가난뱅이도 엄청나게 늘어났다.

2011년 6월 영국의 《파이낸셜타임스》가 발표한 자료에 의하면, 지난 40여 년 동안 인플레이션을 통한 화폐가치의 하락과 실질소득의 정체 혹은 감소가 전 세계적 현상이었다는 것을 알 수 있다. 그 내용은 다음과 같다.

중산층 소득 정체·감소

독일 베를린에서 지게차를 운전하는 기사의 지난해 수입은 1만 9,068파운드(약 3,300만 원)였다. 인플레이션 등을 감안하면 1978년에 비해 5% 낮아진 수준이다. 미국 내 중간 수준의 소득을 올리는 남성의 경우도 1975년 이후 사실상 수입이 늘지 않았다. 일본도 평균 수준 가구의 수입이 1970년대 이후 2000년대 중반까지 하락해 왔다. 1953년을 100으로 볼 때, 전 세계 평균 1인당 국내총생산GDP은 2009년에 300이었다. 하지만 남성의 중간소득(소득 수준에 따라 최고에서 최저까지 순위를 매겼을 때 중간에 위치하는 소득)은 140에 그쳤다.

상류층 상황은 달랐다. 1975년 이후 미국 내 중산층의 실질임금은 정체된 반면 국내생산은 급속히 늘었다.

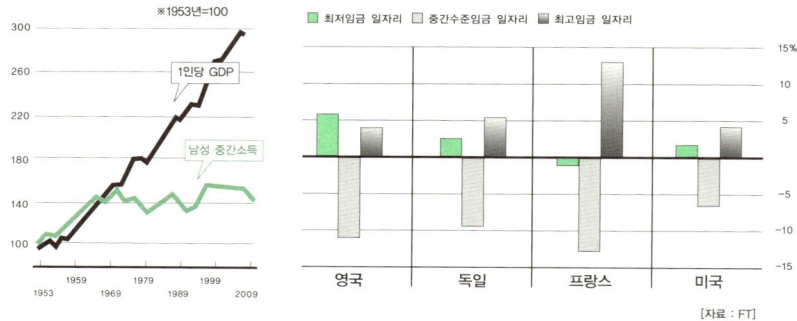

그 결과 1인당 국민소득은 증가했다. 늘어난 부가 결국 최상류층의 배만 불린 셈이다. 실제로 미국에서 최상류 1% 사람들이 올린 소득은 1974년 전체 국민소득의 8%였으나 2008년에는 18%까지 치솟았다.

미국뿐만이 아니다. 경제협력개발기구 OECD가 22개 회원국 중 17개국을 대상으로 1980년대 중반과 2000년대 후반을 비교한 결과 소득불균형이 심화된 것으로 나타났다.[12]

시간과 공간의 압축과 함께 엄청나게 빠른 속도로 세상이 변하면서, 지식 인플레이션, 학력 인플레이션, 정보 인플레이션으로 실질 소득을 유지해 줄 '실용 지식'의 자산 가치가 하락하고 있다. 소유한 지식의 효용성이 저하되면 될수록 소득도 함께 줄어든다.

우리는 지금 지식이 폭발하는 시대에 산다. 실용 지식의 수명도 빠르게 단축되고 있다. 실제로 지금 실용 지식의 수명은 불과 3년밖에 되지 않는다. 전자공학을 전공하는 1학년 학생이 3~4학년이 되면 1학년 때

배운 지식 대부분이 낡은 것이 되어 버린다는 뜻이다. 이런 현상은 단순히 엔지니어들에게만 국한된 것이 아니다. 의료계, 법조계도 마찬가지다. 전례, 판례 찾기 등 반복적인 것들은 기계화, 자동화될 것이다.

현장 근로자들은 2~3년 단위로 새로운 기술지식을 배우지 않으면 안 되는 시대다. 10년 후에는 현재 지식근로자들이 갖고 있는 지식 대부분을 인공지능 컴퓨터가 해결해 줄 것이다. 인공지능은 상당히 빠르게 발달하고 있다. 세계 투자시장에서 40% 이상을 인공지능이 관리하고 있으며 사람 대신 그림을 그리는 인공지능, 스스로 글을 써서 문단에 데뷔한 인공지능도 등장했다.

앞으로 20년 동안은 연산 컴퓨터, 인공지능 컴퓨터, 로봇 등의 기술이 획기적으로 발전하면서 인간의 근력과 두뇌를 자동화하는 시기가 될 것이다.

우리는 이미 산업시대부터 인간의 근력을 자동화하면서 경제를 발전시켜 왔다. 지금도 공장에 가면 생산시설이 수많은 기계적 로봇들에 둘러싸여 있다. 그런 기계들이 공장에 들어올 때마다 인간이 근력을 써서 하던 일들이 기계적 로봇들로 하나씩 대체되었다. 이런 현상을 '인간 근력의 자동화'라고 한다. 그에 따라 인간이 근력을 사용해서 할 수 있는 일자리는 하나씩 없어져 갔다.

미래에는 이런 현상이 더욱 빠르게 전 산업영역으로 확산될 것이다. 약 3~5년 후면 인간처럼 움직이는 로봇이 판매된다. 이 로봇의 생산은 노동시장에 큰 파장을 불러올 것이다.

움직이지 못하는 기계적 로봇들이 산업현장에 들어오면서도 일자리의 변화가 심하게 일어났는데, 인간처럼 움직이는 로봇들이 쓰이게 되면 사람이 하던 일들을 더 가차없이 빼앗아 갈 것이다. 사람보다 힘이 세고 정교하고 지치지 않는 로봇이 공장에만 있는 것이 아니라 아침이면 집에서, 출근하면 회사에서, 퇴근하면 회식자리에서, 그리고 다시 집으로 따라다니며 일을 하게 된다.

IT 분야에서는 음성인식 기술 및 동시 통역 기계의 개발로, 일정 수준 이하의 동시통역사나 다양한 노동집약적 서비스 업종들이 컴퓨터나 기계에게 일자리를 빼앗기게 될 것이다. 여기에 인공지능과 로봇이 더욱더 빠르게 발전하면, 많은 공장에서 대부분의 단순 근력 업무나 단순 지식 업무는 인공지능과 움직이는 로봇들에게 맡겨질 것이다. 기업주들은 신상품 개발 단계에서부터 다양한 작업에 로봇과 인공지능을 활용할 것이다. 또한 로봇과 자동화 컴퓨터들에게 생산설비, 재고품관리, 품질관리, 공장관리까지 다양한 영역을 맡길 것이다.

이것은 먼 미래의 모습이 아니다. 지난 20년간 국가의 거시적 지표들은 상당수준 성장했지만, 우리나라 중산층의 소득은 크게 늘지 않았다. 가계경제는 늙고 고단하고 쪼그라들기만 했다. 월급통장에 찍히는 돈의 액수는 늘었지만, 그 속도보다 더 빠르게 올라가는 물가와 화폐 가치의 하락 등으로 실제적인 자산 가치는 하락했다. 국가는 잘살게 되었지만, 국민은 가난해졌다. 중산층에서 가계구조에 속하는 비율이 1990년 15.8%에서 2010년에는 23.3%로 증가했고 월소득 중에서 부채를 갚기 위해서만 지출하는 돈이 27.5%에 이른다. 빚 갚는 데 돈 다 쓰고, 네 가구 중 한 가정은 적자 인생인 셈이다.

20년 동안 우리 교인들은 말로만 중산층이었고, 말로만 더 잘살게 되었을 뿐이다. 교인들은 부자가 된 것이 아니다. 실질 소득은 줄고, 빚만 늘어난 상황이다. 겉으로는 화려해 보이고, 번듯한 사업을 하고 있다. 부부가 함께 일하면서 소득이 두 배로 늘어난 것처럼 보인다. 몇억짜리 집이 있어 부자가 된 것처럼 보인다.

하지만 그들은 어느 때보다 가난하다. 예전 보릿고개 시절에는 소득도 낮고 저축도 없었지만, 빚도 없었다. 어쩌면 지금 교인들은 보릿고개 시절보다 더 가난해졌는지도 모른다.

1. 한국 교회가 피해 갈 수 없는 미래 키워드 11
세계 융합, 결코 피해 갈 수 없다
미래 키워드 1. 신세대, 신문화, 신사고
미래 키워드 2. 교배된 기독교
미래 키워드 3. 개인주의 신앙
미래 키워드 4. 신유목 교인
미래 키워드 5. 3무 시대
미래 키워드 6. 얕은 영성과 다신주의
미래 키워드 7. 친절한 불가지론
미래 키워드 8. 코쿠닝 성도와 브랜드 교회
미래 키워드 9. 다운시프트 신앙
미래 키워드 10. 트랜스찬
미래 키워드 11. 감성신앙

2. 또 하나의 핵폭탄급 변수, 통일
통일 한국, 얼마나 준비되었을까
위험한 한반도 통일비용
통일이 가져다주는 유익한 점들
네 개의 통일 시나리오
급작스런 통일이 발발하는 방법
한국 교회, 통일을 위해 세 가지가 부족하다
통일 후 독일의 위기탈출 전략에서 배운다
복음적 평화통일은 가능한가

PART 3

한국 교회,
미래를 읽는 기술로
꿰뚫어라

세계화 속에서는 자본, 재화, 노동, 문화, 정보, 종교 등이 국경을 넘나들어 전 지구적으로 교류, 확산, 교배되는 현상이 일어난다. 세계 모든 것들이 융합되는 현상이 시작된다. 자연스럽게 우리의 사고와 행동개념도 급진적으로 변화된다. 교회는 이전에는 경험하지 못했던 새로운 교인들을 맞닥뜨리게 될 것이다.

Chapter 1

한국 교회가 피해 갈 수 없는 미래 키워드 11

세계 융합, 결코 피해 갈 수 없다

현대사회에서 가장 중요한 세 가지 메가트렌드Megatrend가 있다. '세계화', '정보화', '민주화'이다. 현대사회를 규정하는 이 세 가지 키워드는 현대 교인들의 신앙 모습을 빠르게 바꾸고 있다.

1990년대 김영삼 정부 때부터 주목받기 시작한 '세계화'Globalization라는 단어가 유행한 지 20년이 넘었다. 한때 유행으로 끝나고 말 것처럼 여겨지던 이 단어는 세계가 하나로 묶이는 것을 넘어 '세계 융합'의 수준까지 확장되었다. 그리고 교회 깊숙한 곳까지 영향을 미칠 만큼 우리 삶을 규정하는 강력한 흐름이 되어 버렸다. 일시적으로 지나가는 바람이 아니라 구조 전체를 흔들어 버리는 변화의 바람이 되어 버렸.

미래학자 네그로폰테Nicholas Negroponte는 "10년, 20년 뒤 지금의 아이들은 더 이상 국가에 대해 신경 쓰지 않을 것이다"라고 말하며 세계화의 절대적 흐름을 예측했다. 앞으로는 보이는 국경선을 넘어 보이지 않는 하나의 세계적인 단일 나라만 존재하며 예전의 각 국가는 세계적인 단일 나라의 지방자치형 국가로서의 의미만 있을 뿐이다. 이를 일컬어 '지구지방화' glocalization 라고 한다.

피터 드러커는 1989년 〈새로운 현실〉이라는 책에서 인류 역사의 중요한 전환점을 예로 들었다. 13세기에 일어난 '도시문화', 1455년에 일어난 '르네상스 운동', 1776년부터 시작된 '산업혁명', 그리고 1990년대부터 시작된 '자본주의 이후 사회'는 인류 역사를 획기적으로 발전시킨 중요한 전환점이다. 피터 드러커는 역사적 전환점의 시기에는 반드시 새롭고 피할 수 없는 구조적 변화가 일어났다고 지적했다. 특별히 '자본주의 이후 사회'를 구성하는 세 가지의 중요한 구조적 변화의 축은 '지식', '네트워킹', '세계화'라고 예견했다.

세계화 속에서는 자본, 재화, 노동, 문화, 정보, 종교 등이 국경을 넘나들어 전 지구적으로 교류, 확산, 교배되는 현상이 일어난다. 세계 모든 것들이 융합되는 현상이 시작된다. 자연스럽게 우리의 사고와 행동 개념도 급진적으로 변화된다. 지구 반대편에서 일어나는 일이라도 즉시로 또한 직접 우리에게 영향을 미치는 시대를 살고 있다. IMF 시절과 미국발 금융위기를 통해 뼈저리게 체험했다. 미국 경제가 기침을 하면 한국 경제는 그날로 독감에 걸리는 결과를 말이다. 그것이 바로 세계화의 위력이다.

이제 '국가 경제'라는 말을 쓰면 촌스런 사람으로 취급받는다. 세계화 속에서는 진정한 국가 경제란 없고 세계 경제라는 시각만이 존재한다. 세계화 속에서는 시간이 지날수록 국가 간, 문화 간 상호의존성이 점점 강해질 수밖에 없다. 국가 간 개방화와 통합화가 빠르게 이루어짐과 동시에 경쟁도 치열해진다. 살아남기 위해서는 효율성을 극대화하여 경쟁력을 갖추어야만 한다. 여기에 정보통신기술, 운송기술, 생산기술의 발전이 세계화 속도를 높이고 있다.

미래 키워드 1. 신세대, 신문화, 신사고

급속한 세계화와 세계 융합의 경향은 세계를 지구촌이라는 하나의 영역으로 통합하면서, 지구촌 단일 융합문화에 어울리는 새로운 '신세대' New Generation와 '신문화' New Culture를 탄생시키고 있다. 젊은이층에 가치관과 신념체계의 융합현상이 가장 분명하게 나타난다. 그들의 신문화는 '통합', '다양', '연결'이라는 세 단어로 표현할 수 있다.

신세대는 엄청난 문화 흡인력을 통해 그들만의 퓨전문화를 만들어간다. 세계화를 통해 문화적으로 가장 우수한 것들만을 받아들이면서 '문화의 지구적 교배'를 가속하고 있다. 겉으로는 서로 비슷해 보이지만 그 안에는 전보다 다양한 문화적 색깔을 추구하려는 경향이 강하다. 자신만의 독특한 문화적 색깔을 표현하려는 시도가 강하다. 다양하지만 서로 연결되어 있다. 그리고 속도와 효율성을 중시하는 맥도날드나 스타벅스 같은 미국식 삶의 스타일을 빠르게 받아들이고 있다. 또한 세계화 경향과 인터넷 문화 덕분에 사회 전반적으로 '열린 사고와 표현의 자유'가 그들 사이에 퍼져 간다. 이런 분위기에 힘입어 기존 전통과 관습에 대한 새로운 평가와 비판을 주저하지 않는다. 한 예로 대통령이나 정치인들에게 독설이나 모욕적 패러디 등을 서슴지 않는다. 어른들에게는 그들의 행동과 표현이 도전적이고 즉흥적이고 감각에 의존하는 모습으로 비칠 것이 분명하다.

교회 안의 젊은이나 청소년들이 무례하고 버릇없다는 지적을 자주 듣는다. 교회교육을 어떻게 하느냐고 혼도 난다. 그런데 이런 이야기를 그들에게 하면 피식 웃어 버린다. 신세대 당사자들 사이에서는 이런 행동이 개성과 생각의 표현으로 인식될 뿐이다. 그들은 "우리 문화이니 이해해 달라", "어른들이 말하는 것이면 무조건 옳다고 강요하지 말고 우리 이야기도 들어 달라" 하고 호소한다. 일반 사회는 이해하고 귀 기울여 주는데 왜 교회만은 그렇지 않은지 반문한다.

미래 키워드 2. 교배된 기독교

급속한 세계 융합의 영향으로 종교의 혼합도 가속화되고 있다. 어떤 학자는 동양은 서양의 종교와 교배하고, 서양은 동양의 종교와 교배하고 있다고까지 말한다. 지금 미국은 동양의 종교나 신비주의를 열심히 배우고 있다. 교회 안에서 요가나 명상은 더 이상 금기항목이 아니다. 종교 간 경계가 무너지고 있다. 건강에 좋고 사람에게 좋다고 소문이 나면 요가, 명상, 뉴에이지 할 것 없이 무분별하게 받아들여지고 있다.

이런 현상이 계속된다면 10년 후 한국 기독교는 '교회 안의 다종교 문화'라는 새로운 사탄의 공격에 시달리게 될 것이다.

　이러한 종교 간 혼합추세는 작게는 교파 간의 색깔을 희미하게 만들 것이다. 현대인들은 교파 간의 구별을 중요하게 여기지 않는다. 단지 복음주의인지 아닌지가 교회를 선택하는 중요한 요소다. 교단에 대한 충성도 사라져 가고 있다. 이는 앞으로 한국 교회가 교파, 교단 간의 경쟁을 뛰어넘어 개 교회 간의 치열한 생존경쟁에 돌입해야 한다는 것을 뜻한다. 교회 간 생존경쟁이 치열해지면서 건강하지 못한 교회가 늘어나고 있다. 피터 와그너 박사는 미국의 교회 중 대략 1만 8,000개 교회가 심하게 병들어 가고 있으며 그 숫자는 증가 추세에 있다고 분석했다. 한국 교회도 예외는 아니다.

미래 키워드 3. 개인주의 신앙

　세계화 추세 속에서는 공동체에 대해 옛날처럼 큰 의무감을 가질 수 없다. 공동체가 자신을 보호해 주지 못하기 때문이다. 예전에는 국가나 기업 등 개인이 속한 공동체가 개인을 보호해 주었다. 그 안에만 들어가 있으면 안전했다. 그러나 지금은 국가가 기업을 보호해 주지 못한다. 국가가 개인의 생존을 보장해 주지 못한다. 국가의 경제적 효율성을 높이기 위해 특정 산업의 노동자들을 버리고 어느 한 기업을 버릴 수 있다. 기업이 살기 위해 직원을 버릴 수 있다. '평생직장'이라는 개념은 사라진 지 오래다.

거꾸로 개인도 자신의 생존을 위해 직장을 버리고 국가를 버릴 수 있다. 자신이 속한 기업이 희망이 없다고 판단되면 다른 기업으로 서슴지 않고 옮겨 간다. 국가가 마음에 들지 않으면 다른 나라로 미련 없이 이민을 가 버린다. 개인 스스로 살길을 찾아야 하는 환경이다. 개인 스스로 세계와 경쟁할 수 있는 경쟁력을 갖추어야 하는 환경이다. 자연히 공동체에 대한 의무감이 약해지는 시대가 되어 가고 있다.

이런 흐름이 교인들 사이에도 깊숙이 파고들고 있다. 지금 한국 교회의 많은 교인이 '교회가 마음에 들지 않고, 목사가 마음에 들지 않고, 성도가 마음에 들지 않으면 언제라도 교회를 바꿀 수 있다'고 생각한다. 예전에는 '우리 교회'라는 의식이 강했다. 지금은 아니다. 교인 중 76%가 교회를 옮긴 경험이 있다. '교회 이동은 불가피한 경우가 아니면 하지 않는 것이 좋다'고 생각하는 비율이 80%이지만, 기존교회에 대한 불만족이 커졌을 때 76%가 교회를 옮기는 행동을 취했다.

옛날에는 교회가 시끄럽고 목회자가 마음에 들지 않아도 교회를 옮기는 일을 '죄악'으로 여기는 마음이 있었다(물론 그것이 옳으냐 아니냐를 논하자는 것이 아니다). 공동체에 대한 의무감이 약해져 가는 지금은 마음속으로는 옮기는 것이 불편해도 실제적인 문제에 부딪히면 교회를 옮길 수 있고, 그것이 옳다고 생각하는 추세가 늘어 가고 있다.

이런 현상들에는 무너지는 교회관의 영향도 크다. 갈수록 교회 안에서 신학이 약화되다 보니 '교회란 무엇인가?'에 대한 성경적 교회관이 무너져 가고 있다. 제대로 된 교회관을 가지고 있지 못한 일부 목회자들이 문제를 일으키기도 한다. 주님의 피 값으로 세워진 교회를 자기의 사리사욕에 따라 운영하는 목회자들도 있다.

　사람들은 점점 자신만을 위해 살고 싶어 한다. 교회보다는 개인이 우선이다. 특정한 한 교회라는 울타리 없이 살고 싶어 하는 마음이 강해지고 있다. 예전처럼 교회를 위한 절대적 헌신, 희생, 충성의 요구가 먹혀들지 않는다. 교회 안에서 다른 교인이 경제적 문제로 쓰러지건 말건 상관하지 않는 시대가 되었다. 그냥 자신의 방식대로 조용하게 신앙생활을 즐기려는 이들이 늘어 가고 있다. 그러면서 자연스럽게 교회 안에서도 계층 간 심리적, 정서적 간격이 넓어지고 있다.

　위로는 담임목회자부터 아래로는 평신도 지도자까지 이런 변화를 깊이 인식해야 한다. 우선, 교회에 남아 있는 교인들이 교회에 애착을 갖게 해야 한다. "무엇이 그들로 하여금 교회에 대한 애착을 잃게 했나?"라는 물음에 대한 답을 찾아야 한다. 그 답을 찾는 것만으로도 이동성이 증가하는 시대를 대비할 수 있다. 교회 선택의 자유가 주어지는 시대를 대비할 수 있다. 교인들로 하여금 '우리 교회'라는 애착을 갖도록 노력해야 한다.

　현대의 교인들이 이처럼 개인주의 신앙으로 빠져드는 데는 신뢰결핍이라는 요소가 중요한 역할을 한다. 지금 사회는 언론조차도 신뢰할 수 없는 지경에 이르렀다. 이미 대다수 사람들이 언론매체가 나름의 편견을 갖고 있다고 생각한다. 사람들은 기업도 이윤을 위해서는 소비자에게 얼마든지 거짓말을 할 수 있다고 여긴다. 정부도 예외는 아니다. 정부나 정치인들 역시 자신들의 지위와 이익을 위해서는 나라가 망하지 않는 범위에서 거짓을 말하거나 혹 진실을 숨길 수 있다고 믿고 있다. 과학적 사기극도 자주 발생한다. 미국 미네소타대학과 헬스파트너스 연구재단이 2004년 6월 과학자 3,400여 명을 대상으로 조사한 결과, 응답자의 3분의 1이 모순된 사실을 무시하거나 데이터를 조작하는 등 윤리적으로 문제가 되는 행위에 직간접적으로 개입한 적이 있다고 답했다.

아무도 믿을 수 없는 세상이다. 이런 생각과 흐름이 교인들로 하여금 교회 역시 같은 시각으로 보게 하고 있다. 갈수록 사람들은 교회가 하는 일에 대해 의심의 시선을 들이댈 것이다. 목회자의 교회운영을 예전만큼 신뢰하지 않는다. 혹 목사나 일부 집단을 위해 헌신이나 봉사를 강요당하고 있지는 않은지 의심하기 시작한다. 그러기에 순수하게 부탁해 오는 것조차도 일단 의심하고 본다.

미래 키워드 4. 신유목 교인

'신유목 교인' Nomad Christian 이라는 말이 있다. 지금의 젊은 세대는 정보통신과 과학기술이 발달한 때에 태어나면서 '이동성'의 능력을 부여받았다. 살아온 곳에 대한 강한 집착 대신 지금 어디가 나를 가장 편하게 해 줄 수 있는가를 기준으로 삼는 세대다. 이러한 특성을 담아 표현한 말이 '지금여기주의자' Nowherians 이다. 피코 아이어로가 〈지구적 인간〉에서 처음 소개한 개념이다. '집만 한 곳이 없다'는 이전 세대의 전통적 사고와 달리, 그들은 '원래부터 집은 없었다'고 생각한다. 그들은 어느 특정한 지역에 충성심을 발휘하기보다는, 새로운 환경을 스스로 만들어 가는 것을 즐긴다. 인터넷이나 자유로운 여행 등을 통해 지금까지 경험한 모든 것이 자기 자신이며 앞으로 이런 자기에 대한 정체성이 계속 진보해 갈 것으로 생각한다.

그들에게는 한 특정한 건물이 자기를 위한 영원한 교회가 되어야 한다는 생각이 없다. 단지 자신이 속하고 있는 교회가 자기가 생각하기에 '지금' 옳고 편안한 곳이길 바란다. 자기의 기대치에 부합하지 않는다면 쉽게 떠날 준비가 되어 있고, 떠나지 않더라도 교회공동체에 대한 관심이나 애착을 포기함으로써 교회를 위한 헌신과 봉사를 거부한다. 한국갤럽 조사에 의하면, 전체 교인의 3.2%가 교회를 중복해서 다니고 있다. 새벽기도는 이 교회로, 주일 예배는 본교회로, 주일 저녁예배는 찬양이 좋은 다른 교회로 나간다. 이렇게 신유목 교인이 되어 간다.

사실 3.2%라는 수치는 무시할 만하다. 하지만 이 통계는 건물의 교회 개념만을 적용한 것이다. 만약 사이버상(인터넷, 케이블TV 등)에서 이 교회 저 교회를 떠돌아다니는 신유목 교인까지 합친다면 그 수는 급격히 늘어날 것이다. 신유목 교인에게 여기가 당신의 본래 교회라고 말하는 것은 의미가 없다. 먹을 풀이 떨어지면 냉정하게 다른 목초지를 향해 떠나 버리는 유목민들에게 죽더라도 여기에 남아 있어야 한다고 말하는 것과 같다.

미래 키워드 5. 3무 시대

21세기는 '무기력', '무관심', '무의미'의 3무無 시대다. 이 모든 것은 불안에서 비롯된 재앙이다. 경제, 사회적 불안은 무관심이라는 치명적인 위험을 낳는다. 개인은 사회에 대한 불안이 커지면 국가와 사회 심지어 자신이 다니는 회사에도 무관심해진다. 교인들이 교회의 미래에 대해서 불안감을 갖게 되면 자연스럽게 교회에서 일어나는 일에 대해 무관심해진다.

교인이 교회에 관심을 두지 않고 지루함을 느끼게 되면, 이어서 목회자, 교인, 가족과의 갈등에서 오는 불편함에 맞닥뜨린다. 이때 갈등이 해소되지 않으면 불안감이 다른 생활 영역으로 확대된다. 여러 주일 후 교회의 누구든 관심을 두지 않으면 아무도 자신을 돌보지 않는다고 느끼며 교회를 떠나 다른 곳에 에너지를 투자하게 된다. 무의미가 증가하는 것이다. 목사가 목회에 대한 불안감을 크게 느끼게 되면 사역을 단순화시켜 버린다. "사례비 받고 설교만 잘하면 되지!" 하는 리스크 회피형 목회로 전환하고 만다. 그리고 교인들에게까지 무기력증을 감염시킨다.

불안은 무기력, 무관심, 무의미 외에도 '소외'라는 현상과 밀접하게 관련되어 있다. 심리학자들은 "불안은 절대적 가치관이 없는 세상에서 느끼는 자유의 심리적인 압박을 포함하는데 이것이 소외의 한 형태다"라고 말한다. 소외는 사회와 타인들에게서 떨어져 혼자가 되었다는 고독감을 포함한다. 인기 절정의 연예인이 자살하는 이유가 무엇일까? 불안한 미래 때문에 스스로 소외되었기 때문이다. 강북삼성병원 정신과 오강섭 교수는 "우울증 환자는 자신의 존재가 아무런 의미가 없고, 주위 사람들에게도 도움이 되지 않는다고 여기며, 자신의 잘못이 아닌 일에 대해서도 필요 이상의 책임감과 죄책감을 느낀다"며 "특히 여성은 모든 일에 대해 자신을 탓하며 죄의식을 더 많이 느낀다"고 말했다. 이 일은 비단 특정 연예인들만의 문제가 아니다. 앞으로 점점 소외감에 빠져 방황하는 교인이 늘어날 것이다.

불안과 소외, 무관심은 교인들의 마음속에 염세주의적 태도를 불러일으킨다. 이 땅에서의 희망을 버리고 그냥 흘러가는 대로 사는 현상이 만연해지게 한다. 이 땅에서 우리가 해야 할 사명을 포기하고 천국에 대한 소망에만 치우치게 한다. 이 땅을 허망한 것에 불과하고 가능하면 멀리 떨어져야 할 곳으로 여기게 한다. 사람들마저 혐오하게 한다. 이런 염세주의적 특징은 취업 스트레스에 시달리고 있는 20대 청년들에서부터 강제 퇴직당한 50~60대의 가장에 이르기까지 다양한 모습으로 나타나고 있다.

이런 시대일수록 분명하고 절대적인 가치관의 중요성이 커진다. 지금 우리가 사는 사회는 기존의 가치체계가 의문의 대상이 되어 버린 지 오래다. 자라나는 아이들에게 절대적인 가치를 가르쳐야 할 학교마저 그 역할을 상실한 지 오래다. 이제 마지막 남은 보루는 교회뿐이다. 하지만 교회 역시 그 기능을 상실해 가고 있다.

한국 기독교는 다른 종교에 비해 부정적 이미지가 많은 것으로 드러났다. 한국 교회 이미지에 관한 조사 결과를 보니, 한국 교회가 '영적인 문제에 해답을 주지 못하고 있다'는 81.4%, '지도자의 자질이 부족하다'는 76%, '진리추구보다 교세확장에 관심을 갖고 있다'는 71.1%, '봉사 등 사회적 역할을 못하고 있다'는 69.9%의 반응이 나왔다. 반면 불교에 대한 인상은 '영적인 문제에 대한 해답을 제공한다', 가톨릭은 '지도자가 우수하고 대사회적 역할을 잘한다'고 응답했다. 그리고 '경제적으로 어려움에 직면했을 때 도움을 어디에 구할 것인가?' 하는 물음에 '기대할 곳이 없다' 70%, '사회단체' 13%, '사찰' 8.4%, '성당' 7.4%인 반면 교회는 0.7%밖에 되지 않았다. 참으로 비참한 결과다. 한국 교회의 사회적 공신력의 수준을 현저하게 드러낸 결과다.

기독교인의 윤리의식에 관한 조사 결과는 더 경악할 만하다. 기독교인의 음주와 흡연에 대한 질문에서, 음주 가능이 절반 이상인 54%, 흡연이 거의 절반인 49%로 전보다 증가하고 있었다. 이혼에 관한 질문에는 허용이 1998년 35.9%였다가 2004년에는 약 50%로 증가 추세에 있다. 혼전성관계가 가능하다는 응답이 1998년 29.5%에서 37%로 높아지는 추세에 있다. 동성애를 허용할 수 있다는 응답도 13.5%에서 17.8%로 역시 증가 추세였다. 외도는 8.4%, 뇌물제공 가능은 15%나 나타났다. 이는 세속화가 빠르게 진행되고 있는 미국 교회의 수치와 비교해도 손색(?)이 없다.

여러 분야 사이의 경계선이 희미해지고 모호성과 불안이 증가하는 사회에서 중요한 생존 수단의 하나로 떠오르는 것은 '네트워킹 기술'이다. 사회학자 마누엘 카스텔스 Manuel Castells는 〈네트워크 사회의 등장〉에서 "정보 시대의 중요한 기능들과 사회적 과정들은 점점 네트워크를 중심으로 조직되고 있다. 네트워크는 우리 사회의 새로운 사회적 형태를 구성하고 있다"고 말했다. 정보화 시대는 정보만큼이나 네트워크의 중요성이 강조된다. 이때의 네트워크는 물리적인 네트워크뿐만 아니라 인적 네트워크, 지식 네트워크, 사고 네트워크 등을 모두 포함한다. 네트워크는 세계를 더 가깝게 연결해 주는 정보기술이기 때문에 네트워크를 장악하는 자가 바로 정보를 장악하는 힘을 얻는다. 지금의 기업, 정부, 개인을 보라. 독립적인 행동을 할 수 있는 능력을 점점 잃어 간다. 목표를 달성하기 위해서는 서로 더 많이 의존해야 하는 사회로 가고 있는 것이다. 정부는 정책 주도자로서 절대적 지위를 잃어 가고 있다. 비영리 단체 같은 다른 조직들과의 연계(네트워크)를 모색해야만 정부의 지위를 인정받고 국정을 유지해 갈 수 있다.

교회 역시 마찬가지다. 전도와 선교를 힘 있게 하기 위해서는 지역사회와 다른 교회와 단체 간의 네트워킹을 해야 한다. 작은 교회는 지역의 다른 교회들과 협력해야 한다. 큰 교회 역시 주위의 작은 교회들과 협력해야 한다. 독불장군식의 행동은 효과적이지 않을뿐더러 자신을 고립시키는 부작용을 낳는다. 상호작용을 하면서 서로에게 영향을 미치는 방식이 정보화 시대에 최고의 효율성과 성공을 얻는 방법이다.

미래 키워드 6. 얕은 영성과 다신주의

존 스토트 목사는 "오늘의 기독교의 상황은 비정상적이고 비극적이고 불안한 패러독스를 지니고 있다. 어떤 지역에서는 교회가 크게 성장하고 있지만 '깊이 없는 영성'이 문제가 되고 있다. 한마디로 교회는 적절한 제자도가 결여되어 있다"고 꼬집었다. 정보화 사회에 들어서면서 이런 현상이 심해지고 있다. 정보의 홍수가 밀려들자 상대주의가 활개를 친다.

상대주의는 지식시대의 핵심을 차지하는 것 중 하나다. 그런데 상대주의는 원래 전통을 상징하는 이데올로기를 공격의 대상으로 삼는 특징이 있다. 지금까지 진리라고 여겨져 온 성경의 권위나 목회자의 권위를 공격한다. 상대주의는 다양한 가치와 사고, 형식을 모두 존중해야 할 가치로 인정한다. 교통과 정보기술의 혁명적인 발전이 이러한 변화를 부추기고 있다. 저명한 사회학자인 피터 버거 Peter Berger는 현대의 급격한 교통발달로 지리적 이동이 역사상 그 어느 때보다 쉬워지면서 사람들이 여러 다른 시각에서 세상을 바라볼 수 있게 되었음을 30년 전에 지적했다.

이제는 성경과 교회 이외의 것도 존중해 주어야 하는 시대가 되었다. 위험한 수준에 이를 정도로 상대주의 사상이 교회 내에 침투해 있다. 통계 조사에 의하면 한국 교회의 교인들에게 유일신 사상은 79.4%에서 78.4%로, 재림신앙은 80.7%에서 77.4%로, 종말론은 68.9%에서 61%로 조금씩 줄어들고 있다. 이는 종교 다원화의 영향이 교리문제에 영향을 끼치고 있음을 의미한다. 제사 허용은 25%, 윤회설 인정은 10%, 샤머니즘('궁합이 나쁘면 결혼하지 않는다') 인정은 15.4%, 풍수지리('명당에 묏자리를 쓰면 후손이 잘된다')는 16%, 현세적 신앙('천국은 죽어서 가는 곳이 아니라 현세에 있다')은 무려 38%, 종교다원론('다른 종교에도 구원이 있다')은 26%, 뉴에이지에 대한 긍정적 반응은 18%에 이르고 있다.

더 큰 문제는 설문 조사로 드러나지 않은, 교인들 안에 잠재한 다신주의 Polytheism 사상이다. 다신주의란 한 사람이 여러 신을 섬긴다는 말이다. 하나님도 섬기고 바알도 섬기던 이스라엘의 죄악을 교인들이 답습해 가고 있다. 트렌드 분석가 샘 힐 Sam Hill은 다신주의 경향이 세계 곳곳에서 일어나고 있다고 말했다. 상대주의 시대에서 사람들은 점점 더 전통적인 종교적 신앙체계를 그 밖의 다른 믿음과 활동들로 보완하는 경향을 보인다. 이는 사람들이 덜 종교적이 되어서가 아니라, 심해지는 영적 공허감을 달래기 위해 더욱더 종교적이 되면서 일어나는 현상이다. 사람들은 하나의 신으로 만족하지 못하고 있다. 점점 더 다수의 초월적 힘이나 신들을 인정하는 분위기로 흐르고 있다.

웰빙 분위기를 타고 명상을 강조하는 종교들이 득세한다. 사람들 안에 침투하고 있는 하나 이상의 초월적인 힘은 부처일 수도 있고, 과학일 수도 있고, 신기술의 힘, 돈, 도깨비 방망이 같은 마법적인 힘일 수도 있다. 교인들조차도 전지전능하신 하나님 외에 갖가지 더 작은 종교들의 행태와 유사 종교적인 활동을 보인다. 이런 현상은 정보화 시대를 타고 실시간으로 들어온 다양한 종교와 믿음 체계들이 같은 사회에 공존하게 되면서 일어나는 현상들이다.

많은 교인이 교회 활동 대신 스포츠나 운동 같은 유사 종교적 활동에 관심을 기울이고 있다. 짐 롬(Jim Rome)은 "스포츠는 미국의 세속적인 종교"라고 말했다. 기독교인들이 힌두교에서 비롯된 요가 수행을 한다. 수백만에 이르는 기독교인이 예수님의 신성에 정면으로 도전하는 내용을 담은 베스트셀러를 읽는다. 한국 교인들은 하나님을 믿는 신앙 위에 더 많은 유사 종교(돈, 신기술의 힘, 합리주의 신앙, 심리학, 명상, 요가, 뇌과학, 과학숭배, 상대주의, 스포츠 등)를 받아들이고 보태면서 다신주의자가 되어 가고 있다. 이스라엘이 하나님도 섬기고 다곤도 섬겼던 것처럼 말이다.

미래 키워드 7. 친절한 불가지론

복음이 약해지는 틈을 타 '친절한 불가지론' Friendly Agnosticism도 한국 교회 안에서 큰 흐름으로 자리를 잡아 가고 있다. 트렌드 전문가 조지 오초아 George Ochoa는 종교와 영성 트렌드에 대해 말하면서 앞으로 친절한 불가지론이 기승할 것이라고 분석했다. 친절한 불가지론이란 "누구의 종교가 옳은지는 아무도 모른다. 그러니 모든 사람의 생각을 다 인정해 주어야 한다"라고 친절하게 말하는 사상이다. 이것은 지금 특정 종교를 가리지 않고 많은 현대인에게 인기를 끌기 시작한 종교가치관이다.

한국 교회 안에도 친절한 불가지론자들이 늘어나고 있다. '하나님을 어떻게 믿든, 어떻게 체험하든, 성경을 어떻게 해석하든 상관이 없다. 누가 옳은지는 아무도 모르기 때문이다. 그러니 모든 사람의 생각을 인정해 주어야 한다. 모든 신앙패턴은 동등하며 평등하게 인정해 주어야 한다'는 아주 위험한 사고가 교회 내부에서 서서히 유행하고 있다. 이런 주장은 상대방의 신앙을 배려하는 친절한 겉모습을 하고 있기 때문에 젊은 교인들에게 빠르게 인기를 얻어 가고 있다.

친절한 불가지론자들의 주장은 편리한 신앙생활을 갈망하는 일부 교인들의 욕구를 교묘하게 충족시켜 주기 때문에 사그라들 기세를 보이지 않는다. 아니, 이들의 주장은 오히려 전통적 신앙을 고수하는 교인들을 경멸하는 단계로 옮겨 가고 있다. 친절한 불가지론자들에게는 전통적 신앙 태도와 성경해석을 고수하는 교인들이 고리타분하고 꽉 막힌 사람으로 보인다. 이들은 힘든 신앙생활을 강요하는 것을 현대에 걸맞지 않은 무례한 행동으로 여긴다.

　친절한 불가지론자들의 논리에 의하면, 십일조를 하든 하지 않든 상관이 없다. 주일 예배를 목숨을 걸고 지키든 한두 번 빠지든 상관이 없다. 새벽마다 기도하든 하지 않든 상관이 없다. 바쁘더라도 교회 일에 헌신하든 바빠서 하지 않든 상관이 없다. 성경공부를 하다가 이단적인 주장을 해도 상관없다. 고개를 끄덕여 동의해 주면 된다. 하고 싶은 대로 하고, 말하고 싶은 대로 자유롭게 말할 권리가 있다. 해야 할 일을 안 했다고 신앙적 가책을 받을 필요도 없다. 형식적인 것들에 억눌려 살 필요가 없다. 교회나 사명 때문에 무거운 짐을 지고 살 필요도 없다. 친절한 불가지론자들은 "누가 옳은 것인가는 예수님이 오시기 전까지는 아무도 모른다"라고 주장한다. 그들은 항상 신앙과 불신앙의 중간에 서 있다.

　예장통합 이단사이비대책위원회에서 발표한 자료에 의하면 2005년 한국의 이단종파는 150여 개로, 약 200~300만 명이 이단에 빠져 있고 그 피해가 날로 심각해져 가고 있다. 친절한 불가지론이야말로 21세기 최대의 이단이라고 할 수 있다. 이는 모든 이단에게 강력한 기반을 제공할 뿐 아니라 새로운 이단 출현의 텃밭이 된다. 게다가 교회 밖에 있는 이단이 아니라, 교회 안에 있는 이단이라는 점이 더욱더 무서운 부분이다. 앞으로 친절한 불가지론을 차단하지 않으면 교묘한 이단성 가르침들을 구별할 수 없게 될뿐더러 사사기에 나오는 대로 "자기 소견에 옳은 대로"삿 17:6, 21:25 하나님을 섬기는 재앙을 피할 수 없게 될 것이다.

미래 키워드 8. 코쿠닝 성도와 브랜드 교회

　현대의 소비자들은 아주 영악하다. 품질은 좋고 가격은 싼 제품을 원한다. 통상적으로 가격이 싸면 제품 질은 그만큼 나쁘고, 반면 제품 질이 좋으면 가격은 당연히 비싸져야 한다. 누군가 값싸고 질 좋은 제품을 원한다 하자. 예전 같으면 '도둑놈 심보'라고 비난받았을 것이다. 그러나 이러한 소비 요구가 대중화하고 있다. 수십만 원짜리 값비싼 물건을 사면서도 단돈 10원이라도 저렴하게 사려고 가격 비교 사이트를 포함해 몇 시간씩 인터넷 사이트를 뒤진다. '최고의 품질, 그러나 최저의 가격'이라는 조건을 만족하는 상품만이 팔리는 시대가 되었다.

　이런 소비 행동은 신앙생활에도 접목된다. '브랜드 교회 선호'와 '코쿠닝 성도' Cocooning Christian 의 증가가 그 예다. '코쿠닝'이라는 말은 미래학자 페이스 팝콘 Faith Popcorn 이 사용하기 시작한 말이다. '코쿤' cocoon 은 누에고치를 가리키는 영어단어다. 현대인은 빠르게 변하고 불안정성이 커지는 현실로부터 도망하고 숨고 싶어 한다. 마치 누에가 고치 속에 숨어서 사는 모습을 연상시킨다고 해서 코쿠닝이라는 말을 사용했다. 현대 교인들 역시 마찬가지다. 우리 어머니, 아버지 세대처럼 새벽마다 기도하고, 주일 밤낮으로, 또한 수요일, 금요일 철야기도회에 참석하며 바쁘게 신앙생활하는 것을 싫어한다. 헌금도 십일조, 감사헌금, 작정헌금, 건축헌금 등 힘들게 하지 않으려고 한다. 쉽게 신앙생활을 하려는 교인들이 많아진다. 그렇게 신앙생활을 하려면 큰 교회 안에 숨는 것이 유리하다. '코쿠닝 성도'가 되어 버리는 것이다.

한국 교회에 브랜드 바람이 불기 시작한 것은 1990년대 말이다. 서울의 유명 교회들이 그 교회 출신 목회자들이 개척할 때 모교회의 이름을 차용하도록 했다. 개척하는 목회자 입장에서 모교회의 이름을 사용하면 단기간에 지역사회에 교회를 홍보할 수 있고 모교회의 이미지를 덤으로 부여받을 수 있다. 2000년대에 들어와서는 모교회 이름만 빌리는 것이 아니라 모교회의 프로그램과 목회철학을 공유하는 교회 개척으로 전환되었다.

이러한 '교회의 브랜드화'는 장점이 있다. 선택의 홍수 속에 사는 현대 교인들에게 교회를 선택하는 데 필요한 정보를 제공해 줄 수 있다. 교인들에게 강하게 입력된 교회 브랜드는 이단성이 있거나 건강하지 않은 교회를 선택할 위험을 피하도록 돕는 역할을 한다. 하지만 이러한 장점은 강력한 브랜드를 가진 교회가 상대적으로 교인을 빼앗기는 작은 교회나 연약한 교회를 감싸 안고 도울 수 있을 때에만 참으로 발휘될 수 있다.

브랜드와 합리적 가격을 중시하며 가격파괴 바람을 선도하는 소비자를 '밸류컨슈머' Value Consumer 라 부른다. 신앙파괴를 선도하는 교인들은 무엇이라고 불러야 할까? 밸류컨슈머들은 하나의 브랜드가 유행하면 떼거리로 몰려들어 소비하고 시간이 지나면 사라져 버리는 특성이 있다. 〈주식회사 대한민국 희망보고서〉의 저자 이원재 씨는 한국 소비자의 '떼거리 근성'에 대해 이렇게 말했다. "한국의 소비자는 세계 그 누구보다도 새로운 것에 민감하다. 그리고 이른바 '떼거리 근성'이 있어서 한번 유행을 타면 대부분의 사람이 사들인다. 이런 역동적인 시장은 세계적 상품을 여러 개 창출해 냈다."

소비에서 '떼거리 근성'은 경제에 좋은 측면으로 작용할 수도 있다. 그러나 이런 소비패턴이 교회선택 영역에까지 적용되면 문제가 달라진다. 교회도 한번 좋은 브랜드(?)라고 소문나기 시작하면 교인들에게 '묻지 마 호기심' 증상이 나타난다. 어떻게 해서든지 그 소문난 교회에 가 보든지 정보라도 수집하고자 한다. 그러다가 자기 교회에서 문제가 생기거나 교회에 싫증이 나면 소문난 교회를 찾는다. 교회가 소비의 대상으로 전락한 것이다. 교회가 변하고 있다. 목숨 건 예배와 헌신의 처소로서가 아니라, 더 낫고 편한 자기를 위한 '종교소비' 혹은 '종교적 액세서리'의 대상으로 전락하고 있다.

여기에다 교회 내부로 밀려 들어오는 세속화의 경향이 교인들의 신앙 욕구의 개별화를 부추긴다. 이제는 단지 영적 욕구뿐만이 아니라 사회적 욕구, 종교 생활의 욕구, 가정과 마음의 평안을 바라는 심리적 욕구, 건강과 물질적인 것과 연관된 육체적 욕구와 불만 등이 표면화되고 있다. 현대 소비자들은 신기술의 발전과 풍요한 삶의 확대에 비해 자신이 구매하는 상품들이 더욱 불만족스러워진다고 투덜댄다. "나는 전혀 만족할 수가 없다" 하고 투정 부리는 까다로운 소비자적 태도가 교회를 대하는 태도에도 그대로 나타난다.

교회의 프로그램이 아무리 늘어도 교인들의 만족도는 점점 더 떨어지고 있다. 예배 하나로 모두를 만족하게 할 수 없다. 경건을 강조하면 재미를 원하는 사람들이 불만스러워하고, 재미를 가미하면 경건을 원하는 사람들이 불만스러워한다. 사실 옛날에 비해 현대 교회의 목회 프로그램들은 훨씬 더 전문화되고 다양해지고 현대화되었다. 그러나 고객의 기대는 그것을 충족시키는 기업의 능력보다 훨씬 더 빠른 속도로 커진다는 말처럼 교인들의 개인화 욕망을 따라가지 못한다.

  프린스턴대학의 대니얼 캐네먼Daniel Kahneman은 '만족 쳇바퀴'라는 이론으로 소비자와 서비스 만족 간의 상관관계를 이렇게 설명했다. "우리는 많이 만들고 많이 쓸수록 더 많이 원한다. 우리는 그것을 빨리 가질수록 더 빨리 갖고 싶어 한다. 우리는 그것이 편리해질수록 그것이 얼마나 더 편리해질 수 있는지 생각한다. 우리의 비합리적인 기대가 잘 충족될수록 우리는 더 비합리적인 경향을 띤다." 기업에는 현대의 소비자들이 '다루기 힘든 군중'이 되어 버린 것처럼, 교회에는 교인들이 '다루기 힘든 군중'이 되어 버렸다. 다루기 힘든 군중이라는 표현은 '그들을 만족시키기 어렵다'는 것뿐 아니라 '그들은 불만족을 기꺼이 터뜨린다'는 의미가 있다.

미래 키워드 9. 다운시프트 신앙

  세계 54개국을 대상으로 '행복지수'를 조사한 결과, 방글라데시, 나이지리아, 필리핀 같은 제3세계의 가난한 나라에서 높은 행복지수를 보였다. 미국, 일본, 독일 같은 선진국보다 훨씬 높은 지수였다. 사람은 기본적으로 행복을 얻기 위해서 사는 존재다. 새벽부터 밤늦게까지 힘들게 일하는 것도 결국은 자신과 가정의 행복을 위해서다. 행복을 위해 인생을 가혹하게 채찍질하며 뒤도 돌아보지 않고 안간힘을 쓰며 뛰어간다. 때로 갖가지 호화롭고 편리한 기계나 상품들이 자신에게 행복을 선사해 줄 거라 믿으며 땀 흘려 번 돈을 기꺼이 투자한다. 하지만 얼마 안 가 싫증을 느끼고 또 다른 행복의 신기루를 찾는다. 그러다 보면 정작 자신의 인생에서 가장 중요한 가치, 건강, 가족, 삶의 의미를 잃어버리고 때늦은 후회를 한다. 자신은 돈 버는 기계에 불과했음을 깨닫는다. 그리고 아름다워야 하는 인생이 끝나 가고 있음을 느낀다.

자신을 잃어버리게 하는 이런 숨차고 정신없는 인생을 거부하는 움직임이 일어나고 있다. 바로 '다운시프트 downshift 바람'이다. '다운시프트'는 자동차의 기어를 고단에서 저단으로 바꿔 속도를 줄이는 것인데, 이처럼 인생의 속도를 줄이며 여유를 즐기는 삶으로 전환하는 것을 의미한다. 돈을 조금 적게 벌더라도 자기를 잃어버릴 정도로 바쁘지 않고, 삶을 누르는 긴장과 스트레스에서 벗어나 여유롭게 살고자 하는 욕망이다.

미국은 다운시프트족의 비율이 1960년에는 전체 노동자의 5%에 불과했으나 지금은 26%를 넘는다. 다운시프트족은 치열한 경쟁과 스트레스를 동반하는 직업을 바꾸거나 대도시를 떠나 작은 도시 혹은 산과 들이 있는 농촌으로 이사를 한다. 우리나라에도 치열한 생존경쟁을 피해 한가로움을 즐길 수 있는 뉴질랜드나 호주, 캐나다 등으로 이민 가는 사람이 적지 않다. 진정한 자기를 찾기 위해 어디론가 떠나고 싶은 것이다. 가난해도 마음 편하고 무리하지 않고 세월이 흘러가는 대로 몸을 맡긴 채 살고 싶은 것이다.

그런데 다운시프트 바람이 교인들에게도 불어와 신앙생활에 부정적 영향을 주고 있다. 그저 주일 오전에 한 번 편하게 예배드리고, 주일헌금만 간단히 하며 신앙생활을 하면 된다는 사람이 늘어나고 있다. '세상에서 6일 동안 치열하게 살았으니 주일만큼은 잠도 충분히 자고, 가족과 여가도 즐기고, 쇼핑도 하고, 여행도 하며 한가로움을 즐겨야 하지 않을까?' 하고 생각하는 교인이 늘어 간다. 목회자라고 예외는 아니다. 죽도록 헌신하거나 헌신을 도전함으로 인해 치러야 할 스트레스를 거부한다.

본래 다운시프트족은 미래의 더 나은 삶을 위해 현재를 포기해야 한다는 생각에 반대하는 사람들이다. 세속적 다운시프트에 물든 교인들과 목회자들은 더 나은 미래, 즉 천국과 하늘의 상급보다 지금 편안한 육신과 감각적 쾌락을 위해 현재의 주를 위한 고난, 자기 절제와 인내를 포기한다.

이러한 세속적 다운시프트 바람은 단호히 거부해야 한다. 대신 '영적인 다운시프트족'이 되기 위해 노력해야 한다. 더 나은 미래와 천국의 상급을 위해 현재의 세상 것들을 포기하고 영적 성숙을 추구하며 사는 사람들이 되어야 한다. 하나님이 기뻐하시는 영적 다운시프트족이 되려면 일주일에 하루는 예배와 말씀 배움과 훈련, 그리고 그리스도 안에서의 가족 간 교제를 위해 남겨 두는 것이 필요하다.

주일을 거룩하게 지키는 것으로 우리는 삶의 속도를 늦출 수 있다. 주일을 통해 하나님과 이웃에게 가까이 가는 것으로 우리 삶이 단순한 생산과 소비 그 이상이라는 것을 우리는 맛보게 된다. 거룩한 주일 성수를 통해 저속한 것으로부터 탈출할 수 있다. 질주하는 세상으로부터 도피처를 얻을 수 있다. 물질적 우상을 숭배하는 죄를 멈출 수 있다. 치열한 생존경쟁의 경제적 전쟁에서 벗어날 수 있다. 주일은 질주하던 행위를 멈추고 하나님과 함께 존재를 음미하는 시간이다. 주일을 통해 세속의 생활이 가장 중요한 영역이 아님을 깨닫는다. 더 호화롭고 넓은 집, 더 비싸고 멋진 자동차, 더 많은 은행잔고, 더 아름다운 옷, 더 비싸고 화려한 음식, 더 많이 소비하고 낭비하는 즐거움, 더 높은 지위와 명성 등에 우리의 구원과 행복이 있는 것이 아님을 배운다.

미래 키워드 10. 트랜스찬

세상 참 많이 달라졌다. 이제는 좋아하는 드라마나 프로그램을 보기 위해 허겁지겁 집으로 달려갈 필요가 없다. 무선 인터넷이나 DMB를 통해 실시간으로 방송을 볼 수 있고, 광케이블과 쌍방향 커뮤니케이션의 발달로 형성된 주문형 비디오 시장을 이용해 자신이 원하는 시간에 원하는 상품을 시청할 수도 있다. 이 모든 것을 작은 단말기나 핸드폰으로 해결할 수 있는 세상이다. 시간과 장소에 제약을 받지 않고, 이동 중에도 방송과 쇼핑, 인터넷을 즐기는 시대다.

현대인은 움직이는 소비자인 '트랜슈머' transumer 로 진화하고 있다. 트랜슈머란 '이동'이라는 뜻의 접두어인 'trans'에 '소비자'라는 뜻의 'consumer'가 결합한 말이다. 움직이는 소비자는 왜 등장하게 되었을까? 빠르게 움직이고 변화하는 세상에서 단 1분의 자투리 시간이라도 잘 활용해 보자는 효율성 강조의 사고와 정보통신 기술의 발달에서 그 원인을 찾을 수 있다.

그런데 이런 모습은 정보통신의 발달에 비추어 보면 이제 막 시작된 혁명에 불과하다. 앞으로 어느 정도까지 편리하게 정보와 오락을 즐기는 시대가 될지 아무도 예상할 수 없다. 지금 세계는 빌 게이츠가 지적한 대로 '디지털 신경망' Digital Nervous System 으로 급속하게 연결되고 있다. 앞으로 10년 이내에 지금보다 몇천 배 빠르고 넓은 네트워크를 통해 세계는 급속도로 하나가 되어 갈 것이다.

유비쿼터스라는 말은 낯설지 않다. 유비쿼터스란 라틴어로 '언제 어디서나 있는'을 뜻하는 말이다. 사람들이 장소에 구애받지 않고 언제 어디서나 자유롭게 네트워크에 접속할 수 있는 환경을 말한다. 1998년 이 말을 처음으로 사용한 제록스연구소의 마크 와이저 소장은 유비쿼터스가 제3의 정보혁명을 일으킬 것이라고 했다.

유비쿼터스 환경에 익숙해지면서 교인들의 신앙 패턴에도 변화가 일고 있다. 단 1분이라도 아끼려는 현대인의 특성상 치밀한 신앙 관리를 추구하는 교인들은 자투리 시간을 잘 활용하여 신앙생활의 체험과 배움을 풍요롭게 만들고 싶어 한다. 몇몇 대형교회들은 '움직이는 크리스천', 즉 '트랜스찬' transtian; trans+christian 을 잡기 위해 노력하고 있다. 교회의 정보나 자료, 온라인 교육을 제공하기 시작했다. 트랜스찬의 시대가 열리고 있다.

미래 키워드 11. 감성신앙

21세기를 '감성의 시대'라고 말하는 이들이 있다. 감성을 빼놓고는 교육이고 사업이고 아무것도 되지 않는 시대다. 앨빈 토플러는 "21세기에는 지식 못지않게 감성도 중시될 것이다"라고 지적했다. 즉, 오감을 통한 감성적 경험을 현대인들은 원한다는 말이다. 감성은 이처럼 현대인들에게 선택이 아닌 필수가 되어 간다. 그렇기 때문에 한 기업의 단순한 기술개발 역시 인간감성이 곁들여진 기술개발만이 성공을 보장받을 수 있다. 직장을 선택해도 이제는 돈 많이 주는 직장이 아니라 분위기 좋은 직장을 원하는 추세다. 이런 추세들 때문에 어쩔 수 없이 많은 기업들이 '감성경영'을 외치지 않을 수 없게 되었다. 감성경영이란 경영의 전반적인 활동에 감성을 반영하는 것을 말한다. 감성에너지에 관심을 갖는다는 말이다.

스타벅스는 단시간에 감성경영으로 세계적인 기업으로 올라선 커피 전문기업이다. 스타벅스 직원들은 자신들이 절대로 커피를 파는 것이 아니라 분위기를 판다고 주장한다. 그들은 단순히 한 잔의 커피나 쿠키가 아니라 도회적인 우아함, 고급한 취향, 스타벅스만의 독특한 문화와 감성을 판다. 심리적 만족감을 파는 것이다.

현대의 교인들은 편안함을 느낄수록 더 오래 머문다고 한다. 이는 고객이 편안함을 느낄수록 더 오래 머문다는 것과 같은 성향이다.

여기에다 미래 한국 교회의 주축이 될 2635세대(1970~1980년 사이에 태어난 세대)의 자신만의 감성적 색깔을 적극적으로 표현하려는 욕구가 맞물리면서 지속적으로 자신이 몸담고 있는 사회와 조직을 향해 '매스티지'('대중'을 뜻하는 'mass'와 '명품'을 뜻하는 'prestige product'의 조합어) 수준을 요구하고 있다. 이들의 삶의 스타일은 여느 기성세대들이 이해할 수 없는 모습을 보인다. 비록 자신의 지갑이 얇고 지긋지

굿한 청년실업에 시달리더라도 절대로 감성, 즉 '멋'과 '스타일', 그리고 '감동'은 포기하지 않겠다는 사고가 강하다.

하지만 이들이 무턱대고 충동적 삶을 살지는 않는다. 예를 들어, 비교적 값이 저렴하면서도 감성을 100% 만족시킬 수 있는 자신들만의 새로운 소비패턴을 찾는다. 그 대표적인 예가 바로 해외쇼핑과 공동구매를 기반으로 하는 구매 대행 사이트들을 활용하는 것이다. 이른바 철저한 감성적 접근을 기반으로 이성의 절묘한 혼합을 추구하는 세대가 바로 2635세대다.

현대교회는 감성터치 사역을 개발해야 하는 도전을 받고 있다. 설교는 물론이요 교회의 문화와 건물 속에 미적 감각을 어떻게 불어넣을지를 고민해야 하는 숙제를 받았다. 사역 프로그램의 감성품질 향상에 힘써야 하며 성경지식을 주입하기 전에 감동을 먼저 시켜야 하는 시대를 맞았다. 전도를 해도 비신자를 교회에 정착시키기 전에 감동을 먼저 주어야 한다. 성도들에게 헌신을 요구하기 전에 감동을 먼저 시켜야 하는 시대가 되어 버렸다. 그것도 짧은 시간에 많은 대중에게 수준 높은 감동을 주어야 하는, 매스티지 수준의 감성적 신앙경험 말이다.

그러나 여기에도 숨어 있는 위험이 있다는 것을 잊지 말아야 한다. 그것은 바로 하나님의 은혜가 우리의 감성을 자극하기도 하지만 예배 자체가 하나님을 경배하는 본질을 떠나 성도들의 감성만을 자극하는 쇼로 전락해서는 안 된다는 것이다. 교회가 추구하는 진정한 감성터치는 인위적인 감성자극이 아니라 하나님으로부터 내려오는 은혜를 통한 감동, 예수님의 사랑과 섬김을 실천함으로 자연스럽게 흘러 나가는 감동이 주가 되어야 한다.

정부나 국민 모두 통일에 대한 준비가 되어 있지 않다. 한국 교회의 지도자들과 교인들 역시 마찬가지다. 축복받은 통일이 되기 위해서는 한국 교회가 통일에 대한 영적, 심리적, 사회적, 선교적, 경제적 준비를 시급히 해야 한다.

Chapter 2

또 하나의 핵폭탄급 변수, 통일

통일 한국, 얼마나 준비되었을까

6·25전쟁 이후 한국 교회는 지금까지 남북통일을 간절히 기도해 왔다. 지금은 "한국 교회는 과연 통일에 대한 준비가 되어 있는가?"라는 질문을 심각하게 던져야 할 때다. 이제는 통일이 '마음속으로 바라는 미래'가 아닌, 한 세대 안에서 충분히 '실현 가능한 미래'의 테두리 안에 들어왔다.

그런데 필자가 분석하기에 정부나 국민 모두 통일에 대한 준비가 되어 있지 않다. 한국 교회의 지도자들과 교인들 역시 마찬가지다. 축복받은 통일이 되기 위해서는 한국 교회가 통일에 대한 영적, 심리적, 사회적, 선교적, 경제적 준비를 시급히 해야 한다. 이런 준비가 되지 않은 상황에서 갑자기 통일이 되면 북한 교회는 급격히 세속화되고, 남한의 교회들은 극심한 분열을 겪게 될 수 있다. 한국 교회 지도자들과 교인들은 통일이 가져올 유익한 점들만 기대하고 있을 뿐, 통일이 저주가 아닌 축복이 되기 위해 바쳐야 할 희생과 헌신에 대해서는 전혀 생각하지 않는다.

통일이 되면 나라가 발전하고, 교회 성장의 새로운 돌파구가 열리고, 신학교를 졸업한 신학생들에게 사역지가 생기고, 조선족과 연계되어 무궁한 기회가 열린다는 것만 생각한다. 물론 필자도 이런 의견에 전적으로 동의한다. 그러나 세상에 공짜는 없다. 하나를 얻으려면 하나를 희생해야 한다. 통일의 달콤함을 맛보기 위해서는 치러야 할 희생과 대가가 있다. 한국 교회와 교인들은 영적, 심리적, 사회적, 선교적, 경제적 희생을 하나도 치르지 않고 통일의 열매만 따 먹으려 한다. 로또를 사듯 아주 적은 희생과 대가만을 치르고 통일이라는 엄청난 대박을 손에 쥐려고 한다. 통일은 로또가 아니다. 수고하고 땀을 흘려야만 얻을 수 있는 가을 추수와 같다. 땀을 흘리지 않으면 통일은 축복이 아니라, 또 다른 분열과 고통을 가져다주는 사건이 될 수도 있다.

위험한 한반도 통일비용

1998년 민족화해협력범국민협의회에서 조사한 대국민 통일의식조사 결과에 의하면, 국민의 93.1%가 통일에 찬성하는 것으로 나타났다. 나이가 많을수록 '반드시 통일되어야 한다'는 응답이 많았다. 소수의 목소리이기는 하지만 20대에서 '통일되지 말아야 한다'는 응답이 다른 세대보다 더 많게 나타났다. 월 소득이 300~500만 원인 층이 상대적으로 다른 층보다 통일에 반대하는 응답이 많았다. 이는 젊은 청년들을 중심으로 통일에 대한 부정적인 분위기가 형성되고 있다는 사실을 보여 준다. 젊은이들은 그냥 이대로가 편하다고 생각한다. 통일이 되면 경제적인 큰 혼란이 일어날 것이고 남한 주민의 경제적 부담과 희생이 커질 것이기 때문이다.

통일에 대한 부정적 반응은 청소년층으로 내려갈수록 점점 더 커지고 있다. 같은 기관에서 청소년층을 대상으로 조사한 결과를 보면 통일에 대해 반대하는 응답이 통일에 대해 부정적인 청년들보다 거의 두 배나 많았다. 그리고 2004년, YMCA의 조사에 의하면 청소년의 40%가 통일되지 않았으면 한다고 응답했다. 갈수록 통일에 대한 부정적인 응답이 증가하고 있다. 더 심각한 결과는 이것이다. 청소년들 가운데 '북한 민족을 같은 민족으로 생각하지 않는다'는 응답이 무려 30% 가까이 나왔다는 점이다.

통일을 부정적으로 보는 것은 참으로 근시안적이며 어리석은 생각이다. 그렇다고 통일에 찬성하는 사람들의 생각이 깊은 것은 아니다. 통일 이후 일어날 갖가지 문제에 대해 전혀 준비가 되어 있지 않고, '정부가 다 알아서 하겠지' 하는 막연한 낙관주의만 갖고 있다.

통일이 되면 여러 가지 문제가 발생할 것이다. 남북 간 체제 차이 및 상호이해 부족으로 인한 상호불신이나 이질감 문제, 심각한 경제적 격차로 인한 문제, 과다한 통일비용으로 인해 최소 10년 정도는 감당해야 할 경제적 침체 문제 등이다.

지금은 통일비용에 대한 감이 피부로 다가오지 않지만, 통일 후 천문학적인 통일비용이 지출되기 시작하면 문제는 달라질 것이다. 국민은 이전보다 더 많은 세금을 내야 하고, 북한 주민에게 일시적이나마 일자리를 내어 주어야 한다. 가뜩이나 통일을 달가워하지 않는 젊은이들이 늘어 가고, 청년실업이 늘고 있는 상황에서 세금이나 일자리 나눔 같은 사항들은 국민 전체의 불만을 가중시킬 요소로 작용할 것이다. 지금도 대북지원에 관한 설문조사를 하면 '기꺼이 모든 것을 희생해 가면서라도 적극 지원해야 한다'는 응답자는 10%에 지나지 않는다. 국민 대부분은 '적당히 지원해야 한다'는 응답을 한다. 이는 자신은 희생하지 않는 선에서 적당히 지원해야 한다는 정서를 반영하는 것이다. 통일 전에는 적당히 지원할 수 있다. 하지만 통일 후에는 적당히 지원할 수 없다. 온 국민의 적극적인 희생이 필요하다. 이런 상황이 실제로 벌어지면 갈등과 반목이 곳곳에서 일어날 것이다.

2009년 기준, 북한의 국민총소득(명목GNI)은 24조 6,000억 원으로 남한의 1,068조 7,000억 원과 비교해 37분의 1 수준이었다. 1인당 GNI도 123만 원으로 남한의 2,192만 원에 비해 17분의 1 수준으로 추정되었다. 1991년 남북한의 1인당 소득격차는 6.3배 정도였는데, 그 후로도 급격하게 벌어지고 있다는 말이다. 이런 상황에서 남북한이 통일될 경우 비용은 어느 정도가 들까?

통일비용을 추정한 금액은 기관마다 상당한 차이를 보인다. 바클레이스는 남한 GDP의 4~5% 정도, HSBC는 4.4% 정도, 피치는 3~4% 정도를 예상했다. 이는 대략 30~50조 원에 달하는 액수다. 하지만 한국개발연구원은 10% 내외를 예상했고, 조세연구원은 12%를 예상했다.

이는 대략 100~130조 원에 달한다. 필자가 보기에 이 비용들은 최소 비용에 불과할 것이다.

2009년 한국교통연구원이 '북한 교통인프라 현대화를 위한 재원조달 방안 연구' 보고서에서 남북 간 육상 및 해상의 교통망을 새로 확충하거나 연결하는 데 필요한 비용을 분석했는데, 10년 동안 대략 91조 1,502억 원이 필요할 것이라는 결과를 내놓았다. 현재 그 형편을 미루어 볼 때 북한이 이런 어마어마한 금액을 자체조달하는 것은 거의 불가능하다. 즉, 통일이 되면 남한 측의 몫으로 고스란히 전가될 것이다.

무상 보육, 무상 급식, 무상 교육은 어떻게 할 것인가? 무상 의료는 어떻게 할 것인가? 통일이 되면, 북한 대부분의 아이들과 주민들은 무상 복지의 대상이 된다. 국내의 한 경제연구소의 분석을 보니, 통일이 되면 북한 주민 약 2,000만 명이 곧바로 생활보호대상자가 될 것으로 예측했다.

북한에 있는 공장이나 주택도 노후화되어 있다. 공장이야 남한의 민간기업들이 투자와 비즈니스 차원에서 접근할 것이므로 정부의 돈이 당장은 들지 않을 것이다. 하지만 주택은 남한 분양가 수준의 절반으로 공급한다고 해도 북한 주민이 감당하기는 불가능하다. 정부가 공공주택을 지어 장기적으로 임대하는 수밖에 없다. 2006년 기준으로 2,311만여 명인 북한 주민에게 장기 임대주택을 제공하려면 300~400만 호를 신규공급해야 한다. 최소한 400~600조 원의 공공자금이 필요하다.

생계형 주택을 포함해서 도로망, 통신망, 철도망, 항만, 전력망, 상업용 및 황폐해진 농지 등의 북한 토지 개발비용 등 최소 인프라망을 현대화하는 비용만 10년 내 무려 1,000조 원 이상이 필요하다. 현재 우리나라 GDP의 10% 혹은 정부 예산의 33% 이상을 매년 북한의 인프라 재건비용으로 투입해야 한다.

  그런데 가장 중요한 문제는 통일 이후 북한 주민의 소득을 얼마나 빨리, 얼마나 많이 끌어 올리느냐다. 독일은 1990년 통일 이후 동독 주민의 평균소득을 서독 수준의 70% 정도까지 끌어 올리는 데 20년간 2,300조 원 정도를 투입했다. 매년 110조 원 정도 들어간 셈이다. 통일 당시 동독은 1인당 국민소득이 서독의 40%나 되었고 인구 수도 서독의 25%밖에 되지 않았다.

  이에 비교했을 때, 북한의 1인당 극민소득은 남한의 5.9%에 불과하고 인구도 남한의 50% 가까이 된다. 통일 후 북한 주민의 소득 수준을 남한 주민의 70%까지 끌어 올리려면 비용이 얼마나 필요할까?

  유럽계 투자은행인 크레디트스위스가 2008년 한 보고서에서 북한의 소득을 남한의 60% 수준으로 올린다는 가정하에 필요한 비용을 대략 20년간 1조 5,000억 달러(한화 1,680조 원 정도)로 계산했다. 10년간 인프라 구축과 20년간 북한 주민의 소득향상에 들어가는 비용을 합하면 2,680조 원을 넘는다. 삼성경제연구소도 통일 뒤 남한의 최저생계비 수준으로 북한 주민의 생활 수준을 끌어 올리는 데 지원해야 할 비용만 매년 40조 원이 될 것으로 추정했다. 매년 180~270조 원씩 통일 비용이 들어가야 하는 셈이다.

통일이 가져다주는 유익한 점들

그렇다면 과연 통일 독일의 사례에 비추어 볼 때, 한반도 통일의 득과 실은 무엇일까? 독일의 통일은 장기적으로 독일과 유럽 전체에 긍정적인 결과를 낳았다. 마찬가지로 한반도의 통일은 장기적으로는 정치, 경제적으로 우리나라와 아시아 전체에 긍정적인 결과를 낳을 것이다. 북한의 풍부한 자원을 활용할 수 있어 다가오는 자원전쟁과 미래의 경제성장에 긍정적인 힘을 부여할 것이다.

2009년 골드만삭스는 보고서를 통해 평양 주위에만 3조 7,000억 달러 상당의 광산이 있다고 밝혔다. 국내 학계는 북한에 200여 종의 유용 광물이 있으며, 이 중 북한의 가장 대표적 지하자원으로 최대매장량 50억 톤 정도(인도의 절반 수준)로 추정되는 철광석, 무게가 철의 25%에 불과해 고급철강제품 생산에 필수적인 마그네슘의 원료인 마그네사이트 40억 톤(1,260조 원 가치, 세계 1위 매장량이며 전 세계 매장량의 50% 보유), 현재 세계 1위인 호주의 130만 톤보다 훨씬 많은 400만 톤의 우라늄, 이 밖에도 금, 무연탄, 아연, 석회석, 갈탄 등 세계 10위 안에 드는 매장량을 보유한 자원이 많다고 밝혔다. 석유매장량도 대략 40~50억 배럴 정도(혹은 최대 230억 배럴)인 것으로 밝혀졌다. 이는 원유매장량 세계 20위인 인도네시아와 비슷한 규모다. 이외에도 북한에는 360여 종의 지하자원이 있는 것으로 분석된다.

또한 남한의 17분의 1밖에 되지 않는 북한의 낮은 소득 수준은 낮은 인건비의 여건을 제공하게 되어 통일 한국의 제조업에 새로운 경쟁력을 부여할 것이다. 인건비가 상대적으로 저렴한 중국이나 동남아로 옮겨졌던 공장들이 다시 국내로 돌아오게 되고, 단가하락이라는 위기에 처해 있는 전통적 산업에 새로운 성장동력을 제공하게 될 것이다. 이렇게 되면 남쪽은 첨단 산업 중심으로 지형도를 재편하면서 글로벌 전쟁에서의 집중도를 높일 수 있게 될 것이다.

또한 백두산을 중심으로 한 개마고원 일대가 알프스의 알펜시아처럼 환상적인 4계절 관광지로 개발되어 최고의 국제적 관광명소를 탄생시킬 수 있다. 부산에서 시베리아까지 철도가 연결되고, 부산에서 신의주를 거쳐 유럽으로 가는 도로가 개통되어 동북아 물류전쟁에서 상당히 유리한 고지를 점할 수 있게 된다.

이런 이점들 때문에 골드만삭스는 당장 통일되지 않더라도 남북한 경제통합만 이루어져도 1인당 국내총생산이 15년 후에는 3만 4,000달러를 넘어설 것으로 예측했다. 또한 한반도에서 핵무기 같은 대량살상 무기는 물론 재래식 무기 감축이 이뤄지고, 최고의 위협요소이던 안보적 리스크가 감소해 우리나라의 국가 신용도를 높이고 외국 투자자본의 유입 가능성을 높여 줄 것이다. 이런 뛰어난 장점들에도 불구하고, 단기적으로는 엄청난 경제적 충격과 사회적 갈등을 초래할 수 있다는 것이 '통일 딜레마'이다.

네 개의 통일 시나리오

통일은 어떻게 이루어질까? 필자가 예측하기에는 네 개 정도의 통일 시나리오가 가능하다. 첫째는 '전쟁의 회오리' 시나리오다. 이는 한순간의 오판 때문에 전쟁이 일어난 후 군사적으로 남한이 북한을 통일하는 시나리오다. 남한에 가장 충격이 클 것이며 동시에 가장 일어날 가능성이 낮은 시나리오다.

둘째는 '김정남 카드' 시나리오다. 북한의 현 정권이 짧게는 3년 이내, 길게 봐도 7~8년 이내에 급격한 붕괴를 한다. 혼란을 틈타 중국이 김정남을 북한의 새 지도자로 세운 후 좀 더 강력한 영향력을 북한에 행사한다는 시나리오다. 김정남 정권은 김일성의 가계를 잇긴 하지만 완전히 축출당한 전력 때문에 과거 정권과는 달리 남한과 우호적 관계를 맺을 가능성이 크다. 이렇게 되면 남한도 더욱 적극적인 경제협력을 통해 북한 재건에 도움을 줄 수 있다.

셋째는 '경제적으로 위험한 한반도' 시나리오다. 북한 정권의 급격한 붕괴 후, 남한이 북한을 평화롭게 흡수통일하는 시나리오다. 이 경우 남한에는 심각한 경제적, 사회적 위기가 닥칠 가능성이 크다. 이 시나리오는 현실화 가능성이 상당히 크다.

초기 몇 개월 동안의 통일 허니문이 끝나면, 준비되지 않은 급격한 흡수통일에 대한 불평이 쏟아지고, 통일 이후 전 국민이 감당해야 할 통일비용과 한국의 미래에 대해서 불길한 전망이 현실로 다가올 것이다. 통일의 이득을 맛보기도 전에 제2의 경제위기를 맞을지 모른다. 준비되지 않은 상황에서 발생한 통일로 엄청난 통일비용이 발생하리란 우려가 국내외에서 일기 시작하고, 통일 직후 북한 재건을 위한 비용이 상승하면서 국가부채 비율 역시 급속히 상승한다.

이에 따라 주식과 금융시장에서 단기적으로 외국자본이 빠른 속도로 빠져나가게 된다. 결국 달러 유동성이 단기적으로 경색되어 제2의 외환위기에 빠질 가능성이 커진다. 일부에서는 부족한 통일비용을 감당하기 위해 세금과 공공요금의 전격적인 인상을 단행하며, 노인과 서민에게 돌아가야 할 복지와 의료비용 등을 삭감해 재정지출을 줄이자는 주장이 거세질 것이다. 북한지역에서 일자리를 찾지 못한 200~300만의 주민이 대거 남쪽으로 밀려 내려오지만, 이미 남한 지역에도 오래전부터 청년실업과 은퇴자의 일자리 문제가 심각해져 있어 해결책을 찾지 못하는 상황이 벌어지면서 사회적 갈등이 순식간에 고조될 가능성이 크다.

물론 정부는 북한 주민의 저렴한 노동력 활용으로 인한 새로운 수입 창출, 통일이 가져다주는 군사적 안정성, 북한의 막대한 지하자원의 이득을 강조하며 국민과 여론을 달래겠지만, 이런 기대들은 상당한 시간이 흘러야만 가시적 효과가 나타나기 때문에 큰 효과를 보지는 못할 것이다.

넷째는 '또 다른 분단, 경제분할된 한반도' 시나리오다. 이 시나리오는 셋째 시나리오에서 발생하는 경제적 충격을 최소화할 수 있지만, 정치적 파급이 상당할 것으로 예상된다. 한국 정부는 천문학적 비용이 드는 독일방식의 즉각적 통일과 준비 안 된 통일로 인해 발생할 수많은 갈등에 대해 큰 부담을 느끼고 당분간은 국경을 유지하는 국가연합 형태의 중간단계를 주장할 가능성이 크다. 즉, 한국 정부가 문서상으로는 한국이 북한 영토를 흡수통일하되, 6자 회담 참여국인 미국, 중국, 일본, 러시아와 UN에 북한의 토지를 무상으로 장기임대해 주고, 파격적인 세금혜택과 제도 개선, 그리고 북한의 낮은 임금 제공 등을 내걸며 '경제분할 개발계획'을 발표하는 것이다. 한마디로, 북한을 재건하는 데 매년 180~270조 원씩 20년간 필요한 비용을 외국자본들에게 대부분 감당하게 하면서, 나타날 수 있는 경제적 위기를 미리 방지하자는 의도다.

이 계획이 발표되면 야당은 또 다른 분단과 식민지배를 조장하는 매국적 정책이라고 강력하게 반발하며 대통령 탄핵을 주장할 것이다. 하지만 정부와 여당은 이 정책으로 10~20년의 단기적 경제위기를 극복하고, 그 후에 실제적 흡수통일을 하면 정치, 경제적으로 우리나라와 아시아 전체에 긍정적인 결과를 낳을 것이라고 주장할 것이다.

급작스런 통일이 발발하는 방법

네 개의 시나리오의 출발점이 되는 통일은 어떻게 시작될까? 1994년 7월 김일성이 사망하고 1995년 극심한 홍수와 기근이 북한 전역을 휩쓸면서 행정력이 거의 마비되자 북한은 사상 처음으로 국제적 도움을 요청했다. 1996년부터는 탈북하여 중국으로 도망하는 사람 수가 급증했다. 1997년 4월 북한 주체사상의 핵심자로 알려진 북한 노동당 비서 황장엽 씨가 남한으로 망명하는 초유의 사태가 벌어졌다. 북한의 체제 유지에 커다란 변화가 보이기 시작한 것이다. 김정일의 리더십도 크게 타격을 받았다.

1998년 1월 미국 중앙정보국에서는 전현직 정보부 관리자, 군인, 학자, 동북아 군사전문가, 연구원 등 20여 명이 모여 비밀회의를 가졌는데, 이 자리에서 한반도의 미래를 위한 심층적인 토론이 벌어졌다(이들 중 남한 전문가는 소수였고, 북한 전문가는 거의 없었다고 한다). 이 토론회를 기반으로 1998년 1월 21일 미국 CIA는 총 36페이지 분량의 '북한 붕괴 시나리오의 시사점에 관한 연구'라는 한반도 관련 비밀문서를 작성했다. 2006년 미 의회의 정보공개법을 근거로 미국 조지워싱턴대학교 안에 있는 NSA National Security Archive와 우리나라의 한 방송사가 공동 노력한 결과, 이 비밀문서는 일반 시민이 열람할 수 있게 비밀 해제되었다. 그 자료에 의하면, 미국은 북한의 급속한 붕괴에 대비하기 위해 분단 상태에서 남북이 하나가 되는 시나리오를 기반으로 1997년 3월에 미국의 정보부처들이 합동으로 'Korean endgames'라는 시뮬레이션을 비밀리에 진행한 것으로 드러났다. 전문가들은 미국 정보기관들이 소련 붕괴 때에도 이런 종류의 시뮬레이션을 하지 않았다고 말한다.

1997년 미국은 북한에서 일어날 수 있는 '제한적 남침', '쿠데타'(혹은 내전), '남한 주도하의 평화적 통일'이라는 세 가지 시나리오를 작성하고 시뮬레이션을 돌렸다. 세 가지 시나리오를 기반으로 한 시뮬레이션들의 공통점은 모두 북한의 붕괴를 예상했다는 것이었다. 1997년부터 미국은 북한의 붕괴를 대비하고 있던 셈이다.

하지만 몇 개월이 지난 1997년 10월 김정일이 조선노동당 총비서에 성공적으로 취임해 권력장악에 성공하고, 1997년 12월 남한에서는 역대 대통령 중 가장 진보적인 김대중 대통령이 당선되면서 '햇볕정책' 같은 평화의 분위기가 만들어졌다. 그러자 1998년 1월 달라진 한반도

상황에 대응하기 위해 제4의 시나리오인 '북한이 급격하게 붕괴하지 않고 오랫동안 경쟁적 상존하는 시나리오'에 대해 전문가들과 토론하기 위한 모임을 비밀리에 다시 개최했다. 이 토론 자리에서 전문가 패널들은 북한이 장기간 존재하면서 통일이 더욱 늦춰지리라는 결론을 도출했다. 북한의 경제 위기는 국외원조의 도움으로 숨통이 트이기 시작했고, 남한도 IMF 구제금융사태를 당하면서 흡수통일을 할 경제적 여력이 없었기 때문에 남북한의 경쟁적 상존이 최소 5년 정도는 더 유지될 것으로 분석했다.

하지만 당시 예측과 다르게 북한 정권은 남한의 햇볕정책, 변함없는 중국의 정치, 경제적 후원과 수천 킬로미터를 날아가 미국 본토를 공격할 수 있는 핵무기 등의 대형살상무기를 기반으로 12년이 넘게 유지되었다.

그런데 상황이 다시 급변했다. 김정일이 사망했다. 그리고 김정은의 3대 세습이 시작되었다. 북한 주민의 경제적 상황은 악화해 정권에 대한 충성심이 크게 흔들리고 있다. 중국의 원조 역시 예전만 못하다. 북한체제에 변화의 조짐이 다시 일고 있다. 또한 남한 정부가 지난 10년간의 대북정책과는 정반대로 대북강경정책을 지속하면서 천안함 사태와 연평도 포격사건 이후 한반도에서 군사적 긴장상태도 더욱 커지고 있다. 미국 역시 대북강경책을 지속하고 있으며 1997년 당시처럼 다시 분주한 움직임을 보이고 있다.

2003년 미국은 이미 북한을 선제공격하는 시뮬레이션을 했다. 2003년 5월 30일 워싱턴의 국제전략연구소에서 벌어진 북한과의 전면전에 대한 시뮬레이션에서 슈퍼컴퓨터는 미국의 참패를 예측했다. 당황한 미국의 네오콘들은 같은 해 7월 펜타곤에서 두 번째 시뮬레이션을 진행했지만 역시 참패가 예측되었다. 북한은 2005년 2월 10일 핵보유를 선언했다. 북한을 무력으로 공격하려는 미국의 머리가 복잡해질 수밖에 없다.

  미국이 북한을 선제공격하려면 북한의 핵 공격을 방어할 미사일 방어체제MD를 좀 더 정밀하게 준비해야 한다. 물론 이 경우라도 북한에서 미국으로 날아가는 핵 탄두가 2~3개 정도면 완벽한 방어가 가능하지만, 10개 이상이면 미국 본토의 핵 방어체제를 100% 확신할 수 없다. 하지만 미사일 방어 계획은 총알이 총알을 맞추는 정도의 상상을 초월하는 정밀도를 요구하는 사항이라 미국 스스로 자신할 수 없는 전략이다. 그래서 미국은 북한을 고립시켜 스스로 붕괴하게 하는 전략이 가장 현실적이고 안전하다고 판단하고 있다. 북한의 핵실험 이후 UN을 중심으로 대북제재를 강화하고 있던 미국은 북한의 돈줄을 막는 등 대북제재에 더욱 고삐를 죄고 있다.

  앞으로 10년 이내 통일의 핵심변수는 김정은 정권의 안정성이다. 2014년까지 김정은 정권이 모든 권력을 안정적으로 장악하지 못하면 급작스런 사태가 발생할 가능성이 커진다. 필자는 2008년, 김정일이 지병으로 사망할 경우 김정은이 상징적 1인자로 전락할 가능성이 클 것으로 예측했다. 김정은은 아버지처럼 확고한 권력기반을 마련할 시간이 없고 명분도 약하기 때문에 후견인인 고모부 장성택 국방위원장을 중심으로 하는 김정은 지지 세력과 반김정은 세력으로 나뉘어 일촉즉발의 생사를 건 권력암투가 벌어질 가능성이 클 것으로 예측했다. 2011년 11월 17일 오전 8시 30분 김정일 국방위원장이 사망했다. 필자는 김정일 국방위원장의 사망이 공식 발표된 후 다음과 같은 시나리오를 SNS를 통해 발표했다.

김정은 정권에 대한 예측 시나리오

많은 사람은 김정일의 뜻밖의 사망으로 아직 후계 구도의 완성을 이루지 못한 김정은 정권이 빠른 속도로 무너질 가능성이 크다는 시나리오에 무게를 둔다. 하지만 속단하기에는 성급하다. 북한의 변화에 대한 또 하나의 시나리오를 검토해 볼 필요가 있다. 즉, '김정은 정권의 단기적(1~3년) 안정과 중장기적(5~10년) 급변사태'라는 시나리오다.

김정은, 8부 능선을 넘다

김정일의 사망은 51시간 30분이 지난 후 세계에 알려졌다. 짧지만 가장 중요한 바로 '그' 시간에 북한에서는 많은 사람이 우려한 급변사태는 일어나지 않았다. 이는 김정은이 북한의 권력 장악을 위한 8부 능선을 넘었다는 것을 뜻한다. '권력 장악'이라는 측면에서든 혹은 '권력 탈취'라는 측면에서든 이 시간은 '김정일의 사인'과 관련된 '명분 싸움'에서 가장 중요한 시간이다. 김정은 세력은 권력 장악을 위해 중요한 첫 번째 싸움에서 김정일의 사인이 암살이 아닌 자연사임을 부검을 통해 최종적으로 객관화함으로 반대 세력에 승리를 거둔 듯 보인다. 그리고 전 세계에 공식적으로 김정일의 사망을 발표하기 전까지 권력 장악을 위한 두 번째 단계를 아주 빠른 속도로, 그리고 아주 깔끔하게 처리한 것으로 분석된다.

그것은 아마도 군 강경파의 충성을 확인하고, 반김정은 세력에 대한 기습적인 제압과 주변 국가들에 대한 대응전략의 준비였을 것이다.

지난 1994년 7월 8일 2시 김일성 사망 시에도 김정일은 '부검'을 통해 사망에 대한 의혹을 빠르게 차단했고, 무려 34시간이나 미국과 한국 정부가 김일성의 사망 사실을 인지하지 못할 정도로 철저한 보안을 유지하면서 내부 장악에 성공했다. 김일성 사망 당시에도 장례식에는 '외국조문단의 방문'을 받지 않는다는 발표를 했다. 현재 진행되는 북한의 모습은 김일성 사망 당시의 전례를 그대로 따라 하는 듯 보인다. 김정일의 사망에도 김정은 세력들이 아주 침착하게 후속처리를 진행하고 있다. 종합적인 정황으로 볼 때, 김정일 사후 가장 위험스런 급변사태의 위기는 넘긴 듯하다. 즉, 최소 1~3년의 단기적인 정권 장악에 필요한 8부 능선은 넘었다. 만약 단기적으로 한 번의 위기를 꼽자면 김정일의 장례식이 끝나는 28일 전후일 가능성이 크다. 이 상황까지 큰 무리 없이 넘기게 되면 단기적으로는 김정은의 권력 장악은 거의 성공했다고 볼 수 있다.

김정일 사망 이틀 뒤인 19일, 북한 방송은 김정은을 공식적으로 지지했다. 김정은은 장례위원명단 1순위에 오르면서 공식적인 '상주'로서 인정을 받았다. 김정일 사망 공식 발표가 있었을 때 '애도'는 표현하면서도 김정은의 후계 승계에 대한 '인정'이라는 말은 하지 않던 중국도 곧바로 북한의 급변사태를 우려하면서 김정은 후계 체제를 인정했고 더 나아가 북한의 굳건한 후견자 역할을 자처했다. 또한 미국도 북한이 비핵화 의지를 재천명하면서도 평화적인 정권계승을 하기 바란다는 공식적인 입장을 밝혔다. 미국, 러시아, 일본 등 주변국들은 한반도가 급격한 변화에 휩싸이는 것을 당분간 꺼릴 것이다. 51시간 30분이라는 짧은 시간에 벌어진 일련의 사건을 통해 볼 때, 김정은 권력승계에 들어간 시간은 짧았지만 지난 1년 동안 최소한 김정은을 보호할 세력들에 대한 정, 관, 군 등의 포진이 완성된 것은 분명하다. 북한의 권력 특성상 1994년 김일성 사망 직후에도 김정일 정부의 안정적 권력승계와 장악에 대한 의혹을 품는 전망이 우세했음에도 김정일은 17년을 장기집권했다는 점도 고려해야 한다.

김정은과 북한정권의 미래

그렇다면 김정은과 북한정권의 미래는 어떻게 될 것인가? 김정은은 삼년상을 지내면서 아버지 뜻을 받든 '유훈 통치'를 실시할 것이다. 김정은의 '유훈 통치'는 3단계로 이루어질 것이다. 김정일 사망 후 1년은 '김정일'의 '영생'이라는 것을 빌미로 통치의 명분을 만들고, 2년째 해부터는 '혁명정신의 계승'을 통치의 명분으로 삼을 것이고, 3년째 해부터는 '개혁개방'과 같은 유화적 통치가 될 가능성이 크다. 그러므로 김정은은 김정일 장례가 끝난 후, 국가주석직보다는 총비서직에 추대될 가능성이 크며, 현재 일고 있는 심각한 경제난과 식량난이 호전되지 않고 있어서 국가주석직을 갖는 권력승계 선포를 상당 기간 미룰 것으로 보인다.

당분간 은둔하면서 주변국과의 관계에 대해 모색할 것이며, 삼년상을 내세워 효자의 모습을 보이고, 아버지의 유훈 통치와 실제로 북한의 군부와 정치를 장악한 고모부 장성택을 전면에 내세워 자신의 기반에 대한 안정을 확고히 하는 전략을 구사하면서 대내외적으로 어려운 시기를 돌파할 가능성이 크다. 또한 군부의 안정, 주체사상의 재강조, 신군부세력의 충성심 확인, 중국과 미국 등의 외부로의 지원에 중점을 둘 것이다. 간간이 군부 내 강경세력의 지지를 유지하기 위해 미국과 중국의 비위를 크게 상하게 하지 않는 범위에서 미사일 발사 혹은 국지적 도발을 할 가능성도 크다.

김정은 정권의 위기 발발

김정은 정권이 3년 이내에 급격하게 무너지려면 몇 가지 조건이 갖추어져야 한다. 군부의 반란, 내부 국민의 반란, 그리고 주변국의 외면이다. 이 세 조건이 동시에 갖춰져야 한다. 하지만 현재 북한은 중동 민주화 운동이 전 국민의 정치적 소요로 크게 확장되는 데 필요했던 조건들이 임계점을 넘지 못한 상황이다. 어린 김정은에 대한 불신, 더더욱 극심해진 경제문제로 북한 주민의 불만이 극에 달해 있는 것은 사실이지만, 국민의 불만이 거국적인 정치적 소요로 확장되기 위해서는 생생한 정보들을 순식간에 전달할 수 있는 핸드폰 같은 통신 디바이스(Device) 수량도, 마을 단위에서 일어나는 국민의 소요를 전국적으로 확장시킬 수 있는 네트워크의 연결도, 정치적 소요가 표출될 수 있는 공간도 충분하지 않다. 이 세 가지의 조건이 시너지를 일으킬 정도의 수준에 올라오려면 시간이 좀 더 필요하다. 주변국이 북한의 급변 사태를 인정할 만한 명분도 아직은 부족하다. 중국과 미국의 동북아 기본 전략은 특정 체제의 전복이 아니라 전략적 균형이다. 이 기본 전략을 뒤엎으려면 김정은 정권은 도저히 통제할 수 없는 정권이라는 확신을 가져야 한다.

마지막으로 김정은을 대항하는 일부 군부세력의 쿠데타 가능성이나 현재 김정은의 가장 강력한 후견인인 장성택의 반란 가능성이다. 하지만 이것도 아직은 낮은 가능성이다. 군사 쿠데타 측면에서 김정일 사망이라는 최고의 명분을 사용할 시기가 끝이 났다. 당분간은 더욱더 강력한 군부

감시와 통제가 이뤄질 것이다. 평양은 평상시에도 쿠데타군에 의한 빠른 점령이 어려운 지형적 특성이 있다. 중심부인 중구역과 모란봉 구역은 대동강에 의해 둘러싸인 호리병 형태를 띤다. 쿠데타 세력이 전차와 대규모 병력을 이끌고 평양으로 진입할 수 있는 곳은 칠성문 승리거리뿐이다. 이 길목에는 호위사령부와 평양 방위사령부가 철통같이 버티고 있다. 이 길목 외 중심부 진입이 가능한 통로는 평양 남쪽에 있는 다섯 개의 대동강 다리다. 이 다리들은 규모가 크지 않아 소규모 특전부대를 제외하고 대규모 병력이 진입하기는 매우 어렵다. 평양의 이런 지형적 특성은 진압군의 방어에 매우 유리하게 작용한다.

김정일이 자신의 삼촌이자 최고의 후견인이었던 김영주를 제거했음을 아는 장성택이 생존을 위해 김정은을 축출할 가능성도 아직은 크지 않다. 북한이 소련 등 동구 사회주의 국가나 중국의 군주제적 공산주의와는 다른 하나가 있다. 바로 신격화되고 왕조화된 세습적 왕정 통치체제다. 김씨 일가가 왕위를 승계하는 것이 국가의 가장 큰 존립기반이다. 그러므로 김정은이나 혹은 김씨 가문의 다른 혈족이나 혈통적 계승자가 나와서 김일성의 정신적 유산이나 혈통적 승계를 받아야 당, 군, 주민의 저항을 최소화하면서 지지를 받아낼 수 있다. 장성택이 김씨 일가를 밀어내고 왕권을 차지하게 되면 이는 '역성혁명'이 되어 왕조 붕괴와 국가 붕괴를 동시에 맞을 수 있다. 또한 정치적 공백이 크면 대체적 왕조가 세워지기 전, 북한의 핵무기로 인한 중국과 미국 등의 외부 개입 가능성이 더 높아진다.

이런 이유로 김정은 정권의 진정한 위기의 발발은 중장기적으로 전망해야 한다. 예를 들어, 김정은이 당분간은 장성택의 수렴청정 뒤에 숨는 것이 효과적이라고 판단한다면, 대략 30대 중반 정도가 되는 시점에서 본격적인 위기가 발생할 가능성이 크다. 그전까지 김정은과 장성택은 '잠재적 적과의 동침'을 지속하면서 지지 기반을 확고히 하기 위한 사상, 문화, 기술 혁신을 시도할 것이다. 동시에 김일성, 김정일의 우상화, 절대성, 절대 복종을 기반으로 하는 유훈 통치를 시도할 것이다. 이 기간이 대략 3~5년 정도가 될 것으로 예측된다. 이 단계가 지나면, 장성택을 비롯한 일가친척들과 김정은은 자신들의 장기적 정권안정을 위한 최후의 투쟁을 본격적으로 벌일 것이다. 또 하나의 변수는 3~5년이 지난 후 경제적 고통에 따른 국민의 불만이 거국적 정치 소요로 확장되는 데 필요한 세 가지의 조건의 성숙도다. 이 두 가지가 중장기적 시점에서 북한의 미래를 좌우할 중요한 불확실성이다. 북한의 진정한 급변사태는 중장기적인 시점에서 발발할 가능성이 커지고 있다. 이런 와중에 예전의 황장엽 같은 수준의 거물급 인사가 북한을 탈출할 가능성도 있다.

한국 교회, 통일을 위해 세 가지가 부족하다

통일의 시나리오가 어떻게 펼쳐지든지 상관없이, 한국 교회는 눈앞에 다가온 통일을 위해 다음 세 가지를 시급히 준비해야 한다. 첫째는 재정적 헌신이다. 7년 풍년 때에 곡식의 5분의 1을 모아 7년 흉년을 대비했던 '요셉의 곳간'을 마련하는 데에 교회가 시급히 앞장서야 한다. 통일 독일의 중추적 역할을 했던 서독 교회는 동독 교회를 재정적으로 돕는 사역을 통일 직전까지 실시했다. 이런 사역은 통일 직전까지 동독의 경제 상황을 서독의 40% 수준까지 끌어 올리는 데 크게 일조했고, 결과적으로 전체적인 통일 비용을 낮추는 데 기여했다.

둘째는 북한 교회의 영적 순수성을 지켜 줄 준비다. 한국 교회는 20세기 후반부터 전 세계에 가장 많은 선교사를 파송하고, 가장 열정적으로 선교를 감당했다. 하지만 부작용도 많았다. 조선족 교회들은 공공연하게 한국 교회가 손을 떼면 조선족 교회들이 회복될 수 있다고까지 말한다. 북한 교회는 지금 가장 힘든 시기를 지나고 있다. 초대교회 당시 로마와 유대인들에게 핍박을 받았듯이 피 흘림의 순교 위에 교회들이 세워지고 있다. 그러므로 지금이 가장 영적으로 순수하고 빛날 때다. 이미 세속화될 대로 세속화된 한국 교회는 북한 교회의 이런 영적 순수성과 열정을 지켜 줄 준비가 되어 있지 않다. 이런 상태에서 통일되면 악화가 양화를 구축하듯 북한 교회는 수년 내에 찢기고 타락하고 황폐해지고 세속화되어 버린다.

현재 북한 주민은 도저히 스스로 의식주를 해결할 수 없는 상황에서 극도의 분노와 좌절감으로 가득 차 있다. 이는 언제 극단적 행위로 폭발될지 모른다. 의식의 전환은 오랜 시간을 필요로 한다. 올바른 신앙을 가꾸어 가는 데는 의식 수준이 중요 부분을 차지한다. 믿음으로 구원을 받지만, 본래 가지고 있는 의식 수준이나 삶의 태도와 가치관은 쉽사리 변하지 않는다. 수십 년 동안 포악한 독재정권과 가난, 인권말살정책 아래에서 사고를 강요당해 온 북한 주민을 치유할 준비가 되어 있는가? 단지 구제하고 건물만 지어 주면 북한 교회의 재건이 끝난다는 위험한 생각을 하고 있지는 않은가?

셋째는 북한 주민의 인권을 보호할 준비다. 현재 한국에는 120만이 넘는 외국인 노동자들이 들어와 있다. 탈북자들도 2만 5,000명이나 된다. 우리는 이들을 어떻게 대하고 있는가? 이들의 상당수가 인권보호의 사각지대에 있다. 2만 5,000명의 탈북자들은 한국 사회에서 또 다른 하층계급민으로 살아가고 있다. 통일 후 2,500만의 북한 주민을 어떻게 감당할 것인가? 2만 5,000명도 감당하지 못하고 있는 한국 사회와 한국 교회가 과연 1,000배나 되는 2,500만 명의 북한 주민을 껴안을 수 있을까? 준비된 통일을 한 독일조차도 통일된 지 20년이 흐른 후에야 동독 지역에서 서독 출신 국회의원이 당선될 정도로 갈등의 골이 깊었다.

인권보호에 대한 의식과 행동이 현재와 같은 수준에서 통일된다면 학연, 지연, 혈연을 넘어선 새로운 계급사회가 만들어질 수 있다. 통일부 발표에 의하면, 이미 탈북자 수는 3년 전과 비교해 절반으로 줄었다. 김정은의 강력한 정책 때문이 아니라, 중국으로 탈출한 북한 주민이 한국으로 들어오기를 꺼리고 있기 때문이다. 정부의 탈북자 지원정책의 축소, 탈북자 취업률의 저조, 인권 문제, 범죄경력이 있는 탈북자에게 적용하는 비보호 탈북자 정책 등 때문이다.

한국 교회는 지금 무엇을 하고 있는가? 지금은 통일을 간절히 염원하는 기도로만 만족할 때가 아니다. 구체적인 준비와 훈련이 필요할 때다. 통일에 대한 단순한 감상적 접근은 통일을 재앙으로 만들 수 있음을 잊지 말아야 한다.

통일 후 독일의 위기탈출 전략에서 배운다

통일 이야기를 하면 상당수 지도자가 낙관론을 피력하면서 통일 이후에 찾아올 한국의 급격한 성장과 부흥만을 강조한다. 독일이 통일하면서 3,000조 원의 비용이 들었지만, 겉으로 엄살을 부린 것에 불과하고 실제로는 엄청난 유익을 얻은 것이라고 말한다. 현재의 유로존이 금융위기로 곤혹을 치르지만, 그 와중에도 독일이 경제적으로 튼튼한 이유를 통일의 힘에서 찾는다. 물론 필자도 이 의견에 동의한다. 통일 후 독일이 더욱 강력해져서 유로존의 다른 나라보다 현재의 경제위기에서도 상대적으로 강력하다는 것도 사실이다.

독일은 불과 10년 전까지만 해도 '유럽의 병자'로 불릴 만큼 통일 이후 경제 문제가 심각했다. 그러나 현재 독일의 탄탄한 경제상황은 유럽채무위기를 해결할 수 있는 유일한 희망이 되고 있다. 유럽 내 GDP의 30% 정도를 차지하고 있을 정도로 역내경제의 심장 역할을 하고 있다. 2011년 GDP 성장률도 3%를 기록할 정도로 탄탄함을 보인다. 독일이 이렇게 강해진 배경은 단순히 통일되어 분단의 긴장감과 위협이 사라지고, 인구가 증가하고, 양측 자원이 결합해 시너지를 일으킨 데에만 있지 않다.

그러므로 독일의 그런 사례를 아무런 조건 없이 우리나라의 통일 이후와 연결해 장밋빛 환상으로 만들어 내는 것은 극히 위험한 발상이다. 통일 이후 독일의 강력한 힘이 그냥 만들어진 것이 절대로 아니기 때문이다. 통일 이후 20년간 독일이 보인 노력을 우리도 '동일하게' 할 수 있다면 우리나라도 통일 이후 아시아에서 더욱더 강력한 나라로 부상하게 될 것이다. 물론 그런 영향에 힘입어 한국 교회도 재도약의 기회를 잡게 될 것이다.

독일이 되살아난 이유, 통일의 장점을 극대화할 수 있었던 비법은 어디에 있었을까? 그것은 바로 두 가지의 강력한 구조개혁 정책에 있었다. 2003년 독일 정부는 근본적인 구조개혁 카드를 꺼내 들었다. 이른바 'Agenda 2010'이라는 정책이었다. 이 정책은 노동자를 과잉보호하는 고용 관행을 바로잡는 개혁안이었다. 독일 정부는 이 개혁안을 통해 기업경쟁력 개선을 꾀했다.

우리나라는 통일되면 더욱더 강력한 노동자 보호정책을 사용할 가능성이 크다. 북한 출신 노동자들을 과잉보호하기 위해 다양한 정책들이 쏟아져 나올 것이다. 사회보장비용에 대한 기업부담이 커지고, 근로자의 해고가 어려워지고, 정규직 고용에 대한 압박도 커지게 된다. 이렇게 되면 기업들은 정규직의 신규고용은 최대한 억제하고, 은퇴는 빨리 시키고, 직접고용을 하지 않고 하도급을 더욱 늘리는 방향으로 선회하게 된다. 이런 상황이 오래 지속되면 2,500만이라는 인구가 더 늘어난 통일한국은 고실업상태에서 오랫동안 허덕이게 될 것이다.

통일이 되면 북한의 저임금 근로자들 덕택으로 기업 경쟁력이 좋아질 것으로 생각하는데 이것은 착각이다. 북한 근로자들은 자신들의 현재 임금이나 복지 수준에서 약간 높은 수준을 원하는 것이 아니라, 현재 남한 근로자의 수준을 원할 것이다. 북한의 낮은 임금이라는 매력은 순식간에 사라진다. 그리고 현재 남한 기업들의 역량만으로도 이미 북한에서 새로 발생하는 시장규모에 맞는 상품과 서비스를 추가로 생산할 수 있기에, 기업들이 북한의 전체 근로자들을 고용할 필요가 없다. 정치권과 정부가 북한 주민의 표를 의식해서 강력한 근로자 보호 정책을 사용하면 남한 기업에는 고용 비용만 높아질 뿐이다. 고용 비용이 높아지면 기업의 투자력, 수익력이 나빠지고, 그 결과 고용이 불안정해져 실업률이 상승하는 악순환 구조를 만들게 된다. 이는 사회불안과 경제성장 장애요인으로 작용하여 '만성적인 통일병'을 불러올 수 있다.

'Agenda 2010' 정책의 또 다른 핵심은 이것이다. 독일 기업들에게 적극적이며 대규모의 해외직접투자를 늘리도록 유도해 국제분업체제를 정착시킨 것이다. 경제의 하향 평준화라는 통일 후유증으로 내수시장이 구조적 불황에 빠지면서 기업성장은 둔화하고, 수익 저하가 발생하고, 기업들의 국내 투자가 지연되자 독일 정부는 대안으로 국외진출과 다국적화를 강력히 시행하기로 한 것이다. 이런 정책을 통해 독일 기업들은 대외 수출이 크게 증가했다. 그 결과 2010년 말 기준으로 독일의 직접 국외투자 잔고는 1조 4,213억 달러에 이르러 미국, 영국, 프랑스에 이어 세계 4위에 올랐다. 이 때문에 기업경쟁력이 높아지기 시작했고, 독일 내부에서도 고용과 소득의 안정이 이루어지면서 내수시장의 견고성을 높일 발판을 마련하게 되었다.

여기에 유로존이 경제적 통합이 되면서 유로화의 통화가치가 하락한 것도 독일의 회생에 유리하게 작용을 했다. 그리고 유로존의 통합으로 남유럽의 상대적으로 저렴한 노동력을 활용할 수 있었다. 독일 외부에서 낮은 가격으로 농수산물과 생필품이 유입되고, 임대차보호법을 강화하면서 전체 인구의 90%가 넘는 월세자들을 강력히 보호하면서 집

값을 안정화한 것 등이 어우러져서 독일 물가가 상당기간 안정된 것도 중요한 요인이다. 그뿐 아니라 독일 정부가 오랫동안 제조업 중심의 중소기업 육성정책을 시행하여 세계적 수준의 중소기업들을 육성한 것도 큰 요인이었다.

다음 그림처럼, 이런 모든 정책이 한데 모여서 이루어진 것이 현재 독일의 모습이다. 즉, 동서를 하나로 합쳤더니 자연스럽게 강력한 독일이 만들어진 것이 절대로 아니라는 말이다. 이렇게 강도 높은 개혁정책을 펼치면서도 통일 후 20년간 대략 3,000조 원 정도의 통일 비용이 들었다는 것을 명심해야 한다. 통일은 낭만이나 환상이 아니다. 통일은 현실이다.

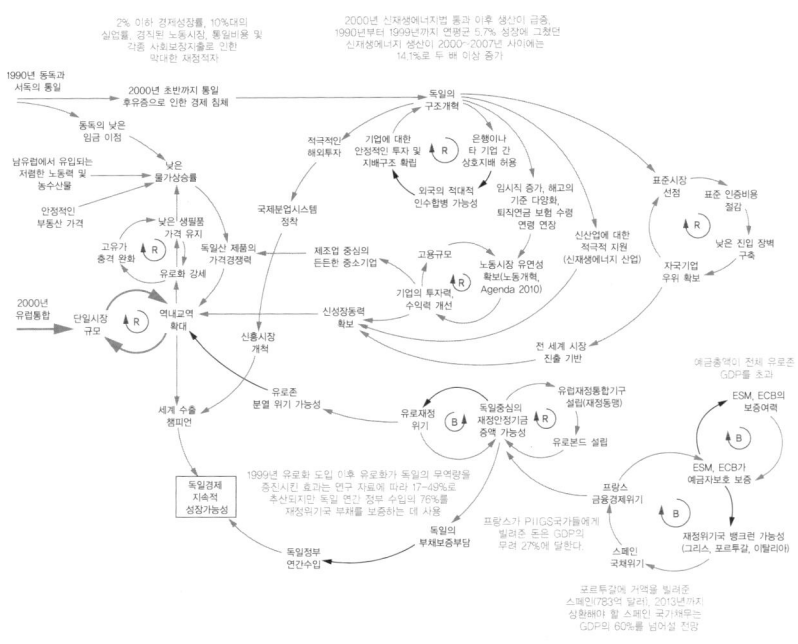

복음적 평화통일은 가능한가

교계에서 통일이라는 이슈를 다룰 때면 늘 빠짐없이 등장하는 말이 '복음적 평화통일'이다. 미가서 4장 3절, "그가 많은 민족들 사이의 일을 심판하시며 먼 곳 강한 이방 사람을 판결하시리니 무리가 그 칼을 쳐서 보습을 만들고 창을 쳐서 낫을 만들 것이며 이 나라와 저 나라가 다시는 칼을 들고 서로 치지 아니하며 다시는 전쟁을 연습하지 아니하고"라는 말씀처럼 한반도에서 남북이 서로 창칼을 겨누는 전쟁이 다시는 일어나지 않고 평화롭게 사는 세상을 교회가 앞장서서 만들자는 것이다.

그러나 필자는 복음적 평화통일의 구체적인 모습을 단순하게 전쟁 없이 평화롭게 통일되는 수준만으로 국한하기를 원치 않는다. 진정한 복음적 평화통일이란 한국 교회가 통일 이후 갈 길을 잃고 방황할 가능성이 큰 한국 사회에 월터 브루그만이 제시한 '대안적 공동체'로서의 모습이 되는 데까지 나아가는 것이라고 본다.[13]

통일의 이전 단계에서도 교회가 그리스도의 복음과 사랑으로 주체적 역할을 감당해야 하지만, 통일 이후에도 그리스도의 복음과 사랑을 기반으로 한 '혁명적 가치'를 실현하면서 통일한국에 발생할 수 있는 수많은 문제를 주체적으로 해결하는 대안적 공동체가 되어야만 한다.

통일 전부터 서독 교회는 동독 교회를 위해 교회예산의 42%를 나누는 혁명적 가치실현을 단행했다.[14] 서독 교회와 동독 교회는 통일 전에도 예배 후 친교 시간에 통일과 자유에 관해서 이야기하고 기도하고 통일에 필요한 실제적 필요를 준비하고 경제적 교류를 하는 장소였다. 이들의 실제적인 믿음의 행동은 독일 통일에 결정적 역할을 했다. 동독 니콜라이교회의 목사였던 라이스Peter Leiss는 당시 상황을 이렇게 회상했다.

라이프치히는 자유와 통일운동의 핵심 역할을 했는데, 라이프치히에 소재한 니콜라이교회에서 매주 월요일이면 월요기도회를 가졌다. 1984년 15명으로 시작하였으나 1989년 9월에는 3,000명이 모일 만큼 규모가 커졌다. 이곳은 어느덧 기도와 집회의 중심지가 되었다. 1989년 9월 4일 월요기도회 후 사람들은 집회를 시작했는데 9월 18일 기도회에는 10만 명으로 집회 군중이 증가하고, 그것이 10월 7일(토)에는 동독 건국 40주년 기념일로서 베를린으로 옮겨져 더욱 큰 집회가 일어나게 되었고, 10월 9일(월) 라이프치히의 니콜라이교회에서 일어난 집회는 동독 공산주의 해체의 결정적 사건이 되었다. 이때 30만 명 이상의 집회 군중이 몰려왔기에 경찰도 공격을 포기할 수밖에 없었다. 15)

이런 기도 모임 이외에도, 서독 교회는 1950년대부터 교회 자체 재원과 헌금, 현물 이전, 그리고 서독정부에서 위임받은 정부예산을 가지고 동독 교회를 돕는 나눔 사역을 통일 직전까지 실시했다. 이런 사역을 통해, 통일 직전까지 동독의 경제 상황은 많이 회복되었다. 이러한 사역은 결과적으로 전체적인 통일 비용을 낮추는 데에 기여했다.

서독 교회는 통일된 뒤에도 큰 역할을 감당했다. 서독 개신교의 이런 사역에 자극받은 서독의 가톨릭 교회도 1990년까지 약 7억 마르크의 재정을 지원했다.[16] 서독 교회가 지원한 재정은 동독 교회 목회자의 급여, 교회와 부속건물의 유지, 교회가 운영하는 병원, 양로원, 간병원, 직업훈련소, 유치원 등에 사용되었다. 서독 교회는 이러한 지원을 통해 통일 후 벌어질 사회적 갈등을 최소화하는 데 일조했고, 무신론적 사회주의에서 복음이 확산되게 했으며, 동독 교회와 힘을 합쳐 독일의 평화와 정의를 주장했고, 통일 이후 독일 교회의 성장에도 이바지했다.

이처럼 독일의 통일과 안정의 배후에는 교회의 역할이 한몫했다. 독일의 사례를 교훈 삼아 우리나라도 진정한 복음적 평화통일의 기틀을 마련해야 할 것이다.

1. 2030 미래 패러다임 – 윤리 전쟁
가상공간에서 영생을
현실국가와 가상국가의 대충돌
에너지 2.0 전쟁
무인자동차와 하늘을 나는 자동차의 시대
사람과 로봇 간의 전쟁
화성 식민지 건설
생명을 재창조하는 인간
나노 기술, 인간이 창조하는 새로운 지구
윤리 전쟁이 시작된다

2. 2040 미래 패러다임 – 환상 사회
역사를 바꾼 세 가지 패러다임
환상 사회 패러다임 1. 3차원 지능 신경망 사회
환상 사회 패러다임 2. 팍스 아시아나
환상 사회 패러다임 3. 영성 사회

3. 미래 변화 속에서 살아남기 위해 필요한 것들
미래 변화에 대한 방향감을 갖고 있는가
변화의 속도에 적응하고 있는가
변화와 기회의 타이밍을 꿰뚫고 있는가
미래 변화의 세 가지 지역화
지속가능한 생태계 구축 능력을 갖고 있는가

PART 4

2030~2040
미래 교인들이
살아갈 세상

가상공간에서 기억을 주입한 인공지능 아바타가 영생하는 시대, 인간의 유전자를 조작해서 인간의 탄생까지도 선택하는 시대, 병이 들면 모든 장기를 다 새것으로 교체하여 완벽히 새로운 인간으로 재탄생하는 시대가 되면 어떻게 될까? 인간복제 기술을 통해 잃어버린 자식을 다시 탄생시키고, 인간의 몸에 사이보그 기술을 접목해 기계 인간을 만들고, 화성에 식민지를 개척하여 하나님이 주신 이 지구를 떠나 살 수 있는 시대가 오면 어떻게 될까? 이 예측들이 현실화되면, 창세기에 기록되지 않은 새로운 인간이 출현할지도 모른다.

Chapter 1

2030 미래 패러다임
- 윤리 전쟁

가상공간에서 영생을

앞으로 10년 이내에 스마트 모바일, 증강현실, 홀로그램, 3D 입체, 초고속 3D 네트워크 기술, 위치 추적 기술, 인공지능, 가상현실, 클라우딩 컴퓨팅 기술, 유비쿼터스 기술들이 급속히 융합될 것이다. 가상과 현실의 구분 파괴로 새로운 세상이 만들어질 것이다. 컴퓨터와 인터넷이 중심이 된 지난 50년간의 전기 정보화시대는 현실공간과 대비되는 가상공간이라는 새로운 세상을 만들어 냈다. 후기정보화사회는 모니터를 경계선으로 했던 현실공간과 가상공간의 경계가 허물어지고, 모니터 없이도 현실공간에 가상과 현실이라는 두 개의 공간이 동시에 존재하는 시기가 된다.

첫 번째 인터넷 혁신은 이 세상에 존재하지 않던 가상세계를 만들었다. 초기의 가상세계는 텍스트 속에 존재했다. 가상의 세계를 '글자'로 전달하고 구성했다. 그 후 가상세계는 '이미지'로 옷 입혀지면서 날개를 달았다. 글자와 이미지로 구성된 가상세계는 엄청난 속도로 현실세계의 사람들을 가상세계로 흡수했다. 그리고 정지된 이미지는 움직이는 이미지로 진화했다. 글자와 이미지로만 구성된 가상공간이 움직이는 3D 가상공간으로 진화하자 엄청난 변화가 이루어졌다. 자신의 분신인 아바타를 통해 마음껏 달리고 날아다닐 수 있는 움직이는 공간, 2D보다는 더 강력한 감정이입이 가능한 공간이 이루어졌다. 이 공간은 사람들에게 새로운 세상의 가능성을 알려 주었다.

이러한 가상세계는 아직 모니터 안에 갇혀 있다. 그런데 10년 이내에 모니터 밖으로 가상세계가 튀어나올 것이다. 2020년경이면 홀로그램 모니터가 사용될 가능성이 크다. 홀로그램 기술은 이미 활발하게 사용되고 있다. 지난 미국 대선에서 CNN은 수천 킬로미터 떨어진 곳에 있는 아나운서를 홀로그램으로 불러들여 동시에 생방송을 진행했다. 홀로그램 기술을 활용한 상품 설명회 등이 유행하고 있다. 홀로그램은 가상의 영상을 만드는 것이기에 손으로 만져 잡거나 촉감을 느낄 수 없었다. 그런데 이제 홀로그램 물방울을 손 위로 떨어뜨리면 물방울의 촉감까지 느끼게 하는 기술 수준까지 올라섰다. 가상의 영상이 이미지만이 아니라 촉감까지 전달하게 되면 가상인지 현실인지 구별하기가 어렵다. 홀로그램 등 가상의 물건이나 사람에 대한 반응도 바뀌고 있다.

일본에서 가상게임 캐릭터인 하츠네 미쿠를 홀로그램으로 무대 위로 불러내 노래를 부르게 하는 콘서트가 열렸다. 수천의 청소년이 이 가상

콘서트에 모여서 실제 가수들이 공연할 때와 똑같이 형광봉을 흔들며 열광했다. 그들에게는 이미 가상과 현실의 구별이 의미가 없어졌다. 이제 가상현실을 이용한 전에 없던 새로운 산업이 만들어지고 있다.

2016년경이 되면 가상현실 기술이 가상세계에 도입되면서 느끼는 공간, 실재로 편입되는 공간이 만들어진다. 이미 가상현실 기술은 수천 킬로미터 떨어진 사람들이 가상현실 장비를 갖추고 사이버섹스를 할 수 있을 정도로 발달했다.

인공지능 기술과 유비쿼터스 기술이 융합되면 어떻게 될까? 컴퓨터가 사라지는 시대, 가상과 현실의 구별이 파괴되는 시대, 지능형 컴퓨터와 지능형 네트워크가 통합되면서 가상공간이 나의 욕구를 알고 스스로 나에게 맞춰서 접속해 오는 '지능형 3D 네트워크 세상'이 완성된다. 필자는 이런 세상을 '가상세계의 현실세계로의 탈출, 현실세계의 가상세계로의 흡수'라고 표현한다.

이런 변화들로 만들어질 미래는 작게는 도시, 크게는 지구 자체가 컴퓨터가 되는 세상이 된다. 인간이 컴퓨터 속에 사는 느낌이 드는 시대, 내게 필요한 정보가 스스로 알아서 나를 찾아오는 시대, 가상이 현실을 지배하고, 가상의 지식이 현실의 상품을 지배하는 시대, 지능형 3D 가상공간 안에 가상의 정부, 가상의 정치, 가상의 회사, 가상의 학교, 가상의 사회가 만들어지고, 이들이 현실 세계와 절묘하게 결합하는 시대가 10년 후에는 만들어질 가능성이 크다. 2030년 이후가 되면 영화 '아바타'에서와 같은 가상사회 구현이 가능한 기술이 개발되면서, 가상의 나와 현실의 내가 서로 연동되는 사회가 될 것이다. 이미 우리나라도 현실과 가상의 통합을 위한 '인체 감응 솔루션' 연구단을 발족하

고 정부가 예산을 지원하고 있다.[17]

　이 과정에서 사람들 간의 소통방법도 변화해 갈 것이다. 이미 유무선 전화 서비스 산업은 소통의 절대 강자의 자리를 내놓고 사양산업이 되어 가고 있다. 국내의 전화 서비스는 이미 포화상태다. 전화 서비스 산업의 핵심은 인구다. 인구가 줄면 함께 줄어든다. 다른 산업이야 국내 시장이 줄면, 국외로 진출해 돌파구를 마련하면 된다. 하지만 전화 서비스 산업은 사정이 다르다. 우리나라 통신회사들이 미국에 가서 통신사업을 할 수는 없다. 글로벌화가 거의 불가능하다.

　소셜 미디어 혁명 시대의 부산물로 탄생한 스마트폰은 엄밀히 말하면 전화가 아니다. 스마트폰은 언제 어디서나 커뮤니케이션할 수 있도록 도와주는 '손안의 단말기'이다. 스마트폰에는 전통적인 전화방식 이외에도 다른 사람과의 소통을 가능하게 하는 기능들이 들어 있다. 이제 사람들은 더는 전화통화에만 의지해 소통하지 않는다. 오히려 블로그, 트위터, 페이스북, 세컨드라이프, 이메일, 문자, 스카이프, 페이스타임, 스마트TV 등으로 더 많이 소통한다. 조만간 로봇과 인공지능도 새로운 소통의 도구로 주목받게 될 것이다.

　미래에는 사람과 사람의 소통, 사람과 사물의 소통, 사물과 사물의 소통 등으로 소통의 영역이 확장된다. 사람과 로봇의 소통, 사람과 건물의 소통, 건물과 건물의 소통, 사람과 상품들의 소통 등 새롭고 무한한 소통의 대상이 생긴다. 즉, 전 세계의 모든 것이 소통의 대상이 된다. 이들 각각의 새로운 소통의 관계 속에서 새로운 통신 비즈니스가 발생한다. 사람과 사람은 전화를 사용하면 되지만, 사람과 사물의 소통, 사물과 사물의 소통은 전화버튼을 누르는 방식으로는 불가능하다.[18]

아쉽게도 우리나라는 이런 세상이 열리는 첫 출발점에서부터 글로벌 시장에서 밀리고 있다. 가상과 현실의 구별이 없어지는 세상의 첫 단계는 기존 산업들과 IT와의 융합이다. 1차 인터넷 혁신 때는 인터넷과 컴퓨터를 대표로 하는 IT가 하나의 산업으로 존재했다. 그러나 2차 인터넷 혁신(가상혁신)이 이뤄지면서, IT는 모든 산업의 기초로 작용하는 인프라가 된다. 즉, IT 기술을 융합하지 않으면 그 어떤 산업도 제2차 진화를 할 수 없을 정도로 IT가 생존을 위한 기본적인 인프라가 된다는 말이다. 영국에서는 종이 처방전이 사라지고 IT 기술을 헬스케어 부분과 융합해서 언제 어디서나 병원의 병상 상태를 보고 병원을 예약, 선택할 수 있는 서비스를 선보였고, 심지어는 의사의 처방전도 인공지능이 대신해 주는 실험을 하고 있다. 국가 예산도 연간 5,500만 파운드(약 1,900억 원)나 절약했다. 미국에서도 3D 가상공간을 활용해 환자가 의료 상담 및 진료서비스를 받을 수 있게 하는 실험을 진행 중이다.

국내에서는 융합사업에 들어가는 IT 서비스 시장 규모가 앞으로 2~3년 내 20조 원을 돌파하리라 예측되지만, 외국계 기업들에 시장을 빼앗길 위험이 크다. 지금까지는 우리나라가 세계 수준의 초고속 인터넷망과 휴대폰, 반도체 등을 중심으로 1차 인터넷 혁신을 주도해 왔지만, 앞으로 벌어질 2차 인터넷 혁신은 IT 기술을 기본적 인프라로 하고 그 위에 다른 산업들을 얼마나 창조적으로 융합하느냐가 중요하다. 이는 녹색성장을 위한 이산화탄소 감축에도 크게 이바지할 수 있다.

앞으로 IT를 중심으로 의료, 금융, 통신, 방송, 자동차, 조선, 건설, 섬유 등 전혀 다른 이종 분야들과의 접목이 활발하게 이루어질 것이다.

대표적 굴뚝산업인 조선업체도 이미 무선인터넷망을 이용해 생산성을 높이고 있다. 그리고 모바일 기술을 활용해 자동차를 원격 검침하거나 차량 도난방지, 긴급구조 통신, 원격 시동 등의 기능들이 다양하게 시도되고 있다. 선진국에서는 이런 시도들이 이미 빠르게 진행되고 있다. 물론 이 과정에서 산업지형도의 큰 변혁이 따라올 것이다.

두 번째 단계는 인터넷 등 가상공간의 접속이 유선에서 모바일로 급속히 전환되는 것이다. 현재 이 단계도 진행되고 있다. 700MB 영화 한 편을 내려받는 데 몇 초면 충분하고, 시속 100km 이상으로 달리는 차 안에서도 HD급 영상의 송수신이 수십 초 내에 가능해지는 꿈의 4G 기술이 본격적으로 상용화되면 가상세계와 현실세계의 경계 파괴는 더욱더 빨라질 것이다.

이러한 두 가지 요소는 가상과 현실의 구별이 없어지는 세상의 첫 출발이자 다음의 혁신적인 변화를 위한 기초단계다. 유무선 통신망과 IT 기술을 기반으로 하는 융복합 아이템 때문에 전 세계의 사람들이 사무실과 거리 등 어느 곳에서든지 도망갈 수 없을 정도로 굳건하게 연결되는 단계가 완료되면 드디어 가상공간이 24시간 나의 몸에 밀착되어 존재하는 기본적 환경이 마련된 셈이다.

그러면 세 번째 단계가 찾아온다. 즉, 지금까지의 이런 환경 위에 스마트 모바일, 증강현실, 홀로그램, 3D 입체, 초고속 3D 네트워크 기술, 위치 추적 기술, 인공지능, 가상현실, 클라우딩 컴퓨팅 기술 등이 빠르게 결합하고 확장되면서 가상이 현실로 튀어나오는 것이 가능하게 되는 단계다. 이제 개인이 정보를 찾는 것이 아니라 똑똑한 정보가 개인을 알아서 찾아오는 시대가 된다. 즉, 시시각각 변하는 개인의 목적에 최적화된 정보를 최적의 시간에 자동으로 받아 볼 수 있는 일명 '프리미엄 날리지' Premium Knowledge의 시대가 오게 된다. 이런 환경이 구축되면 기존의 포털, 스마트폰, 검색이 사라지고 대신 수많은 창의적 산업이 새로이 태동하게 될 것이다.

앞으로 10년 이내에 사라질 것들로는 무엇이 있을까? 대표적인 것이 전통적인 컴퓨터, 전통적 하드웨어 단말기(핸드폰, 아이패드, TV 등) 검색엔진, 포털 등이다. 전통적인 컴퓨터의 기능을 뛰어넘는 디스플레이가 등장할 것이다. 즉, 디스플레이에 컴퓨터 기술이 다 들어가 버리고, 그 형태 또한 종이재질이냐, 단단한 유리재질이냐, 유연한 필름 같은 재질이냐의 차이만 존재한다. 물론 한 회사가 다양한 사이즈를 다 만들어 버리기 때문에, 이전에 일부 기능을 구현하는 데 필요했던 하드웨어 단말기는 다 사라진다.

검색엔진의 미래는 어떻게 될까? 검색엔진은 정보의 바다에서 자기가 원하는 정보를 찾아 주는 '텍스트 검색'에서, 믿을 만한 사람의 답변을 통해 빠르게 정보를 얻는 '네이버 지식인 검색' 같은 형태로 발전했다. 그리고 엄청난 속도로 증가하는 정보의 쓰나미 때문에 검색을 포기하고 대신 SNS를 통해 믿을 만한 사람이나 집단지성에 답을 구하는 검색으로 변하고 있다. 종국에는 이것에도 불편함을 느끼게 되어, 믿을 만한 정보가 나에게 스스로 접속해 오는 시대로 전환될 것이다. 현재의 포털이나 검색엔진은 내가 인터넷에 접속을 하는 패러다임에서 존재하는 비즈니스다. 하지만 내가 접속을 하지 않아도 정보가 스스로 알아서 나에게 접속해 오는 시대가 되면 우리는 검색엔진이나 포털의 필요를 느끼지 않게 된다. 그러면 현재의 포털이나 검색엔진은 유즈넷, 텔넷, FTP처럼 사람들의 기억 속에서조차 완전히 사라질 것이다. 현재 지난 10여 년 동안 세상을 호령했던 이메일이 거의 사라져 가는 위기에 처한 것처럼 말이다.

참고로, 2017년이면 인터넷 접속 평등이 완성되고, 2018년이면 고속도로 자동화 기술이 가능해지고, 2020년이면 3D 인텔리전트 유비쿼터스 환경이 완성되고, 2022년이면 가상현실이 보편화된다.

2030년 이후가 되면 3차원 가상혁신이 완성되어, 가상과 현실의 구별이 완전히 사라지면서 한 인간의 기억과 역사가 가상공간의 아바타에 주입되는 시대가 된다. 그리고 그 아바타는 실제 인간이 죽더라도 가상공간 안에서 영생하는 시대가 된다. 한마디로, 지옥과 천국의 중간지대인 가상공간에서 또 다른 내가 영생하는 시대가 된다. 선악과를 따 먹고 에덴동산에서 쫓겨나 영생을 박탈당했던 인간이 가상공간에서 자신의 기억을 주입한 인공지능 아바타를 통해 영생을 꿈꾸는 새로운 시대가 시작되는 것이다.

현실국가와 가상국가의 대충돌

현실 세계에서 실체가 없는 한 사이트를 국가의 개념으로 말하는 학자들이 생겨나기 시작했다. 바로 '페이스북' facebook에 대한 이야기다. 템플대학의 데이비드 포스트 법학과 교수는 "페이스북은 근대 민족국가와 비슷하게 사람이 모이게 하고 스스로 운명을 결정하도록 하는 역할을 한다"고 분석했고 정치학자 베네딕트 앤더슨 역시 "페이스북은 상상 속 공동체"라면서 "사람들은 그 속에서 수백만 명의 익명 동료나 시민과 유대감을 느끼고 있다"고 지적했다.

10억 명을 돌파한 이 거대한 인터넷 사이트는 인구 규모 면에서 중국과 인도에 이어 세 번째로 큰 국가에 해당한다. 미국과 유럽에서는 나라 전체 인구의 30~50%가 페이스북 계정을 보유하고 있을 정도로 광대한 대륙에서 가입자를 폭발적으로 늘려 나가고 있다. 페이스북은 자체 경제도 확장시켜 나가고 있는데, 올해 초 도입된 '페이스북 크레디트' facebook credit는 국가별로 통화가 다르더라도 이에 구애 없이 온라인상에서 자유로운 상거래를 할 수 있도록 해 준다. 그리고 거래마다 30%의 '세금'까지 징수한다. 온라인 포럼을 통해 의견을 수렴하고 약관도 변경하는 등 초기 수준의 정치 체제도 갖추어 가고 있다. 국가의 초기 형태를 갖추기 시작한 것이다.

사실 가상국가의 형태는 이미 등장했다. '세컨드라이프' Secondlife라는 3D 가상공간 사이트가 그것이다. '린든머니'라는 통화체계도 있고 가상의 섬을 실제 돈을 주고 사서 그 섬에 빌딩도 짓고 학교, 상점도 지어 실제 경제 활동과 정치 활동을 할 수 있다. 다만 사용자 인터페이스의 복잡함과 금융위기 때문에 영향력이 줄어드는 추세이지만, 웹 기반의 3D 커뮤니티로 새로운 변신을 하기 위한 노력을 기울이고 있다. 그 밖에 마이스페이스 같은 다양한 소셜 네트워크 사이트, 전 세계는 물론 우주와 사람의 신체까지 가상공간에 모두 스캐닝하려는 구글, 미국 오바마 대통령을 당선시키는 데 일조하며 가상세계의 새로운 정치권력으로 떠오른 트위터 등 이미 가상세계에서 초기 국가와 유사한 기능을 하는 인터넷 사이트들이 나타나기 시작했다.

이 가상국가들은 페이스북을 통해 그 실체가 명확히 드러나고 있다. 그 실체는 2010년 12월 페이스북이 전 세계 페이스북 사용자들의 관계를 선으로 연결하여 나타낸 놀라운 페이스북 세계지도를 통해 극명하게 드러났다. 보이지 않는 대륙에서 국경 없는 새로운 가상국가가 등장한 것이다.

가상국가의 등장으로 현실국가와 가상국가 간의 갈등이 표면화되고 있다. 둘 사이의 본격적인 전쟁이 시작되었다. 첫 전쟁은 현실국가의 승리로 끝났다. 2010년 초 구글은 중국의 사전검열에 대한 반발로 중국 정부와 첨예한 갈등을 벌였다. 처음에는 구글이 중국에서 철수한다는 초강경수를 두며 검색 서비스를 일시 중단한 바 있다. 대신 홍콩을 거쳐 서비스를 제공하는 우회 전략을 사용했다. 그러나 중국 정부가 약속 위반을 거론하며 강하게 압박하자, 개인 정보 보호를 위해 사전검열을 거부했던 구글의 원칙을 포기하면서 중국 정부의 요구를 수용하고 말았다. 현실국가의 힘에 가상국가가 무릎을 꿇고 만 것이다.

경제적인 측면에서도 이 둘 간의 힘 겨루기가 시작되고 있다. 2010년 하반기 프랑스 의회는 2011년 7월부터 온라인 광고에 세금을 물리는 이른바 '구글세'를 도입하기로 했다. 앞으로 자국에서 기업들이 구글 등에 온라인 광고를 할 때 광고 비용의 1%를 세금으로 부과한다는 것이다. 2010년 초 사르코지 프랑스 대통령이 인터넷 검색엔진이 온라인 광고시장에서 막대한 수익을 올리고 있음에도 세금은 본사가 있는 나라에 내고 있다고 지적하면서 다국적 온라인 기업의 광고 수입에 대한 세금 징수를 선포한 것이다. 바로 프랑스에서 운영 중인 구글, 페이스북 등의 가상국가를 대상으로 현실국가인 프랑스가 선전 포고를 한 것이다.

현실국가와 가상국가의 전쟁 2라운드는 2010년 말 전 세계를 뜨겁게 달군 '위키리크스' Wikileaks 사건으로 시작되었다. 위키리크스의 설립자 줄리안 어산지가 2010년 7월 미군의 아프가니스탄전 기밀문서 7만 7,000여 건을 폭로한 것을 시작으로 이라크전 문서 40만 건을 공개했고, 11월부터는 미 국무부의 외교전문 25만 건을 차례로 폭로하면서 전 세계가 발칵 뒤집혔다. 가상국가가 현실국가의 비리를 폭로하는 전대미문의 사건이 발생한 것이다. 여기에 놀란 현실국가가 어산지를 잡기 위해 혈안이 되었고, 어산지가 체포되자 어산지와 위키리크스를 지지하는 네티즌들이 현실국가의 사이트를 공격하는 초유의 일이 벌어졌다. 결국 어산지는 보석으로 풀려났지만, 그는 만약 자신이 살해되거나 장기 구금된다면 모든 비밀 문건을 폭로하겠다고 위협하고 있다.

이런 상황과 함께 나타난 주목할 만한 경향은 어산지를 지지하는 소위 '핵티비스트' hacktivists[19]의 움직임이다. 이들은 위키리크스 규제에 나섰던 페이팔, 마스터카드 등을 대상으로 보복차원의 사이버 테러를 자행한 데 이어, 이제는 위키리크스와 직접 관련이 없는 맥도날드 같은 현실 세계의 유명기업들까지 무차별적으로 사이버 공격을 감행하고 있다. 소위 가상국가를 보호하기 위한 군대와 같은 역할을 하는 것이다. 이에 대항하여 미연방수사국FBI을 비롯한 사법당국은 관련 사건의 수사에 착수했다. 2라운드 전쟁에서는 가상국가가 의미 있는 승리를 얻은 것이다. 이로써 승부는 1대 1이 되었다.

현실국가와 인터넷을 기반으로 운영되는 보이지 않는 가상국가의 충돌은 예상보다 빠르게 시작되었다. 현실국가와 가상국가의 충돌은 정치, 경제, 사회 분야에 다양한 변화를 가져올 것으로 예측된다. 정치만 보더라도 만만치 않은 파장을 가져올 수 있다. 지금까지는 현실의 정치인들이 가상공간의 지원을 받아 선거에 승리하는 일들이 벌어졌다. 우리나라에서 네티즌의 적극적 지지를 받아 선거에 승리한 노무현, 트위터와 유튜브의 힘을 빌려 미국 최초의 흑인 대통령이 된 버락 오바마, 트위터의 힘을 빌려 승리한 국회의원들이 그 예다. 미래에는 가상국가가 현실국가의 정치인들을 도와주는 수준을 넘어서서, 현실정당을 무시하면서 아예 단독으로 대선주자, 총선주자들을 내놓을 수도 있다.

다음 총선에 네티즌들이 현실 정당의 공천을 믿지 못하겠다고 선언을 하고, 자신들이 직접 국회의원 경선 후보를 선정하고 네티즌들끼리 경선을 하여 최종 후보를 선정해 이 후보를 지지한다는 성명을 통해 현실 정당들의 실제 공천에 영향을 미칠 수도 있다. 대선에서도 자신들이 지지하는 대선주자를 선정하고 지지할 수도 있다. 물론 이렇게 되면 현실국가는 현실의 법을 들어 이를 규제하려고 할 것이다.

그러나 이런 전쟁은 시간문제일 뿐 그 흐름을 막을 수는 없다. 미래에는 가상국가가 스스로 경찰, 공무원, 국회의원, 대통령 등을 선출하고 자체적인 경제, 사회, 정치 제도적 활동들을 더욱 활발하게 할 가능성이 크다. 그렇게 되면 현실국가의 경제, 사회, 정치 제도적 활동들도 큰 영향을 받게 될 것이다. 이미 우리는 2012년 대선에서 국민이 직접 불러낸 대선후보 안철수 현상을 경험했다.

현실 세계의 정치인들은 더는 비윤리적인 행동이나 거짓 공약을 할 수 없게 된다. 가상국가 국민의 지지를 얻기 위해 눈치 아닌 눈치를 보아야 한다.

거짓 공약을 한다면 네티즌들에 의해 '신상털이', 즉 후보로 나온 정치인의 과거 언행이 사전 검열을 통해 만천하에 드러날 것이다. 이런 정보를 페이스북이나 트위터 등을 통해 급속도로 확산시키면서 후보자의 자질에 대한 평가에 상당한 영향을 미칠 것이다.

현실국가의 정보 통제권 역시 점점 더 약화될 것이다. 위키리크스 사건에서 볼 수 있듯, 가상국가 국민은 페이스북이나 트위터 등을 통해 실시간으로 현실국가에서 일어나는 다양한 정보를 얻을 수 있다. 이는 과거 일부 국가에서 특정 사건의 의도적 은폐나 조작 및 왜곡 그리고 시간 끌기 등으로 여론을 조작하고 무마시켜 오던 일을 불가능하게 만들고 있다.

위키리크스의 미국 비밀 외교 문서 폭로에서 잘 나타났듯이 이제 현실국가가 국민을 대상으로 영원히 은폐하고 조작할 수 있는 정보는 점차 사라지고 가상국가가 정보를 좌지우지하는 시대로 향하고 있다. 은밀한 정보를 지키기는 점점 어려워지는 반면, 정보를 순식간에 전 세계에 퍼뜨리기는 너무나 쉬운 시대가 되어 간다. 이렇게 빨리 퍼지는 정보는 다시 가상국가 국민과의 피드백을 통해 점점 확대, 재생산되어 걷잡을 수 없는 지경까지 다다를 만큼 통제가 불가능해질 수 있다.

이제 가상국가는 현실국가의 비밀 정보를 폭로하는 수단만으로도 얼마든지 현실국가의 체재 분열까지 노릴 수 있는 무시무시한 권력을 키워 가고 있다.

에너지 2.0 전쟁

앞으로 에너지와 관련된 소비형태나 산업들은 두 가지의 커다란 변화를 맞이하게 될 것이다. 첫째, 화석연료를 쓰던 시대에서 천연에너지를 사용하게 되면서 인간의 에너지 사용법이 달라진다. 둘째, 에너지도 정보처럼 '접속의 시대'로 간다. 필자는 이것을 '에너지 2.0의 시대'라고 부른다.

접속의 시대로 가장 먼저 간 것은 정보다. 우리는 지금까지 소유의 경제를 살고 있었다. 공급자가 상품, 지식, 에너지 등을 공급하면 소비자가 그것을 돈을 주고 소유해서 사용하는 형태다. 그래서 공급자에게 부가 몰려가는 현상이 발생한다.

그런데 이런 경제가 접속의 경제로 넘어가고 있다. 과학기술이 빠르게 발전하다 보니 상품의 종류가 다양하게 만들어지고 있고, 상품의 종류도 빠르게 증가하고 있다. 하지만 노동자의 임금은 빠르게 증가하지 않는다. 이런 상황에서 소비자들이 합리적으로 생각할 수 있는 것은 무엇을 소유하기보다는 짧은 시간에 임대비를 내고 여러 제품을 접속해서 사용하는 것이 현명한 경제 패턴이라는 것이다. 그래서 접속의 경제가 만들어진다. 접속의 경제가 되면, 기존의 절대적 힘을 가진 공급자의 부와 권력이 접속할 수 있도록 돕는 인프라를 만드는 사람들과 소비자들에게 나누어진다.

　정보산업이 이런 변화를 잘 보여 주는 사례다. 초창기에 정보를 공급하는 공급자는 국가, 국정원, 정보를 다루는 기관, 언론 등이었다. 이들이 국민들에게 일반적으로 정보를 전달하고, 국민들은 정보를 받아서 정보를 사용했다. 정보를 독점적으로 공급하는 사람들이 부를 독점했다. 그런데 인터넷이 생기면서 인프라를 깔면 누구든 정보에 접속하게 되었다. 물론 개인이 스스로 정보에 접속할 수 있도록 해 주는 새로운 사업이 생겼다.

　독점적 정보에 아무나 접근할 수 있는 기회는 많은 사람들을 열광시켰고, 동시에 접속 인프라를 제공하는 기업들의 매출을 증가시켰다. 접속의 능력으로 얼마든지 정보에 접속해서 꺼내 쓰고 가공할 수 있게 되면서 개인들에게도 부와 영향력이 나누어지기 시작했다. 때로는 전통적인 정보 독점자들보다 더 영향력 있는 정보를 생산해 내는 사람들이 나오기 시작했다. 물론 부와 권력이 이들에게 쏠리기 시작했다. 그렇다고 기존의 정보 독점자나 공급자가 사라지는 것은 아니다. 그들이 이전에 가졌던 정보에 의한 권력이 나누어지고 분산되기 시작한 것뿐이다. 하지만 정보에 대한 자유로운 접속의 시대가 열리면서 부가 만들어지는 경제의 패턴에 새로운 변화가 일어나게 된 것은 분명하다.

　정보산업이 가장 먼저 접속의 시대로 진입했지만, 향후 에너지 산업도 그럴 가능성이 높다. 왜냐하면 에너지도 같은 패턴이기 때문이다. 전통적인 에너지 산업은 특정 공급자가 석유나 천연가스 등의 에너지를 시추해서 이를 소비자에게 파는 모델이다. 가격도 그들이 결정하고 부도 그들이 나눠 갖는다. 소비자는 그냥 정해진 가격에 의해 사용해야 한다. 소비자 개인이 스스로 에너지를 만들어 팔 수 없다. 만약 유사 에너지를 만들어서 팔게 되면 법에 걸리게 된다.

그런데 친환경 에너지의 시대로 가면서 새로운 변화가 일어난다. 친환경 에너지 시대로 간다는 것은 화석연료(석유, 석탄)를 사용하는 것에서 이산화탄소를 덜 배출하는 친환경 에너지를 사용하는 것만을 나타내지 않는다. 정보 접속의 시대처럼 에너지 접속의 인프라를 활용해서 에너지와 부를 개인이 나누어 가질 수 있다는 것이다.

예를 들면 우선 우리 집에 태양열 판을 깔거나, 우리 마을에 풍력 터빈을 돌리는 데 필요한 인프라를 구축한다고 하자. 물론 인프라 비용이 들어간다. 마치 초고속 인터넷을 깔면서 돈을 내는 것과 같다. 하지만 인프라를 깔기만 하면 그 인프라를 통해 소비자는 스스로 원하는 시간에 원하는 양만큼의 에너지를 직접 접속해서 사용할 수 있게 된다. 사용하고 남는 에너지는 팔 수도 있다. '에너지 프로슈머' energy prosumers가 탄생하는 것이다.

앞으로는 거의 모든 사람들이 이런 방식으로 에너지 소비와 생산에 참여하게 될 것이다. 단지 사용하는 에너지의 종류의 변화나 이산화탄소를 적게 쓰는 변화뿐만 아니라, 자기 스스로 자신에게 최적인 에너지를 직접 접속하고 재생산함으로써 기존의 에너지 독점자들이 가졌던 영향력과 부가 개인에게도 얼마든지 나눠지는 새로운 경제 패턴이 이루어진다. 일명 '에너지 2.0의 시대'가 펼쳐지는 것이다.

무인자동차와 하늘을 나는 자동차의 시대

미래형 자동차는 어떻게 될까? 필자의 예측으로는 대략 몇 단계를 거치면서 하늘을 나는 자동차까지 발전을 할 것이 분명하다. 그리고 아마도 우리 세대가 죽기 전에 충분히 저렴한 하늘을 나는 자동차를 집 근처 대리점에서 구입할 수도 있을 것이다. 물론 이런 변화의 과정 속에서 자동차 산업은 황금알을 낳는 거위처럼 새로운 부를 계속 창출할 것이다. 현재의 휘발유를 사용하는 자동차는 하이브리드 자동차를 거쳐 전기자동차로 진화되고, 그리고 최종적으로는 수소자동차로 넘어갈 것이다. 지금은 휘발유 자동차에서 하이브리드나 전기자동차로 넘어가고 있는 시점이다. 하지만 하이브리드는 전기자동차로 넘어가는 브릿지 기술에 불과하다. 문제는 이 브릿지 기술의 수명이 얼마냐는 것이지만, 하이브리드 자동차보다 조만간 전기자동차가 대세가 될 것이다.

만약 전기자동차로 넘어가면 다음과 같은 판도의 변화가 일어난다. 휘발유 자동차는 부품이 대략 2만 개 정도인데, 전기자동차로 가면 부품의 1만 5,000개가 사라진다. 물론 그 과정에서 없어지는 부품들을 만들었던 회사들은 업종을 바꾸거나 사라지게 된다. 그리고 새로운 부품 5,000개가 들어와서 총 1만 개의 부품으로 전기자동차가 만들어진다. 그리고 전기자동차는 엔진이 사라지면서 모터로 움직이기 때문에 자동차 전체가 전자장치라고 보아야 한다. 즉, 전기자동차는 컴퓨터에 바퀴가 달려서 움직이는 전자장치, 컴퓨터 장치다. 이런 이유에서 앞으로 전기자동차는 기계산업이 아니라 IT전자산업으로 재편성될 확률이 상당히 높다.

자동차 산업의 이런 변화는 금융위기 이후 더욱더 빠른 속도로 진행될 것이다. 그 이유는 다음과 같다. 현재 하이브리드 자동차는 일본 도요타가 최고이고, 전기자동차는 미국이 세계 최고다.

전기자동차의 양산체제를 갖춘 것은 중국이 먼저라고 하지만, 전기자동차를 처음 개발한 나라는 1835년 네덜란드다. 그리고 실제로 1900년대 초반에는 전기로 움직이는 자동차가 휘발유 자동차보다 더 많았다고 한다. 그러나 휘발유 자동차의 대량생산 공정과 싼 가격으로 인해 전기자동차는 역사의 뒤안길로 사라졌다.

그리고 100년이 지난 1996년 미국의 GM은 EV1이라는 전기자동차를 다시 판매했다. GM은 당시 캘리포니아 주정부가 심각한 공해를 막기 위해 자동차 회사들이 전체 판매량의 10~20% 정도를 배기가스가 나오지 않는 자동차를 강제적으로 판매하도록 하는 '배기가스 제로법'이라는 것을 만들자 이에 대응하기 위해 전기자동차를 판매하기 시작했다. 좀 더 정확하게 말하자면 GM은 전기자동차를 판매하지 않고 장기 리스를 해 주는 방식을 선택했다.

그런데 울며 겨자 먹기로 출시한 전기자동차의 성능이 예상과는 다르게 놀라웠다. 완전 충전하는 데 4시간밖에 걸리지 않는 EV1은 한 번 충전으로 160km를 주행하고, 배기가스도 없고, 소음도 없고, 시속 130km로 달릴 수 있었다. 놀라운 성능에 입소문을 빠르게 타면서 EV1 신청자들이 쇄도했다.

그런데 GM도 예상치 못한 이런 상황이 펼쳐지자 휘발유 차의 판매가 위협을 받을 수 있다는 분위기가 형성되었다. 전기자동차의 특징상 자동차 부품을 만드는 수많은 회사들이 타격을 받는 것은 물론이고, 오일필터나 엔진오일도 교환할 필요가 없기 때문에 자동차 수리점도 타격을 받고, 전기로 달리기 때문에 정유업계도 타격을 받기 때문이다. 국가적 차원에서도 전기자동차가 많이 팔리면 휘발유 소비가 줄어들고, 그렇게 되면 세금이 줄어들게 된다. 물론 전기자동차에서도 세금을 걷을 수 있지만, 휘발유 자동차에 비해서 세금이 상대가 되지 않게 적다. 결국 얼마 후 GM은 FBI까지 동원해서 전기자동차를 수거해 사막 한가운데서 모두 폐차시켰다.

그리고 전기자동차에 대한 루머들이 퍼지기 시작했다. 전기자동차의 배터리 문제, 높은 가격 부담 등의 억지 문제들을 근거로 2003년 '배기가스 제로법'도 폐기되었다. 그리고 미국은 전기자동차 기술을 슬그머니 묻어 두었다. 더 이상 양산하지 않았다.

그런데 금융위기가 오고, 환경 문제가 발생하자 일본은 발빠르게 '프리우스'라는 모델의 하이브리드 자동차를 내놓았다. 환경 문제, 금융 문제, 에너지 문제, 소비 문제, 빚 문제로 인해 사람들이 좀 더 작은 차, 비용이 적게 들어가는 차를 찾으면서 프리우스 자동차는 200만 대가 넘게 팔리기 시작했다.

그런데 문제는 사람들이 보통 자동차를 새로 구입하게 되면 짧게는 3~4년, 길게는 10년 이상 탄다는 것이었다. 즉, 하이브리드 자동차는 전기자동차로 가는 브릿지 기술에 불과한데, 자동차의 특성상 사람들이 하이브리드 차를 구입하게 되면 전기자동차를 새로 구매하는 시간이 늦어진다. 결국 전기자동차를 미국이 먼저 양산하고서도, 시대를 보는 안목의 부족과 기존 산업의 안주로 인해 차세대 자동차 산업의 주도권을 일본에 빼앗길 수 있는 문제가 발생한 것이다.

결국 미국은 자동차에 대한 전략을 수정한 듯 보인다. 수정된 미국의 전략은 최대한 하이브리드 자동차의 수명을 짧게 하고, 가능한 대로 빨리 전기자동차로 넘어가게 만드는 전략이다. 이를 위해 2009년 미국은 도요타의 휘발유 자동차와 하이브리드 자동차인 프리우스를 의회와 언론을 모두 동원해서 격렬하게 공격했다. 현재 미국이 판매하는 전기자동차의 주력모델은 '테슬라-S' 모델이다. 테슬라는 온라인 결제회사인 '페이팔'의 창업자인 엘론 모스크가 2003년에 실리콘밸리에 설립한 회사다. 전기자동차는 컴퓨터 장치다. 그렇기 때문에 지금 전기자동차 기술이 가장 빨리 발전하는 곳 중에 하나가 실리콘밸리다. IT를 잘 아는 회사가 전기자동차를 잘 만들 가능성이 높기 때문이다.

실제로 금융위기가 한창이었을 때, 미국 자동차의 자존심인 '빅 3'가 부도위기에 몰리자 일부 언론에서는 미국 자동차의 구세주로 애플의 스티브 잡스를 거론하기도 했다. 만약 스티브 잡스가 'iCar'를 만들면 미국의 자동차 회사를 다시 회생시킬 수 있다는 의미였다. 필자도 당시에 스티브 잡스가 미래형 자동차를 개발할 가능성이 큰 것으로 예측을 했다.

그러나 안타깝게도 스티브 잡스는 많은 사람들이 기대했던 'iCar'를 세상에 내놓지 못하고 역사 속으로 사라지고 말았다. 하지만 근래에 나오는 정보에 의하면 스티브 잡스가 미래형 자동차에 대해서 큰 관심을 보였고, 실제로 연구를 진행했던 것으로 드러났다.

그러나 스티브 잡스가 아니더라도 이 부분에 대한 연구를 진행하는 기업들이 많다. 예를 들어, 이미 구글은 5년 이내에 상용화가 가능한 무인자동차를 선보였고, 미국의 몇몇 주에서는 운행허가증을 받는 데까지 성과를 올렸다. 이처럼 구글 등의 IT회사들은 태양열 에너지 산업뿐만 아니라 무인자동차나 하늘을 나는 자동차 등 미래형 자동차에도 큰 관심을 가지고 투자를 진행하고 있다. 미래의 자동차 산업은 전통적인 자동차 회사인 '빅 3'와 IT회사인 애플이나 구글 등과의 전쟁이 될 수 있다.

사람과 로봇 간의 전쟁

SF영화를 보면 로봇이 인간을 지배하는 끔찍한 미래가 배경이 되곤 한다. 필자가 교인들을 대상으로 미래 사회의 변화에 대해 강의할 때 로봇에 대해 전망을 하면, 로봇이 가져다주는 편리함과 혜택을 기대하기보다는 두려움을 더 많이 느끼고 경계하는 이들이 많다. 미래의 로봇은 인간에게 해가 될까, 득이 될까? 당분간은 로봇이 인간의 능력을 극대화하는 데 유용한 도구가 된다. 로봇이 인간을 정복하는 데는 최소 100년 이상이라는 좀 더 많은 시간이 걸릴 것이다. 또한 로봇의 능력이 향상될 때마다 지혜로운 인간들이 로봇을 적절하게 제어할 통제력을 갖추게 될 것이다.

로봇 산업은 가까운 시일 내에 큰 산업으로 변모한다. 자동차 산업을 능가하는 규모로 10~20년 이내에 크게 성장할 것이다. 로봇 산업은 크게 셋으로 나눌 수 있다. 인간을 닮은 로봇인 휴머노이드humanoid 로봇 산업, 로봇의 일부를 인간에게 접목하는 사이보그 산업, 그리고 사람의 뇌를 닮은 인공지능 산업이다. 이 세 가지는 서로 경쟁하면서 기술발전을 이끌고, 인간의 삶을 더욱 윤택하게, 그리고 인간의 능력을 극대화하는 방향으로 발전할 것이다. 로봇이 인간의 능력을 극대화하는 쪽으로 발전하는 한 미래형 서비스 로봇 산업은 상용화되기가 무섭게 IT산업처럼 급격한 성장을 이룰 것이다. 현재 로봇산업은 일본, 미국, 유럽 등이 선두그룹을 유지하고 있고, 우리나라는 세계 5위쯤 된다.

우리는 이미 로봇의 시대에 살고 있다. 공장에 가면 엄청나게 많은 로봇이 있다. 가정에도 로봇이 많이 있다. 로봇은 사람의 일을 대신 해주는 기계를 일컫는다. 넓은 의미에서 보면 냉장고나 세탁기도 로봇의 일종이다. 그러나 미래에는 이런 기계적 로봇들이 점점 사람을 닮은 로봇으로 진화한다. 반대로 사람은 로봇의 일부 기능을 활용해 자신의 한계를 극복하면서 점점 로봇을 닮아 간다. 미래는 사람과 로봇이 공존하는 사회가 아니다. 미래에 우리는 '사람을 닮은 로봇'과 '로봇을 닮은 사람'이 함께 어우러져 사는 세상을 만나게 될 것이다.

사람을 닮은 로봇을 휴머노이드라고 부른다. 현존하는 휴머노이드 중 가장 진보한 것은 일본의 혼다가 개발 중인 '아시모'이다. 아시모는 2000년 세계 최초로 직립보행에 성공했다. 이후 2007년, 주인이 생각만 해도 그 명령을 알아차리고 행동을 수행하는 수준까지 진보했다. 아시모는 사람과 자연스럽게 악수를 하고, 다양한 안내 및 생활 서비스 등의 기능을 수행할 수 있으며 일본의 미래 산업을 이끌어 갈 상품으로 큰 주목을 받고 있다. 그 뒤를 도요타가 만든 로봇이 쫓고 있다. 도요타가 개발하고 있는 로봇은 바이올린을 연주하는 능력을 지녔다.

로봇 연구는 초반에는 자동차 산업 등에 연관시키려는 목적으로 이루어졌기 때문에 도요타나 혼다 같은 자동차 회사가 집중적으로 투자해 왔다. 하지만 곧 로봇 산업은 자동차 산업의 하녀가 아니라 독자적으로 엄청난 산업을 형성할 것이다. 로봇 산업은 고령화가 가속화될수록 큰 수요가 발생한다. 일본은 2015년 고령화의 충격이 본격적으로 일본사회를 강타할 즈음, 휴머노이드 로봇의 시장이 본격적으로 시작될 것으로 예측된다.

우리나라도 이러한 추세를 반영하여, 2020년까지 1가구 1로봇 시대를 계획하고 있다. 앞으로 5년 이내에 로봇시장이 형성되면, 로봇 한 대 가격은 중소형 자동차 가격 정도가 될 것이다. 너무 비싸서 살 사람이 없어 보이는가? 걱정하지 않아도 된다. 우리는 자동차를 현금으로 사지 않는다. 로봇도 마찬가지다. 리스나 할부를 통해 사게 될 것이다. 2007년 홈쇼핑방송에서 가장 히트한 것이 청소로봇이었다. 외출할 때 원반형으로 생긴 청소용 로봇의 전원을 켜 놓으면, 로봇 스스로 온 집안을 돌아다니면서 청소를 한다.

바로 이 로봇이 2015년경이면 '쑥' 일어나 돌아다니면서 세탁기도 돌리고 노인들도 부축하게 될 것이다. 여기에 인공지능을 탑재시키면 아이들에게 영어도 가르쳐 주고, 책도 읽어 주고, 아이들 보호도 해 줄 수 있게 된다.

이런 미래형 서비스 로봇 산업을 놓고 펼쳐지는 치열한 전쟁은 이미 시작되었다. 미국은 10년 이내에 무기의 33%를 로봇으로 대체하면서 미래형 군수산업의 새 지평을 열 준비를 하고 있다. 자동차 산업을 능가하는 초대형 산업이 될 이 산업에서 승리하려면 미국처럼 군사용 로봇기술의 발달이 필수적이다. 우리나라도 2010년 초 미래형 로봇 개발의 로드맵을 발표했다. 2018년까지 농업, 의료, 문화, 홈서비스, 교육, 해양, 건설, 교통, 사회안전 등의 분야에서 미래형 로봇을 출시하겠다는 계획을 발표하고 본격적인 로봇 산업 전쟁에 뛰어들 준비를 하고 있다.

이런 휴머노이드 로봇의 파생산업인 사이보그 산업도 엄청난 보물이다. 사이보그 산업은 로봇의 일부 기능을 사람에게 이식하거나 착용하게 하여 인간의 물리적, 신체적 한계를 극복하고자 하는 산업이다. 고령화 사회를 계기로 급속하게 수요가 늘어나는 분야다. 아무리 건강하던 사람도 늙으면 신체 일부의 기능이 저하된다. 하지만 사이보그 기술을 활용하면 젊을 때보다 더 나은 신체적 능력을 발휘할 수 있게 된다.

인공망막이나 인공눈 기술을 활용하면, 시력을 완전히 상실한 사람이 다시 볼 수 있는 축복이 열릴 것이다. 인간은 사물을 볼 때 안구를 통해 들어오는 정보를 후두엽에 있는 시각담당 피질로 전달해서 사물을 인식한다. 사고에 의해서 안구의 기능이 상실되거나 노후화가 되면 사물을 볼 수 없게 되는데 이런 상황을 대체하는 기술로 사이보그 기술이 주목받고 있다.

나이가 들어도 안경을 끼거나 혹은 침침한 눈을 당연한 것으로 여기고 살지 않아도 된다. 백내장 수술을 하는 정도의 비용이나 노력만 기울인다면 카메라나 혹은 칩이 안구의 기능을 하고, 카메라로 들어온 정보를 컴퓨터로 보내고, 컴퓨터가 뇌가 인식할 수 있는 신호로 다시 바꿔 시각 피질에 다시 쏴 주는 인공시각 기술을 활용하면 얼마든지 천리안을 가질 수 있다.

사이보그 기술을 통해 뇌를 조정할 수도 있다. '뇌심부자극술'이라는 치료법이 그것이다. 가슴 부위에 작은 컴퓨터를 달고 컴퓨터에 연결된 전선을 뇌에 이식한 뒤, 이를 통해 뇌를 자극하고 조절하는 기술이다. 파킨슨병을 앓는 사람들에게 본격적으로 시술되고 있는 일종의 사이보그 기술이다. 미국에서만 이미 2만여 명이 이 시술을 받았고, 치료 후 걷고 달리고 춤까지 출 수 있다. 이 기술도 아직은 초기 수준이라 대상의 한계가 분명한 것이 단점이다. 하지만 인간이 뇌의 영역까지 통제할 수 있는 계기를 마련했다는 점에서 매우 중요하다. 이제 기술의 발전만 남아 있을 뿐이다.

로봇과 사이보그 산업은 21세기 융복합 기술의 쾌거다. 현재 융복합 기술과 융복합 산업이 태동기에 불과한 것으로 볼 때, 미래에는 더욱 더 놀라운 기술들이 인간을 기다리고 있다고 보면 된다.

하지만 미래의 의료 산업은 단순히 의학 산업이 아니다. 바이오, 로봇, 사이보그, 나노, IT 산업들이 융복합되는 산업이다. 앞으로는 사이보그 기술, 뇌 인터페이스의 응용기술이 헬스케어 산업에 커다란 역할을 할 것이다.

로봇 산업은 이미 인류의 문명을 엄청나게 발전시켰다. 동시에 이들의 능력을 과소평가하거나 대응하지 못한 사람들의 일자리를 급속한 속도로 빼앗아 갔다.

　앞으로도 마찬가지다. 근력을 대체하는 기계든 혹은 사이보그 기술이든, 인공지능 기술이든 그것들이 산업현장이나 사회에 들어올 때 우리의 능력만큼 완벽하게 기술을 갖춰서 들어오는 것이 아니다. 두뇌 기능을 증진하는 것도 마찬가지다. 완벽한 인간처럼 할 수 있느냐, 없느냐가 중요한 것이 아니고 인간 능력의 어떤 특정한 일부분, 즉 그것이 인간 능력의 수천분의 1이라 할지라도 그 수행 능력에 의해 사람은 그 기능을 비즈니스에 사용하는 것이다.

　마지막으로, 인공지능 기술이다. 현재 인공지능의 수준은 쥐의 지능 정도에 불과하지만, 앞으로 20~30년 이내에 인간의 수준까지 향상될 가능성이 크다.

　이런 모든 기술이 종합되면 앞으로 10~20년 이후의 미래에는 최소한 영유아 수준의 지능을 가진 새로운 인공생명체로서의 로봇의 시대가 온다. 인간을 닮아 가는 휴머노이드 로봇이 등장하고, 로봇의 능력을 닮아 가는 사이보그 인간이 보편화되고, 인공지능을 통해 사람과 로봇의 경계를 넘나드는 새로운 형태의 사회가 펼쳐질 것이다.

　아이들과 인공지능 로봇이 함께 친구로 지내는 시대, 영유아 수준의 지능을 가진 인간을 닮은 로봇이나 애완동물을 닮은 로봇들이 인간의 가장 친한 친구로 부상하는 시대가 펼쳐질 수도 있다. 그런 세상이 되면, 어쩌면 주일날 교회에서 이런 문구를 쉽게 볼 수 있을지도 모른다. "로봇 친구들은 101호에서 따로 예배드립니다!"

화성 식민지 건설

우주는 인간에게 늘 신비스럽고 경외감을 불러일으키는 영역이다. 어린아이들에게는 동경의 대상이고, 과학자들에게는 탐구의 대상이고, 종교인들에게는 경외의 대상이다. 그리고 사업가들에게는 엄청난 부를 가져다줄 보물섬이나 신대륙이다.

인간에게는 두 가지 우주가 있다. 하나는 우리 몸 밖의 혹은 우리가 사는 지구 밖의 우주다. 또 하나는 우리 몸 안의 우주다. 우리 몸 안으로 깊이 들어가 보면 몸 밖의 우주만큼 넓고 신비스러운 우주가 나온다. 전자를 대우주라고 칭한다면 후자는 소우주다. 미래에는 이 두 우주가 엄청난 산업의 영역이 된다. 우주 산업은 격렬한 비즈니스 전쟁의 중심이 될 것이다.

대표적인 미래형 신산업인 우주 산업은 2010년 5,000억 달러(600조 원) 규모의 산업이며, 매년 20%씩 성장하는 추세다. 아쉽게도 우리나라는 한참 뒤쳐져 있다. 반도체 산업을 능가하는 우주 산업은 미국, 중국, 러시아, 일본 등이 유리한 고지를 선점하고 있다. 중국의 우주 산업에 대한 행보는 미래형 산업에 대한 선점 효과뿐 아니라 달에 매장된 에너지원을 둘러싼 자원전쟁에서 유리한 고지를 선점하고, 미래 우주전쟁과 우주관광산업에 대비한 다양한 포석이다.

우주 산업에 독보적 기술을 가진 미국은 한 해에도 수차례 우주선을 발사해 우주기상 연구, 우주정거장 유지보수, 지구에 관한 다양한 분석 등을 실시하고 있다. 나아가 미국 정부는 2018년경에는 달에 반영구적인 기지를 건설하고, 화성 탐사를 본격화할 예정이다. 미국에서는 민간 기업들의 우주개발 산업도 이미 시작되었다. 국가의 재정상황이 힘들어지자 2012년 미국 정부는 근거리 우주탐사 프로젝트를 민간우주기업인 '스페이스X' Space Exploration Technologies Corporation에 이양했다.

온라인 결제 시스템인 페이팔의 공동창업자인 앨런 머스크가 회장으로 있는 이 회사는 나사와 16억 달러 상당의 계약을 맺고 12차례의 우주비행 임무를 수행 중이다. 이 회사가 쏘아 올린 무인우주화물선 '드래곤'이 국제우주정거장에 화물을 전달하고 다양한 실험결과물들을 싣고 지구로 돌아오는 임무를 수행하면서 본격적인 우주산업 시대를 열었다. 2012년 11월 27일, 앨런 머스크는 앞으로 15~20년 이내에 화성에 8만 명이 자급자족하며 거주할 수 있는 '화성 거주 프로그램'을 실시해서 본격적으로 화성에 식민지를 건설하겠다는 계획도 발표했다. 이것이 성공하면 화성은 인류의 새로운 문명의 발상지가 될 수도 있다.

미국은 이미 1970년대에 나사와 스탠퍼드대학이 화성 이주 계획을 세운 바가 있다. 영국의 천재 물리학자 스티븐 호킹 박사도 앞으로 100년 안에 인류 생존을 심각하게 위협할 위기가 올 가능성이 크기 때문에 인류 생존을 위해서는 우주개발이 절실히 필요하다고 주장했다. 유럽도 2025년까지 화성에 유인 우주선을 보내기 위해 8억 5,000만 유로를 투자하고, 앞으로 몇 년간 최소 20여 개의 인공위성을 쏘아 올려 오차범위 1m 이내의 위치정보를 실시간 제공한다는 계획을 세우고 있다.

물론 이런 일련의 우주기술은 간단한 노하우에서부터 우주 장비, 우주 자원 등 거의 모든 것이 미래형 비즈니스와 연결되어 있다. 몸 밖의 우주를 두고 펼쳐지는 전쟁은 여기가 끝이 아니다. 태양 돛과 물질과 반물질反物質, antimatter이 만나면 엄청난 에너지를 발생시킬 수 있는데, 이 에너지를 활용해 먼 우주까지 이동하는 우주 탐험의 신기원을 열거나, 긴 기간의 우주여행을 위해 필수적인 냉동수면 기술들에 이르기까지 우주산업은 그 영역이 점점 확대될 수 있다.

여하튼 2030년 이후가 되면 화성에 교회를 개척하거나 우주 선교를 해야 하는 시대가 열릴 수도 있다.

생명을 재창조하는 인간

하나님은 5일째 되는 날 바다와 하늘의 생물을 만드셨다. 6일째 되는 날에는 땅의 생물을 만드시고, 흙으로 그분의 형상과 모양대로 사람을 창조하셨다. 우리는 이것이 생물과 인간 창조의 끝이라고 생각했다. 그러나 이제 인간은 창세기 1장에 나오는 바다와 하늘과 땅의 생물, 그리고 인간 자체까지도 재창조할 수 있는 판도라의 상자를 열고 있다. 바로 생명공학기술BT 응용산업이다. 바이오 생명산업은 21세기 고부가가치 창출의 핵심 산업의 하나가 될 것이다. 체세포 복제, 유전자 분석, DNA 합성기술 등을 통해 하나님이 만드신 우리 몸 안의 신비가 하나씩 드러나고 있다. 우리나라는 DNA 합성기술이 이미 세계적인 수준이다. DNA 기술은 매년 유전자 정보의 양이 두 배씩 느는 추세라 반도체 기술보다 빠르게 발전하고 있다.

전문가들은 이런 추세라면 앞으로 10년 후 100만 종 이상의 생명체에 대한 유전자 염기서열 정보를 축적할 수 있어, 대부분의 생물체의 DNA 정보를 유전자 데이터베이스에서 검색할 수 있는 환경이 마련될 것이라고 말한다.

인공복제, 줄기세포, 맞춤형 유전자 조작 및 맞춤형 아기 기술 등은 생명 재창조를 다루는 영역으로 발전할 것이기 때문에 우리가 가장 깊이 있게 고민을 해야 하는 문제다. 그런데 국가나 기업 입장에서는 생명공학의 산업 규모가 상당히 크기 때문에 기술연구나 산업응용에 대해서도 주저할 수 없다.

예를 들어, 미국은 줄기세포 기술이 상당히 발달해 있었지만, 그동안 윤리적 문제로 부시 대통령 때까지는 공식적으로 연방정부가 줄기세포 산업에 대해 지원하지 않았다. 하지만 오바마 대통령 취임 이후에는 연방정부가 직접 지원하기로 했다. 이것은 오바마의 선거 공약이기도 했고, 큰 부를 창출할 수 있는 바이오산업을 민간에만 맡겨 놓아서는 글로벌 경쟁에서 뒤처지겠다는 판단 때문이었다.

우리나라도 줄기세포, 바이오 기술 연구가 상당 부분 진행되고 있다. 2009년 우리나라 연구팀이 세계에서 네 번째로 유전자 게놈 지도를 분석했다. 그때 총책임자는 "현재 기술로 비춰 볼 때, 개인도 100만 원 정도의 비용으로 자신의 유전자 분석 지도를 가질 수 있는 시대가 5년 안에 도래할 것"이라고 했다. 유전자 지도를 분석하면 현재 인간이 걸릴 수 있는 6,000가지 질병에 접근할 수 있기 때문에 이 부분의 성과는 미래 비즈니스와 연관해서 아주 중요하다. 분석된 유전자를 기반으로 예방의학이나 혹은 유전자 조작을 통해 병에 걸리지 않게 하는 획기적인 계기를 마련할 수 있다.

어떤 사람의 유전자 지도를 분석해 보니 40대가 되면 암에 걸릴 확률이 높다는 진단이 나왔다고 하자. 이런 정보를 알게 되면 예방할 수 있다. 체질을 바꾸든지, 면역력을 높이든지, 식이요법을 하든지 해서 유전자 구조 자체를 바꿀 수 있다. 이를 통해 발병 확률을 낮추거나 발병 이후 진행 속도를 늦춰 효과적인 치료가 가능하다. 삶의 재창조가 일어나는 것이다.

이 정도면 국가나 보험회사가 의무적으로 가입하라고 하거나 보험료를 별도로 계산할 것이다. 발병 이후 치료하는 비용보다 예방 비용이 훨씬 적기 때문이다. 조만간 이런 가능성을 활용한 의학적 비즈니스가 생길 것이고, 사이보그 기술 등과 결합하여 새로운 스타일의 의료관광산업을 태동시킬 수도 있다. 의료관광산업도 2012년이면 1,000억 달러(120조 원)를 넘어서는 차세대 미래 산업군에 속한다.

문제는 인간의 도전이 여기서 그치지 않을 것이라는 데 있다. 이미 생명 창조의 근원에 대한 판도라의 상자를 연 인간은 종국에는 생명의 재창조와 새로운 변종생물의 창조에까지 탐욕을 부릴 것이다. 본래부터 하나님이 되기를 원했던 인간이기에, 타락 이후 파편적으로 남아 있는 하나님의 능력을 최대한 결합해 자신들만의 새로운 천지 창조를 꿈꿀 수 있다.

어쩌면 21세기는 생명의 재창조와 변종적 창조의 시대가 될지도 모른다. 이런 상황에서 죄에서 구원받은 교회 공동체는 무엇을 해야 할까? 하나님은 죄 때문에 멸망할 수밖에 없는 인간을 구원하는 일에 교회가 중심이 되기를 원하신다. 동시에 인류문명이 타락하고 멸망해 가는 속도를 더디게 하는 일에도 중심이 되기를 원하신다. 그런데 한국 교회는 점점 더 이 두 가지를 외면한 채 자신들만의 도피성을 만들고 있는 것 같아 안타깝다.

나노 기술, 인간이 창조하는 새로운 지구

물질세계에서도 나노 수준의 소우주 안에서 미래 전쟁이 진행 중이다. 양자역학을 기반으로 하는 미래 비즈니스들이다. '나노기술' nano-technology은 10억분의 1 수준의 정밀도를 요구하는 극미세가공 과학기술을 말한다. 나노산업은 원자를 다루는 기술을 바탕으로 이루어진다. 원자를 다루는 기술을 갖추기 위해서는 원자의 특성들을 규명할 수 있는 양자역학의 기반이 필수적이다. 이러한 나노산업은 단순히 크기를 작게 하는 영역의 산업에 한정되지 않으며, 우리의 상상을 뛰어넘는 엄청난 발전이 기대되는 분야다.

나노산업은 커다란 두 산업군의 혁신적 변화를 가져올 수 있다. 하나는 소재의 혁명이다. 탄소를 육각형 모양으로 배치하면 구리보다 100배 빠른 전류속도를 내는, 꿈의 신소재로 불리는 '그래핀'을 만들 수 있다. 우리나라에서는 2010년 삼성전자와 성균관대 연구팀이 그래핀을 적용한 플렉서블 나노 전력발전소자를 개발했다. 실리콘을 대체할 차세대 소재로 주목받고 있는 그래핀은 현재 반도체에 사용되는 실리콘보다 전기전도성이 100배 뛰어난 '원자 한 층 정도 두께의 얇고 투명한 종이'라고 생각하면 된다. 투명도가 높고, 휘거나 늘려도 기존에 가진 특성이 변형되지 않기 때문에 접히는 꿈의 디스플레이나 입는 컴퓨터로 활용 가능하다.

그래핀으로 된 디스플레이를 만들어서 손목에 차면 시계로, 차 안에서는 내비게이션으로, 집에서는 펼쳐서 PC나 TV 등으로 활용이 가능하다. 크기를 크게 만들어 벽에 붙이면 벽지 스크린이 되어 벽 전체에 낮에는 하와이 해변의 모습을, 밤에는 우주에 대한 이미지를 띄울 수 있다. 우리나라 연구팀이 개발한 나노 전력발전소자는 외부의 전력 공급 없이도 휘거나 누르거나 진동을 주면 스스로 전력을 발생시키는 소자이기 때문에, 휘는 디스플레이의 핵심 난제인 전력 공급 문제를 상당 부분 해결할 길을 동시에 연 획기적인 발명으로 인정받고 있다.

'탄소 나노튜브' Carbon nanotube, CNT도 미래 비즈니스를 이끌 새로운 소재다. 이는 전기의 세기가 클수록 더 수축하는 성질을 가지고 있다. 강철의 200배에 달하는 강도를 가졌음에도 머리카락처럼 휘어질 수 있는 환상적인 소재다.

2020~2025년이 되면 1차 나노 혁명이 일어난다. 나노 기술이 산업에 접목되어 본격적으로 들어오는 시기다. 기둥이 사라지고, 건축가가 마치 찰흙으로 빚듯이 만들어 내는 건축물들을 상상해 보라. 건축뿐만이 아니다. 이 소재로 자동차를 만든다면, 무게는 혁신적으로 줄이면서도 부서지지 않는 차를 만들 수 있다. 가벼워진 자동차는 연료 효율성이 좋아지고, 그만큼 이산화탄소 배출이 줄어든다. 그래서 자동차 무게를 줄이는 것도 전 세계에서 경쟁이 치열하다. 일본의 경우 플라스틱 자동차에도 관심이 많다.

나노튜브 기술은 섬유 산업에도 혁신을 불러올 것이다. 탄소 나노튜브로 실을 만들어서 '입는 로봇'을 만들면 강철의 200배 강도를 갖게 되므로 총알이 뚫지 못하고, 옷처럼 입고, 인간의 수백 배가 넘는 힘을 쓸 수 있게 된다. 그뿐만 아니라 탄소 나노튜브의 속이 빈 성질, 반도체적 특성, 넓게 펼쳐질 수 있는 특성, 가늘고 길게 늘어뜨릴 수 있는 성질을 활용한 다양한 응용기술도 기대할 만하다.

탄소 나노튜브는 분명 미래를 주도할 신소재임이 분명하다. 하지만 저렴한 가격으로 대량 생산할 수 있는 제조기술이 아직은 없다. 탄소 나노튜브의 가격은 현재 금보다 비싸다. 그래서 응용기술 개발이 지연되고 있다. 특히 우리나라는 탄소 나노튜브 제조기술보다는 응용기술 개발 쪽에 치우쳐 있어서 둘 사이의 괴리 현상이 크다.

양자역학 특성을 활용한 또 다른 혁명은 양자 수준의 작은 인공기계에 있다. 이 역시 관련 산업군의 혁신적 변화를 꾀할 수 있다. 혈관 속을 지나가는 로봇을 만들어 인간의 혈관 속으로 침투시켜 손상된 혈관을 치료할 수 있다.

나노 산업이 정보 산업과 바이오 산업과의 융합을 통해 만들 미래는 현재까지 있었던 인류 문명의 발전 그 이상이 될 것이다.

참고로, 2015년이 되면 인공허파나 인공신장의 생산이 가능해지고, 나노 기술을 의약품의 수준까지 응용할 수 있게 된다. 2016년이면 인공지능 신소재 자동차의 개발이 가능해지고, 2017년이면 두뇌 세포의 생산도 가능해진다. 2017년이면 개인별 질병 지도를 완성할 수 있고, 2019년이면 근육을 생산할 수 있게 된다. 2020년이면 혈관 속을 타고 다니는 나노로봇이 가능하고, 2020년이면 유전자 치료가 보편화된다.

2025년이면 줄기세포 의료서비스의 상용화가 가능하고, 2027년이면 뇌분석이 완료되어 뇌 지도가 만들어질 수 있다. 2027년이면 인공장기 이식이 대중화되고, 2030년이면 신소재 발굴의 획기적 성과들이 나오게 될 것이다. 2032년이면 아기의 유전자를 디자인하는 시대로 접어들 수 있고, 2055년이면 척수의 메커니즘 규명이 가능하다고 전문가들은 예측한다.

윤리 전쟁이 시작된다

이런 모든 기술은 미래에 새롭게 펼쳐질 산업들의 동력이 되겠지만, 동시에 인류에게 심각한 윤리적 고민을 안겨 주는 것들이다. 앞에서 설명한 것들을 읽으며 "인간이 도대체 무엇인가?", "인간의 몸에 사이보그 기술을 적용하면 과연 어디까지가 인간인가?" 하는 질문이 떠오르지 않았는가? 이 예측들이 현실화되면, 창세기에 기록되지 않은 새로운 인간이 출현할지도 모른다.

이런 우려에도 불구하고, 인간은 새로운 기술을 통해 누리게 될 편리한 문명과 생명연장의 유혹에서 벗어나지 못할 것이다. 결국 미래는 예측한 모습대로 현실이 될 것이다. 교회는 이런 미래에 대해서 어떤 준비를 하고 있을까?

한국의 신학계와 교회 지도자들은 이혼이나 우울증으로 말미암은 자살의 문제도 해결하지 못하고 있다. 성경은 이혼을 허락하지 않는다고 설명하면서도, 목회현장에서는 재혼하는 교인들의 결혼 예식을 목사가 집례하고 있다. '자살은 지옥에 가는 죄'라는 해석을 따라 감리교 신자였던 전태일의 죽음을 외면했고, 지금도 우울증으로 자살하는 교인들에게 싸늘한 시선과 조롱과 정죄의 눈길을 보내며 쉬쉬한다.

그러나 한국 최초 장로교 교회인 소래교회를 세웠던 맥킨지 선교사도 엄청난 신체적 고통과 우울증에 시달리다가 자살로 생을 마감했다. 일반의학계에서는 우울증으로 말미암은 자살을 질병으로 말미암은 죽음으로 인정하는 분위기다. 지금도 수많은 사람이 우울증으로 자살하는 일이 벌어지고 있지만, 한국 교계는 이러한 자살을 '믿음이 약하거나 기도하지 않은 결과'로 치부하고, 이 문제에 대한 성경적 입장을 적극적으로 제시하지 않고 있다.

이런 상황에서 가상공간에서 기억을 주입한 인공지능 아바타가 영생하는 시대, 가상현실을 활용한 사이버섹스가 가능한 시대가 열리면 어떻게 될까? 인간의 유전자를 조작해서 인간의 탄생까지도 선택하는 시대, 병이 들면 모든 장기를 다 새것으로 교체하여 완벽히 새로운 인간으로 재탄생하는 시대가 되면 어떻게 될까? 인간복제 기술을 통해 잃어버린 자식을 다시 탄생시키고, 인간의 몸에 사이보그 기술을 접목해 기계 인간을 만들고, 화성에 식민지를 개척하여 하나님이 주신 이 지구를 떠나 살 수 있는 시대가 오면 어떻게 될까?

이런 시대에 발생할 수 있는 신학적이고 윤리적인 문제들에 대해서 한국 교회는 과연 대응력이 있을까? 2030년 이후 현실화되는 미래의 이슈들은 한국 교회의 패러다임을 바꾸기에 충분한 힘을 가지고 있다. 2030년은 얼마 남지 않은 미래다. 이런 이슈들은 2030년이 되기 전에 본격적으로 표면에 떠오를 것이다. 만약 교회가 이 문제들에 대해서 올바른 성경적 입장을 연구하여 제시하지 않는다면 교인들은 큰 혼란에 빠지게 될 것이 분명하다.

지난 50년의 정보화사회는 지금부터 시작될 초대형 변화의 서곡에 불과하다. 인류는 앞으로 '후기정보화사회'를 지나 '3차원 지능 신경망 사회'라는 새로운 속성을 시작으로, 초대형 변화가 완성될 것으로 예측되는 '팍스 아시아나'를 거쳐, 심각한 생명 윤리적 갈등과 사람을 닮은 로봇과 로봇을 닮은 사람 간에 나타날 영적, 존재론적 갈등이 사회 최고 이슈로 대두할 '영성 사회'의 속성을 지니는 '환상 사회'를 맞이할 것이다.

Chapter 2

2040 미래 패러다임
– 환상 사회

역사를 바꾼 세 가지 패러다임

 2040년 이후가 되면 한국 교회에 영향을 미칠 세 가지 새로운 패러다임이 시작된다. 2030년대까지가 후기정보화시대라면, 2040년 이후에는 세 가지의 속성을 가진 새로운 시대가 펼쳐질 것이다. 일명, '환상 사회' Fantastic Society 이다. 2040년 이후 펼쳐질 새로운 패러다임을 살펴보기 위해, 우선 인류역사상 지금까지 나타난 커다란 세 가지 패러다임에 대해서 살펴보자.
 미래학자 에드워드 코니시에 의하면 역사가들에게 오래전부터 인정받아 온 인류변화를 이끈 첫 혁명은 농업혁명이다. 농업혁명은 고대 중동 지역에서 밀 같은 곡물을 경작하는 기술이 개발되면서 시작되었다. 그전까지 인류는 사냥이나 채집을 주로 하면서 먹을 것을 찾아 이리저리 이동하며 생활하는 수렵공동체였다. 하지만 곡물 경작 기술의 개발은 인류에게 혁명적인 전환을 가져다주었다. 곡물 경작은 모든 지역에 공급될 만한 식량의 양을 증가시키는 혁명이었기 때문에, 인류는 위험을 무릅쓰고 이리저리 옮겨 다니며 사냥을 하거나 끊임없이 먹을 것을 찾아 돌아다닐 필요가 없어졌다.

한 가지의 기술이 가져다준 변화는 대단했다. 먹을 것을 찾아 이동하는 생활에서 벗어나 안정적인 정착을 하게 되었고, 지속해서 풍부한 식량을 확보하게 되자 인구가 급속히 늘기 시작했다. 인구가 증가하면서 부족 중심의 공동체가 점점 커지게 되어 초기 도시들이 등장했다. 이런 거대한 공동체들이 등장함에 따라 상품과 서비스를 파는 경제시스템이 자연스레 형성되기 시작했다. 곡물 경작 기술을 활용해 안정적인 식량공급이 이뤄지자, 인류에게는 새로운 잉여 시간이 생겼다. 인류는 그 시간을 활용하여 문화를 발전시키기 시작했다. 그 과정에서 글과 숫자가 발명되고 발전했다.

문자의 발명은 학문을 급속도로 발전시켰고, 숫자의 개발은 경제와 과학의 발전을 촉진했다. 경제와 사회가 발전하고 사람이 많이 모여 사는 도시 공동체가 형성되자, 모든 사람이 식량생산에 얽매일 필요가 없게 되었다. 생활의 편리와 부의 축적과 과시를 위한 서비스업과 다양한 금속세공업, 초기 제조업 등이 발전하면서 직업과 무역은 분화되고 발전되었다. 이런 변화는 글쓰기, 회계, 수학, 학문, 법과 제도, 정치 등의 발달을 촉진하는 선순환을 낳았다. 함무라비 법전, 이집트의 피라미드, 성경, 신화, 동양의 각종 사상, 로마제국, 만리장성, 르네상스 같은 경탄할 만한 문화적 산물들이 쏟아져 나온 것이다. 도시들은 점점 더 발달해서 도시와 도시를 잇는 도로들이 세계 곳곳에 깔리기 시작했다. 도로의 발달은 운송수단의 발달을 촉진했고, 세계적인 문화를 발달시키는 원동력이 되었다. 물론 이런 과정에서 빈익빈 부익부 현상이나 빈번한 전쟁 등이 부작용으로 나타나기도 했다.

이런 과정에서 농경사회 패러다임은 수렵사회의 부와 성공의 조건들을 완전히 뒤바꿔 버렸다. 수렵사회에서 부와 성공을 얻기 위해서는 민첩한 사냥 능력이나 물과 먹을 식물이 있는 장소를 찾아내는 능력을 갖춰야 했다. 하지만 농경사회 패러다임 안에서는 '곡물의 대량생산 능력'과 '문화창조 능력'이 부와 성공의 조건이 되었다. 곡물 대량생산 능력은 토지소유 능력, 토지단위당 생산능력, 곡물 저장, 곡물 매매, 곡물 교환 능력들과 직결되었다. 그래서 토지, 노예, 무역권, 문화적 유산 등을 차지하기 위한 국가 간 전쟁이 끊이지 않았다.

농경사회에서는 권력의 구심점이 부족에서 국가로 이동되기 시작했다. 절대적 권한과 지위를 가진 왕과 지도자를 중심으로 수많은 사람이 뭉쳐야만 부와 성공의 두 가지 조건을 확보하거나 보호할 수 있었다. 이 두 조건을 얻기 위해 수많은 암투와 전쟁이 벌어지기 시작했다. 이런 사회에서는 토지를 많이 소유하거나, 군인으로 출세하거나, 교육을 통해 정보를 장악한 사람들이 권력의 중심에 놓이게 되었다. 사회는 점차 계층이 구분되었고, 이런 현상은 국가가 전복되기 전까지는 영속적으로 굳어져 갔다.

계층이 생기고 국가가 절대권력화되자, 국민들은 국가를 위해 희생할 것을 강요받기 시작했다. 대다수의 국민은 국가에 절대 충성을 바치고 자신의 안전을 보호받는 구조 속으로 들어가기 시작했다. 절대

충성이 미덕인 사회가 된 것이다. 국민은 절대권력자의 말을 맹신했고, 권력을 장악한 계층들은 정보를 독점하고는 국민과 공유하지 않았다. 국민을 철저하게 정보에서 차단하는 우매 정치가 이루어졌다.

곡물 경작 기술의 발달로부터 촉진된 농경사회 시대는 약 6,000년 넘게 세계를 지배했다. 이런 패러다임에서 종교의 모습도 같은 방향으로 흘렀다. 종교의 권위는 국가의 권위만큼 신비롭고 절대적이었다. 국가를 위해 개인이 희생하는 것이 미덕이듯, 종교를 위해 개개인이 충성을 바치는 것 역시 절대적이었다. 교회는 백성이 성경을 자유롭게 접하거나 깊이 알지 못하게 함으로써 교회와 성직자의 권위를 강화했다. 이런 패러다임 안에서 국가의 리더, 조직의 리더, 종교의 리더들은 카리스마를 가진 절대적 권위의 리더십을 행사했다. 그리고 위기의 시대마다 이러한 리더십의 구사가 더욱더 요청되었다.

18세기로 들어서면서 토머스 뉴코먼이 말 50마리가 할 일을 증기기관 하나로 가능케 하는 혁명적 기술을 개발함으로, 산업사회라는 두 번째 패러다임이 출현했다. 새 패러다임의 출현은 기계동력이 인간 근력을 대체하는 시대가 오는 것을 알리는 신호탄이 되었다. 필자는 이것을 '기계적 로봇의 등장'이라고 표현한다. 많은 사람이 앞으로 나타날 로봇의 시대를 기대하거나 걱정하고 있지만, 로봇은 이미 18세기부터 우리 곁에 존재했다. 로봇은 18세기의 기계적 로봇에서 시작되어, 연산 로봇을 거쳐 인공지능 로봇으로 진화하고 있다. 후기정보화사회에서는 이 로봇의 활용 수준에 따라 부와 성공의 조건이 바뀔 것이다. 참고로, 지금 막 시작된 후기정보화사회는 인간 근력의 자동화를 더욱 가속하고, 나아가 인간의 두뇌를 자동화시키면서 마무리될 것이다.

여하튼 이런 시대에는 곡물 대량생산 능력보다는 기계적 로봇과 인간 노동력의 효과적인 조화를 통한 상품의 대량생산 능력이 중요했다. 동시에 기계적 로봇들을 작동케 하는 새 에너지(석탄, 석유) 소유 능력이 부의 조건으로 등장했다. 지난날 부의 조건이던 곡물 생산 능력이 큰 힘이 되지 못하자 농사 지을 영토를 확보하려는 영토 전쟁보다는, 상품과 무역 전쟁이나 자본 전쟁의 중요성이 커졌다. 권력은 국가에서 점점 생산자로 넘어갔다. 계층 변화도 일어났다. 생활수준의 급격한 향상으로 교육 기회도 확대되었다. 농경시대에는 제한적 계층만 교육 혜택을 보았지만, 이제는 일반인들도 교육의 힘을 본격적으로 활용하여 부와 성공, 권력과 지위를 얻을 기회의 시기가 열렸다. 즉, 국민이 좀 더 많은 권리와 힘을 얻을 수 있게 된 것이다.

1937년 하버드대학 교수 하워드 애이큰이 짧은 시간에 많은 계산량을 신속히 수행하는 자동 계산기 형식의 초기 컴퓨터를 발명하면서 제3의 혁명이 나타났다. 최초의 컴퓨터는 지금 우리가 사용하는 개인용 컴퓨터에 비하면 형편없을 정도로 낮은 수준이었다. 이것은 75만 개의 부품으로 이루어지고, 방 하나를 가득 채울 만한 크기였다. 1초에 고작 덧셈 세 개 정도만 할 수 있었다. 지금 우리가 가진 스마트폰의 연산 칩은 최초 컴퓨터보다 수십만 배 빠르다. 하지만 50년간 세계를 지배한 '정보화사회'라는 새 혁명의 시대를 시작하게 하는 데는 무리가 없었다.

컴퓨터는 인류 역사상 가장 강력하고 놀라운 발명 중 하나로, 곡물 경작이나 증기기관의 발명에 견줄 만한 혁명적 기술로 평가받으며, 이를 통해 지금도 계속해서 엄청난 사회 변화가 진행 중이다. 물론 지난

50년간의 정보화시대는 앞으로 벌어질 엄청난 미래 변화의 시작일 뿐이지만 말이다.

정보화시대를 이해하는 핵심 키워드는 연산 컴퓨터 기술을 활용한 인간 근력의 자동화와 정보화를 통한 정보기반사회의 구축이다. 사람들은 이제 단순한 기계적 로봇을 활용하는 것을 뛰어넘어 연산기능을 가진 로봇과 연산 컴퓨터를 활용해 모든 업무를 자동화해 나가면서 관리와 생산 등의 영역에서 최고의 효과를 만들어 내기 시작했다. 정보화사회라는 새로운 패러다임에서는 점점 빠르게 발전하는 정보처리기술과 정보연산기술을 극대화해서 지식을 창출, 관리, 거래하는 능력을 효과적으로 잘 사용하는 것이 부와 성공의 새로운 조건이 되었다. 이 능력을 활용하지 못하는 사람들은 점점 소외되어 갔다.

새로운 패러다임에서는 당연히 권력의 흐름에도 변화가 생긴다. 새로운 정보통신기술들과 정보의 보편적 접근성 등의 덕택으로, 산업시대에 생산자로 넘어갔던 권력이 다시 정보 영향력을 가진 소비자들에게로 넘어갔다. 이런 과정에서 경제 패러다임도 변화가 일어났다. 즉, 농경 시대와 산업주의 시대의 경제 패러다임이던 '소유' 중심 경제가 부가가치의 최적화를 목표로 하는 '접속' 중심 경제로 전환하게 된 것이다. 상품을 소유하고 있기에는 너무 빠른 속도로 세상이 변해 가기 때문에 소유는 이제 더는 능력이 아니다. 오히려 불편함일 뿐이다. 누가 가장 빠르게 새로움에 접속할 수 있느냐가 능력인 시대가 되고 있다.

환상 사회 패러다임 1
3차원 지능 신경망 사회

지난 50년의 정보화사회는 지금부터 시작될 초대형 변화의 서곡에 불과하다. 인류는 앞으로 '후기정보화사회'를 지나 '3차원 지능 신경망 사회'라는 새로운 속성을 시작으로, 초대형 변화가 완성될 것으로 예측되는 '팍스 아시아나' Pax Asiana를 거쳐, 심각한 생명 윤리적 갈등과 사람을 닮은 로봇과 로봇을 닮은 사람 간에 나타날 영적, 존재론적 갈등이 사회 최고 이슈로 대두할 '영성 사회' Spiritual Society의 속성을 지니는 '환상 사회'를 맞이할 것이다.

대략 2030년경까지 지속할 후기정보화사회는 인간 두뇌의 자동화와 정보화를 통한 지능기반사회 구축을 목표로 하고 있다. 앨빈 토플러 같은 미래학자들이나 정보통신분야 전문가들은 현재 우리나라가 전 세계에서 가장 먼저 후기정보화사회로 진입한 것으로 판단한다. 미래학자 랠프 옌센은 후기정보화사회를 '드림 소사이어티'라고 부른다. 후기정보화사회에서는 전기정보화사회의 기술들이 더욱더 크게 진보해서 인공지능 컴퓨터, 인공지능 로봇, 인간적 로봇 등이 출현해 인간과 로봇의 결합시대가 될 것이다. 빠르게 진보하는 인공지능기술은 정보화를 뛰어넘어 자동적 지식창출, 관리, 거래들을 가능케 할 것이다.

산업주의 시대부터 시작된 인간 근력의 자동화는 인간적 로봇과 인공지능 기술 덕분에 획기적인 성과를 나타내면서 지금의 노동력의

10~20% 정도만 필요로 하는 사회를 만들게 될 것이다. 아시모 같은 혁신적 휴머노이드 로봇이나, 입기만 하면 인간 근력의 100배의 힘을 발휘하게 하는 '입는 로봇', 촉감까지 완벽히 재현한 인공 팔, 인공 다리를 사람 몸에 이식하는 사이보그 기술 위에 인공지능 컴퓨팅 기술이 결합하기 시작하는 것이 후기정보화시대다.

현재 인공지능 컴퓨팅 기술은 스스로 그림을 그리고, 소설을 창작하고, 인간의 감정과 사회적 태도까지 배울 수 있는 수준에 이르고 있다. 약 20년 이내에 이런 사이보그 기술과 인공지능 컴퓨팅 기술이 획기적 수준으로 향상되어 상용화될 것이다. 결국 후기정보화시대는 이런 기술 때문에 제러미 리프킨이 말한 대로 전통적 노동의 종말 시대가 될 것이다.

후기정보화사회의 또 다른 변화 중 하나는 '3차원 가상공간'의 완성이다. 즉, '가상의 땅'이라는 새로운 공간이 완벽히 구축되는 시기다. 이는 인류 역사상 수천 년에 한 번 올까 말까 한 공간적 대변혁이라 불릴 것이다. 이런 기초적 기술과 환경이 완성되면, 2040년 이후로는 가상과 현실, 사람과 사물, 사물과 사물, 도시와 도시, 국가와 국가가 뇌 안의 뉴런처럼 연결되어 최고 수준의 집단지능으로 작동하는 3차원 지능 신경망 사회라는 새로운 모습의 미래가 탄생할 것이다. 전 세계 모든 생명과 사물이 신경망처럼 하나로 연결되는 초연결사회의 완성이다.

이 단계에서는 로봇이나 인공지능, 가상공간 같은 후기정보화시대에 상용화되는 다양한 기술이 인간과 경쟁하는 수준에 이르지는 않을 것이다. 대신 이런 기술은 인간의 보조 능력으로 작용하여 인간 능력의 극대화에 이바지하게 되어서 '강력한 개인' Powerful Prosumer이라는 새로운 인간상을 만들어 낼 것이다. 각종 기술과 사물을 자기에게 유리한 방향으로 사용할 줄 아는 소비자들이 지금까지 독점적 배타적 지위를 가져 온 정부나 기업의 강력한 견제자로 부상할 것이다. 더 나아가 '가상의식' 같은 새로운 의식이 나타나고, 새로운 산업의 형태와 새로운 노동 양식이 탄생한다. 물론 이 과정에서 정보 전염병, 사이버 범죄, 사회 전염병 등 전례 없던 새로운 위험이 증가할 것이다.

환상 사회 패러다임 2
팍스 아시아나

3차원 지능 신경망 사회와 더불어 패권이나 부의 중심의 변화도 예측된다. 앞으로 20년간은 전 세계에 높은 불확실성이 지속할 것이며, 따라서 사회, 경제, 기술, 환경, 정치, 영성에 이르기까지 전 부분에 걸쳐 경련 현상, 즉 월드스패즘을 통과해야 할 것이다. 월드스패즘 현상이 끝나 가면서 세계의 주도권이 미국에서부터 '안정적'으로 아시아로 넘어오게 되어 새로운 시대가 시작될 것이다. 사회, 경제, 기술, 학문, 종교 등 대부분 영역이 아시아를 중심으로 재편되고 안정되는 팍스 아시아나가 시작된다. 더불어 약 20년이 지나면, 인류의 역사를 바꿀 만한 환상적 기술들이 IT 분야, 바이오 기술 분야, 나노 기술 분야 등에서 혁명적으로 일어날 것이다.

세계 중심축이 아시아로 이동하고, 새롭고 환상적인 기술이 개발되고, 경련적 사회현상이 끝나고, 안정적인 새 제국의 시대가 열리는 것은 거시적으로 보면 한국 사회에도 긍정적인 신호가 될 것이다. 하지만 이런 힘의 이동 과정 가운데서 한국 사회와 교회도 지금껏 익숙해 있던 것들이 새롭고 이질적인 것들로부터 도전받는 환경적 변화를 맞이해야 한다.

한국 사회 전반적으로는 기업활동, 금융환경, 노동환경, 법과 정치환경 등에서 엄청난 변화가 올 것이다. 교회환경에서도 새롭고 이질적인 것들이 등장할 것이다. 이 때문에 심각한 복잡성의 증대가 곳곳에서 발생해 교인들이 큰 곤란과 진통을 겪게 될 것이다.

기술 면에서는 네트워킹 컴퓨터, 네트워킹 로봇을 통해 인간 의식과 감성이 기계와 연결될 것이다. 가상현실, 나노 기술, 바이오 기술, 우주공학기술[ST] 등의 기술 혁명이 무르익어 인류 역사상 최고로 환상적인 삶의 환경, 꿈 같은 생활 환경들이 마련되는 시대로 진입한다. 인간의 수명은 100세 이상으로 연장되고, 다양한 의학적, 과학적 기술을 통해 인간을 괴롭히던 질병들이 정복되고, 양자역학 기술의 발달로 인간이 물질세계를 완벽하게 지배하는 사회가 시작될 것이다. 화석에너지로부터 해방되어 새로운 녹색에너지의 시대가 완성되고, 다양한 나노 기술과 바이오 기술 등의 혜택을 통해 기본적인 가난과 굶주림의 문제들도 해결될 것이다. 자연과 우주와 인간이 연결되는 놀랍고 환상적인 사회가 도래하는 것이다.

일부 미래학자들은 2040년쯤이 되면, 의식주 중 식(食)은 대부분 저절로 해결된다고 예측한다. 2030년쯤에 일어날 바이오 기술 혁명이 이를 가능하게 한다는 것이다. 꿈의 기술 중 하나인 줄기세포기술이 완성되고 상용화되면, 동물을 복제하거나 인간의 장기만 복제하는 것이 아니다. 몸에 좋다는 산삼도 원하는 만큼 복제해 낼 수 있고, 최고급 육질의 한우, 최고급 섬유질과 영양분을 가진 채소를 줄기세포기술을 활용해 공장에서 마음껏 복제해 낼 수 있다. 그러면 가난하거나 배고픈 사람이 현저히 줄어드는 시대가 되는 것이다. 이런 시대가 바로 필자가 말하는 환상 사회다.

환상 사회 패러다임 3
영성 사회

환상 사회 패러다임에서는 이처럼 물질적 기본 욕구들이 상당히 채워질 수 있는 기틀이 마련되기 때문에 개인은 '꿈과 가치를 갈망하는 시대'로 진입하게 된다. 그리고 환상적인 기술문명의 혜택으로 인간 두뇌의 자동화를 넘어 감성까지도 자동화를 시도하게 되면서 사람들은 '꿈과 가치'에 더 큰 관심을 둘 것이다. 더불어 집단은 (개인적인 꿈과 가치가 모일 수 있는) 새로운 시간과 공간에서 개인화, 임시화, 조립화라는 속성을 강하게 나타내는 '컬트적 네트워크 시대'로 진입한다. 사회 전체는 '비물질사회와 물질사회가 심하게 경쟁하며 갈등하는 시대'로 들어간다. 기술적, 경제적으로는 환상적 사회일지 모르지만 영적, 심리적으로는 심한 갈등을 불러오게 된다.

환상 사회에서는 권력이 개인에서 사회적 가치로 이동하게 될 것이다. 누가 어떤 사회적 가치를 형성하느냐가 아주 중요한 조건이 된다. 기업은 무슨 상품을 파느냐보다 상품을 통해 어떻게 소비자의 꿈과 가치를 실현해 줄지를 고민해야 할 것이다. 환상 사회에서는 상품과 서비스의 생산력이 과거 사람들이 불가능하다고 여겼던 수준을 능가하게 되고, 첨단기술들의 혁명적 진보로 인해 인간의 본질적 한계가 더 넓어질 것이다.

이런 과도한 변화의 시대는 겉으로는 환상적 사회의 모습을 띠겠지만 정신적, 영적으로는 갈등과 불안정을 야기할 것이다. 초대형 변화들이 가져올 새로운 요구와 각종 충돌은 인간에게 극심한 스트레스를 줄 수 있다.

새로운 환경, 새로운 직업, 새로운 동료, 새로운 가족, 새로운 능력을 요구받는 것이 빈번해지므로 사람들은 새로운 정신적 구심점을 찾으려는 욕구를 강하게 느끼게 될 것이다. 결국 환상 사회는 영적, 존재적 욕구 기반사회를 필연적으로 요구하게 될 것이다. 존재(영적)의 질의 최적화를 목표로 하는 새로운 속성이 나타날 것이다. 이것이 바로 미래 사회에 나타날 세 번째 중요한 속성이다.

환상 사회 혹은 그 이후에는 심각한 생명 윤리적 갈등, 사람을 닮은 로봇과 로봇을 닮은 사람 간에 나타날 영적, 존재론적 갈등이 최고의 사회적 이슈로 대두할 것이다. 그러면서 영성 사회의 속성이 강하게 드러날 것이다.

이미 기본적인 의식주 문제는 해결되었고, 발전된 과학기술을 통해 자신들의 목표와 꿈을 이룰 만한 환경에 놓이게 된 인간은 결국 무언가 특정한 대상에 영적인 몰입을 하는 단계로 진입하게 된다. 그것은 종교일 수도 있고, 물질적인 것일 수도 있고, 신비적인 현상일 수도 있고, 거짓된 사이비 이단일 수도 있다.

우리가 전혀 예측하지 못하는 완전히 새롭고 혁명적인 미래는 거의 없다. 우리가 미래를 완전히 새롭고 혁명적인 변화의 세상으로 오해하는 결정적 원인은 도처에 흩어져 있는 미래 징후를 보지 못하기 때문이다. 1년 후, 10년 후, 20년 후에 사회, 기술, 경제, 환경, 정치, 영성 등의 영역에서 일어날 폭넓은 가능성들은 이미 오늘도 그 어디에서인가 꿈틀대고 있다.

Chapter 3

미래 변화 속에서
살아남기 위해 필요한 것들

미래 변화에서 살아남기 위해서는 반드시 준비해야 하는 것들이 있다. 미래 변화에 대한 방향감, 속도, 타이밍, 지역화, 지속가능한 생태계 구축 능력 등 다섯 가지에 대한 통찰력이 그것이다.

미래 변화에 대한 방향감을 갖고 있는가

미래 변화에서 살아남기 위해서는 첫째, 미래 변화에 대한 방향감을 갖고 있어야 한다. 이를 위해서는 미래 변화에 대해 지속적인 관심을 가지면서 '미래 지도'를 만들어야 한다. 한번 생각해 보라. 전쟁을 하는 군인이 지도가 없다면 어떻게 되겠는가? 지도가 있어야 어떤 길로 진군해야 하는지, 어디로 대포를 쏘아야 하는지, 어디에 진지를 구축해야 하는지, 어디로 퇴각해야 하는지, 어디에 매복을 해야 하는지 등의 다양한 전략과 전술을 구사할 수 있다. 전쟁터에서 지도가 없다는 것은 상상만 해도 끔찍한 가정이다.

미래 지도란 미래의 변화를 가늠해서 보여 주는 미래 시나리오를 일컫는 말이다. 이 부분은 필자와 같은 미래학자들의 전문 영역인데, 여기서 잠깐 미래학자들이 미래 지도를 만드는 몇 가지 간단한 노하우를 알려 주겠다.

미래 지도에는 먼저, '미래에 직면할 상황'들이 표현되어 있어야 한다. 즉, 여러 가지 자료들을 분석해서 지금의 모습과는 다르면서 가장 일어날 가능성이 높은 미래 변화의 방향과 모습들을 모아 놓은 것이 미래 지도다. 하지만 이 단계에서 주의할 점은 단기적이면서 장기적으로 생각하라는 것이다. 필자는 늘 "빠른 변화의 시대는 오히려 '멀리 봐야' 살아남을 수 있다"고 강조한다. 안중근 의사는 옥중 처형 사흘 전에 '인무원려필유근우' 人無遠慮必有近憂라는 글을 남겼다. 이 말의 뜻은 '사람이 멀리 생각하지 않으면 필히 가까운 근심이 있기 마련이다'라는 것이다.

다음으로, 미래 지도에는 '미래에 필요할 것들'을 예상해서 적어 놓아야 한다. 많은 사람들을 바보처럼 만드는 생각이 하나 있다. 바로 '알지 못하는 곳에서 무엇이 필요한지 어떻게 아는가?' 하는 어리석은 태도다. 하지만 탐험가들은 위기예측과 극복에 '상식'을 사용한다. 미래에 대한 태도도 같다. 아무리 미래가 알려지지 않은 영역이지만 '절대적'으로 알려지지 않은 미래는 없다. 왜냐하면 미래는 갑작스럽게 오지 않기 때문이다.

미래는 반드시 미래 징후들을 미리 던지면서 온다. 그리고 그런 미래 징후들은 우리가 오늘 본 신문, 잡지, 방송, 책, 논문 등에서 얼마든지 찾을 수 있다. 이런 매체들을 통해 오늘 아침 새롭게 발표된 신제품, 신기술, 새로운 제도, 갑자기 주목받는 사회적 현상들은 어제까지는 전혀 없다가 오늘 아침에 갑자기 하늘로부터 '툭' 하고 떨어진 것이 절대로 아니다. 우리가 알지 못하고 있었을 뿐이지, 이미 과거부터 서서히 진행되어 오다가 특정한 조건들이 충족되면서 최근 어느 시점부터 갑작스럽게, 그리고 눈에 띄게 창발(중요한 사건이나 이슈가 새롭게 생겨나는 혹은 새롭게 출현하는)하면서 언론의 이목을 끌게 되어 우리에게 알려진 것이다.

필자는 미래 징후를 미래 변화의 모습을 묘사하거나 미래에 발생할 수 있는 변화의 결과를 구성하는 하나의 퍼즐 조각이라고 표현한다. 이런 미래 징후는 하나의 뉴스로, 하나의 전조적 사건으로, 하나의 발견으로, 하나의 정보로, 하나의 연구 보고서로, 하나의 새로운 기술로, 하나의 느낌 등으로 올 수 있다.

우리가 전혀 예측하지 못하는 완전히 새롭고 혁명적인 미래는 거의 없다. 우리가 미래를 완전히 새롭고 혁명적인 변화의 세상으로 오해하는 결정적 원인은 도처에 흩어져 있는 미래 징후를 보지 못하기 때문이다. 1년 후, 10년 후, 20년 후에 사회, 기술, 경제, 환경, 정치, 영성 등의 영역에서 일어날 폭넓은 가능성들은 이미 오늘도 그 어디에서인가 꿈틀대고 있다. 이런 미래 징후들을 발견해서 퍼즐 맞추기처럼 맞추면서 미래 지도를 완성해 가다 보면 남들보다 기회와 위기를 먼저 발견할 수 있게 된다.

지금보다 조금만 더 미래에 대해 관심을 가지라. 그러면 미래 생존 가능성을 얼마든지 높일 수 있다. 이번 금융위기가 처음 시작된 때는 2008년 9월이었지만, 이미 2006년부터 세계 도처에서 금융위기를 알리는 미래 징후가 속속 드러나고 있었다. 그런 미래 징후들을 남들보다 미리 보았다면 어땠을 것 같은가? 아마도 지금쯤 최고의 기회를 잡고 있을 것이다.

또한 미래 지도를 잘 만들려면 필요한 경우 '보잘것없는 정보'라도 잘 모아 놓아야 한다. 모호한 정보, 믿을 만하지 않은 정보들도 때에 따라서는 유용하게 사용될 수 있다는 생각을 가져야 한다. 특히 미래를 예측할 때는 더욱더 그렇다. 미국의 콜린 파웰 전 장관이 이런 말을 했다. "100% 정확한 정보는 쓸모 없다." "100% 확실하게 폭발이 일어날 것이라 말할 수 있을 때는 이미 늦은 때다."

우리는 미래에 관한 완벽한 정보를 찾으려고만 하다가 미래의 기회를 놓치기 일쑤다. 때문에 보잘것없다고 치부되는 미래에 대한 정보들이라도 계속해서 수집하는 것이 중요하다.

마지막으로, 미래 지도에는 '예상치 못한 것'에 대한 정보도 반드시 담아야 한다. 즉, 남들이 관심을 갖고 있지 않는 측면의 미래 변화에 대해 주목하라는 것이다. 미래학에서는 이런 미래를 '뜻밖의 미래'라고 부른다. 즉, 일어날 가능성은 낮지만 극단적 미래 위협을 방지하기 위해 반드시 고려해 보아야 할 미래의 변화 모습이다.

필자는 뜻밖의 미래를 두 가지로 분류한다. 먼저, 나노 기술처럼 하나의 혁신적 기술적 진보로 인해서 미래가 비약적으로 진보하면서 지금과는 '상당히 많이' 다른 새로운 미래를 만들 수 있다. 그다음으로는, 특정 사건이 기존의 체제를 붕괴시킨 후 새로운 미래를 만들어 내는 경우다. 예를 들어, '베를린 장벽 붕괴'라는 하나의 사건은 그 사건 자체만으로도 뜻밖의 사건이었지만, 그 사건 이후로 예상치 못하게 미국과 러시아의 핵무장 경쟁의 촉진과 EU의 재정정책 변화 등을 촉발시켰다.

뜻밖의 미래를 미래 지도에 넣을 때는 주의점이 하나 있다. 뜻밖의 미래가 나타나는 시점이 언제냐를 찾아내려고 하면 안 된다는 것이다. 본래 미래에 대한 예측이 쉽지 않은 것이지만, 그중에서도 특히 뜻밖의 미래를 예측하는 것은 더욱더 힘들다. 보통 뜻밖의 미래는 예측과는 아주 다른 때 일어난다. 예를 들어, 1989년 7월 독일의 전 총리였던 게르하르트 슈뢰더 Gerhard Schroder는 "현재 우리에게 통일의 가능성은 전혀 없으며 40년 후의 세대들에게도 통일의 기회는 희박하다"라고 확신에 찬 어조로 장담을 했다고 한다. 하지만 그의 확신 넘치는 단언이 무색하게도, 불과 몇 개월 후 베를린 장벽이 무너지고 독일은 급작스런 통일을 맞이했다. 지구 상에 유일한 분단 국가로 남아 있는 대한민국 역시 급작스럽게 통일이 될 것이다. 그러나 그 시기가 언제인지는 예측할 수 없다.

뜻밖의 미래는 이런 미래가 일어난다는 것을 무조건 전제하고, 그 일이 일어난다면 과연 어떤 폭발력이 있는지를 깊이 상상하고 논의하는 것이다. 그리고 그때 나온 아이디어들을 미래 지도에 넣으면 된다.

많은 사람들이 예상치 못한 금융위기에 빠졌다고 말한다. 하지만 예상치 못한 것은 없다. 부동산이 활황일 때 대부분의 사람들이 부동산 거품 붕괴에 관심을 갖지 않았을 뿐이다.

물론 미래에 관심을 가지고 변화를 예측해 보려고 하는 것은 힘이 들고 번거로운 일처럼 느껴질 수 있다. 하지만 지금과 같은 시기에는 이런 태도와 노력이 필요하다. 특히 경제방식, 산업방식이 총체적 위기를 맞은 지금, 개인이나 기업의 CEO에게 필요한 것은 단지 새로운 아이디어나 혁신의 정신만이 아니라 '미래를 읽고, 위기를 넘어가는 기술'이라는 것을 가슴에 새겨야 한다.

변화의 속도에 적응하고 있는가

둘째, 미래 변화 속에서 살아남기 위해서는 '변화의 속도'를 알고 그에 빠르게 적응하는 것이 아주 중요하다. 미래 변화의 속도란 새로운 산업이나 혹은 새로운 변화의 모습이 가시화되는 속도를 의미한다. 이런 변화에 대한 최적의 속도감을 유지하려면 변화 모습을 매일 모니터링하면서 속도감을 몸으로 익히는 것이 아주 중요하다.

참고로, 미래의 변화에 대한 속도감을 생각할 때는 현재 생각하고 있는 변화의 속도에 2~3배를 곱하라. 예를 들어, 무인자동차가 언제쯤 상용화된다고 예측하느냐는 질문에 사람들은 "아마도 우리가 죽은 후에나 상용화되지 않겠는가?" 혹은 "아무리 기술발달이 빨라도 20~30년은 걸릴 것이다!"라고 답을 많이 한다. 하지만 필자의 생각은 다르다. 아마도 빠르면 10년 후면 무인자동차를 가까운 자동차 대리점에서 구매할 수 있을 것이다. 지금 하이브리드 자동차를 구매하는 것처럼 말이다.

이미 몇 년 전에 자동차 안에 컴퓨터 8대를 설치하고 자동차 외부 사방에 카메라를 장착한 무인자동차가 도로주행과 사막 횡단에 성공했다. 그리고 2020년경이 되면 사람과 사람이 통신을 하고, 사람과 사물이 통신을 하고, 사물과 사물이 통신을 하는 유비쿼터스 환경이 구축된다. 그러면 무인자동차는 급격한 발전을 하게 된다.

세상은 지금 우리가 생각하고 있는 속도보다 적어도 2~3배는 빨리 변하고 있고, 향후 10~20년 이내에 IT, 바이오 기술, 나노 기술, 인공지능, 로봇 기술들이 서로 융합되는 단계에 올라서게 되면 기술발달의 임계점을 통과하게 될 것이다. 세상은 지금보다 몇십 배의 속도로 변화할 것이다. 미래 사회에서 생존하려면 이러한 속도의 변화를 잘 맞추어야 한다. 미래 변화에서는 방향보다 더 중요한 것이 속도다.

변화와 기회의 타이밍을 꿰뚫고 있는가

셋째, 변화의 과정에 개입하거나 혹은 새로운 기회를 포착하기 위한 행동을 시작하는 '타이밍'을 잘 맞추어야 한다. 타이밍이란 새로운 시장이나 변화 상황에 대한 진입시기를 잘 맞추는 기술이다. 비즈니스의 경우, 이 부분이 아주 중요하다. 너무 늦게 들어가면 시장에서 큰 이익을 남길 수 없고, 너무 빨리 들어가면 망하게 된다.

예를 들어, 향후에 인터넷 공간은 이미지와 텍스트로 구성되어 있는 지금의 2D 환경에서 3차원 입체공간을 표현해 주는 3D 가상공간으로 넘어가게 될 것이다. 물론 2D 방식의 커뮤니티들이 없어지는 것은 아니다. 단, 3D가 2D를 불러오는 형태로 진화할 것이다. 빠르면 3~5년 이내에 인터넷 가상공간도 3D가 대세가 될 것으로 전망한다. 물론 3D 가상공간은 이미 인터넷의 바다에 존재한다.

세계에서 가장 앞서 있고 활성화가 되어 있는 3D 가상 커뮤니티 공간은 미국의 린든 랩이 개발한 세컨드라이프다. 향후 인터넷 가상공간은 세컨드라이프와 같은 방식을 기초로 빠르게 진화할 것이다.

'이런 변화의 흐름 속에서 IT 강국이라고 자부하는 대한민국은 도대체 무엇을 한 것일까?' 하고 의문을 던질 수 있다. 우리나라 역시 세계적인 IT 강국답게 세컨드라이프보다 몇 년 앞선 2000년에 이미 3D 가상공간을 만들어 서비스를 시작했다. 세컨드라이프와 거의 유사한 '다다월드' 라는 3D 가상 커뮤니티가 그것이다. 그런데 결과는 어떻게 되었을까? 망했다! 변화의 방향은 맞았지만 애석하게도 너무 빨리 시장에 진입한 것이 화근이었다.

미래 변화의 세 가지 지역화

넷째, 미래 변화 속에서 살아남기 위해서는 '지역화' Localization가 필요하다. 지역화란 세 가지로 분류할 수 있다. 가장 먼저, 새로운 미래 변화 안에서 우리가 '선택하고 집중해야 할 영역' 은 어디인가? 다음으로, 어디가 우리에게 가장 걸맞은 '지역 적합성'을 띠는가? 마지막으로, 끊임없이 변하는 세상이 만들어 내는 '새로운 적합성'은 무엇인가? 이에 대해서 정확한 판단과 대응을 해야 한다. 이 중에서 특히 적합성이 아주 중요하다.

네트워크 이론을 응용하자면, 시장에서 소비자들은 자신이 어떤 상품을 선택할 것인가를 결정함에 있어서 '선호적 연결' Preferential attachment 이라는 방식을 따른다. 예를 들어, 비슷한 A와 B라는 두 개의 상품이 있는데 비록 초기이지만 A가 B에 비해 2배나 많은 소비자를 가지고 있다고 가정하자. 그러면 그 이후로는 아주 자연스럽게 연결 수가 많은 상품 A에 계속해서 (B와 비교해서) 2배수로 새로운 소비자들이 더 링크가 된다. 이것을 '네트워크 선호성' 원리라고 한다. 좀 더 쉽게 말하면 당신이 오늘 점심 식사를 하러 음식점 골목으로 간다고 해 보자. 같은 골목에 있는 비슷한 음식점들 중에서 당신은 대체적으로 사람이 많은 쪽의 음식점을 무의식적으로 '선호'하여 들어갈 것이다. 단지 그 음식점이 다른 음식점보다 사람이 더 많다(네트워크 선호도가 더 높다)는 이유만으로 그 음식점의 음식이 더 맛있을 것이라고 추정하면서 말이다.

마케팅 측면에서 본다면, 기본적으로 개개인의 선택은 참으로 예측하기 어렵다. 하지만 하나의 그룹으로서의 소비자는 일정한 패턴을 따르기 때문에 예측하기가 좀 더 쉽다. 개개인이 일정한 그룹으로 움직이기 시작하면 '유행'이나 '트렌드'라는 말이 따라붙기 때문이다. 이런 인기 혹은 유명세를 탄 브랜드는 선호적 연결성을 더욱더 높이는 매력 포인트가 되어서 후발주자들의 시장 진입을 막는다. 결국 선호적 연결의 법칙은 시간이 지나면서 자연스럽게 부익부 현상과 80대 20의 파레토Pareto 현상(부의 치우침 현상)을 만들어 낸다. 비즈니스란 이런 복잡한 시장 시스템에서 고객을 두고 치열하게 벌이는 경쟁과정이다.

하지만 다행인지 불행인지 시장의 무서운 양면성이 존재한다. 치열한 경쟁환경 속에서 시장은 승자의 기업들이 만들어 낸 상품과 서비스 등을 소비하면서 새로운 문제, 욕구, 결핍 등을 토해 낸다. 본래 인간은 만족을 모르는 존재다. 새로운 물건을 구매해도 그것 때문에 더욱더 새로운 것에 대한 욕구를 느끼는 것이 인간의 속성이다.

시장은 소비자들의 이런 욕심을 먹고 성장한다. 즉, 시장에는 아무리 새로운 제품이나 서비스가 나오더라도 영원히 새로운 요구가 만들어진다. 필자는 이를 '새로운 시장 적합성'이라고 부른다. 소비자가 호감을 가지는 새로운 패턴의 적합성, 소비자를 끌어들이는 새로운 능력의 적합성, 소비자가 새롭게 발견한 문제, 욕구, 결핍을 해소해 주는 새로운 상품이나 품질의 적합성 등이다. 이러한 적합성의 변화는 기존의 강자를 없애 버리기도 하고 새로운 강자를 만들어 내기도 한다. 이런 새로운 적합성이 만들어질 때마다 시장의 지배자가 바뀐다. 즉, 회사의 나이보다는 고객을 사로잡는 새로운 아름다움을 끊임없이 보여 주지 못하면 회사는 생존하기 어렵다.

예를 들어, 구글의 경우가 그렇다. 구글은 선발주자가 갖는 이점을 깨뜨리고 후발주자로서 시장의 승자가 된 사례다. 1997년에 등장한 구글은 검색시장에서는 전형적인 후발주자였다. 하지만 3년도 되지 않아서 검색시장의 최고 자리를 꿰찼다. 구글의 이런 놀라운 성과는 기존의 검색엔진을 사용하는 유저들이 새롭게 요청한 검색엔진에 대한 새로운 적합성(방문자를 유인하는 새로운 기능적 적합성)에 기존의 절대 강자였던 야후보다 한발 앞선 능력을 보였기 때문이다.

변화의 속도가 빨라짐과 동시에 기술의 보급 속도와 상품의 생명주기도 짧아진다. 이는 곧 시장 적합성의 변화도 빨라짐을 의미한다. 예를 들어, 하나의 제품이 5,000만 명에게 보급되는 속도를 비교해 보자. 라디오가 38년, TV는 13년, 아이팟은 3년, 페이스북이나 트위터는 2년이 채 걸리지 않았다. 우리나라에서도 3G핸드폰이 나와서 1,000만 명까지 보급되는 데 3년이 걸리지 않았다. 스마트폰은 어떨까? 우리나라에서 스마트폰의 사용자가 1,000만을 넘어서는 데는 채 3년이 걸리지 않을 것이다. 보급의 속도가 빨라지는 만큼 제품이나 표준 수명도 짧아진다. 그만큼 시장의 적합성도 급격하게 변한다.

아이러니한 것은 새로운 시장의 적합성은 그 직전 단계의 승리자가 만들어 낸다는 것이다. 어떤 제품이 너무나 좋아서 사람들이 그 제품을 대중적으로 소비를 한다. 이 과정에서 소비자들은 새로운 상품에 아주 잘 교육이 된다. 그러면서 그 제품이 없었을 때에는 전혀 느끼지 못했던 새로운 문제, 욕구, 결핍을 갖게 된다.

소비자들의 이런 느낌들과 요구들이 모이고 모이면서 시장은 새로운 적합성을 요구하게 된다. 즉, 문제, 욕구, 결핍들을 해소시켜 줄 수 있는 그 무언가를 고대하고 고대한다. 그때 마치 백마 탄 기사처럼 구글 혹은 애플과 같은 새로운 벤처기업이 운 좋게 혹은 아주 현명하게, 눈치 빠르게 변화되는 시장의 적합성에 맞는 제품을 내놓으면 시장은 급격하게 그들에게 열광하게 된다. 그리고 그들은 '게임 체인저'라는 영광의 칭호를 얻게 된다. 물론 그전의 승자들은 기억되지도 못한다. 이렇게 시장에서 사라져 간 거대 기업들이 한둘이 아니다.

따라서 미래 사회에서는 변화의 속도만큼 거대한 공룡기업들을 고사시키는 시장 적합성의 변화도 빨리 찾아온다. 이처럼 복잡하게 상호연결된 시장 시스템은 새로운 게임 체인저가 나올 때마다 하나의 사건으로 끝나지 않고 시스템 전체에 걸쳐 연속적인 파급을 일으킨다.

지속가능한 생태계 구축 능력을 갖고 있는가

마지막으로, '지속가능한 생태계 구축 능력'이다. 미래에는 상품 하나를 팔더라도 공급자, 소비자, 경쟁자, 이해관계자들 모두가 함께하는 생태계를 만들어서 팔아야 성공의 가능성을 높일 수 있다. 미래의 비즈니스에서는 상품보다 공급자, 소비자, 경쟁자, 이해관계자들 등으로 구성되어 있는 비즈니스 네트워크가 훨씬 더 중요하고 가치가 있다. 네트워크가 힘이다. 네트워크가 부의 원천이다. 아니, 네트워크 자체가 하나의 상품이요 부다.

교회도 마찬가지다. 미래 교회의 중요한 특징들 중 하나는 '연결된 교회들'이라는 개념이다. 작고 강한 교회들이 서로 연결되어 새로운 사역을 만들어 내는 것이 미래 교회의 모습이다.

만약 영향력 있고 견고한 사역 모델을 만들려면 마치 생태계가 다양한 종의 생물들이 적절한 관계를 유지한 채 최적의 균형을 이루며 총체적인 생존 가능성을 높이는 것처럼 교인들, 지역 교회들, 협력기관들, 교회 지도자들, 이익관계 집단, 정부와 지자체 등과 적절한 상호연결성을 통해 견고하고 균형적인 그물망을 만들려는 노력을 끊임없이 전개해야 한다. 이것이 지속가능한 사역의 핵심 엔진이다.

1. 미래 해법 ❶ 지속가능한 부흥을 위한 하나님의 전략
당신이 섬기는 교회를 위해서 울라
미래를 객관적으로 보라
다가올 위기를 기회로 바꾸라
하나님이 가치 있게 여기시는 것이 무엇인지 깨달아라
하나님의 이기는 전략을 따르라

2. 미래 해법 ❷ 교회 변화의 시작은 미래 통찰로 시작되는 비전 리빌딩이다
미래 목회, 리빌딩하라
하나님의 방법으로 현재와 미래를 통찰하라
미래 부흥의 핵심 레버리지 세 가지를 통찰하라
지상명령과 하나님의 사람 세우기
10단계 프로세스

3. 미래 해법 ❸ 하나님의 경제 정의로 돌아가라
하나님의 경제 정의를 바르게 알라
경제적으로 하나님 편에 선다는 것
경제 청지기의 길 시작

4. 미래 해법 ❹ 목회자여, 성장의 한계를 넘어서라
성장의 한계를 못 넘게 만드는 진짜 두려운 것들
성장의 한계를 넘으려면 진짜 보수적, 진짜 성경적 교회가 되어야 한다
성장의 한계를 넘게 하는 갱신의 방법
지금 부흥하고 있어도 갱신해야 한다
성장의 한계를 넘으려면 현실에서 눈을 떼지 말라

PART 5

지속가능한
미래 한국 교회를
원하는가

갱신이 필요하다면 목표를 분명히 해야 한다. 그것은 다가오는 위기 가운데 하나님이 가치 있게 여기시는 것이 무엇인지를 분명히 깨닫는 것에서 시작한다. 변화가 필요하다고 해서 아무것이나 마구잡이로 시도해서는 안 된다. 하나님이 가치 있게 여기시는 변화를 시도해야 한다. 하나님은 단순히 교회가 커지고 교인 수가 늘어나는 데 가치를 두지 않으신다. 양적 성장보다는 '한 사람'을 우선해야 한다. 고통받는 한 사람, 주변에 있는 한 사람, 그 사람과 함께 씨름하고 울어 주고, 그 사람이 주님 앞에 갈 때까지 인내하며 세워 주는 것이 참으로 중요하다.

Chapter 1

미래 해법 ❶
지속가능한 부흥을 위한 하나님의 전략
시작은 한 사람, 한 교회부터

당신이 섬기는 교회를 위해서 울라

이제부터는 위기에 처한 한국 교회를 살릴 해법이 무엇인지 살펴보자. 첫 번째는 철저한 회개, 관심과 기도, 희생하겠다는 다짐이다. 기독교는 철저하게 목회자와 교인의 희생 위에 세워지는 종교다. 예수님의 철저한 십자가의 희생 위에 초대교회가 시작되었다. 한국 교회 역시 토마스(Robert J. Thomas) 선교사 같은 분들의 순교 위에 세워졌다.

역사학자 이만열 교수는 "한국 교회의 성장과 그 요인"이라는 글에서 한국 교회의 성장 발판은 고난과 고통의 시기에 형성되었음을 말한다. 조선 후기 민중이 철저하게 권세가들에 의해 착취와 억압을 당하던 시기, 1894~1895년의 청일전쟁, 1904~1905년의 노일전쟁 시의 박해와 형벌 속에서도 목숨 걸고 헌신했던 성도들의 신앙 때문에 교회가 뚜렷한 부흥기를 맞이했다고 기록한다. 청일전쟁 중 가장 큰 피해를 입은 평양의 선교사였던 마펫^Moffett은 "교인과 그 가족들, 구도자들, 그리고 하나님이나 예수의 이름을 들어 본 정도에 지나지 않았던 자들은 박해와 그에 따른 형벌을 목격하고, 또 그 같은 시련 속에서도 흔들리지 않는 교인들의 모습을 본 후에 사방에 흩어졌다. 그리고 가는 곳마다 예수 교리의 소식을 전했다"고 고백했다고 한다.

이만열 교수는 그뿐 아니라 일제에 의해 나라가 강탈당한 민족적 박해의 시대에 오히려 '대부흥 운동'과 '100만 구령 운동'이 일어났으며 1905~1910년 약 5년여간에 한국에서 선교하고 있던 미북감리회는 180%, 미북장로교회는 250%, 미남감리회는 700% 성장률을 보였다고 밝히고 있다. 오히려 일제 치하의 혹한 탄압과 박해 속에서 한국 교회는 세계에 유례없는 성장의 기틀을 마련했다.

그 후로도 한국전쟁 가운데, 군부독재하에서 한국 교회는 민족 복음화 운동을 뜨겁게 전개하여 1960년대에는 연평균 약 10만 명씩, 1970년대에는 연평균 약 20만 명씩, 1978년부터는 연평균 약 100만 명씩 급성장했다고 기록하고 있다.

그러나 1980년대를 기점으로 민주화 바람이 불기 시작하고, 물질만능주의가 한국 교회에 일기 시작하면서 세계에 유례없던 부흥의 속도는 약 5% 미만의 성장으로 주춤했다. 1990년대부터는 완만한 마이너스 성장(어떤 통계조사에 의하면 약 4% 마이너스 성장)으로 돌아섰다. 핍박이 있었거나 전도할 대상이 없어서가 아니다. 식민지배와 전쟁 속에서도 흔들리지 않던 목회자와 교인들이 웰빙과 물질 앞에 흔들리면서 교회가 침체하기 시작했다. 교회의 생명력이 희생에서 물질과 세력과시로 전환되고, 복음에 대한 열정이 외형적 과시에 대한 열정으로 전환되면서부터 한국 교회의 부흥은 멈춰 버리고 만 것이다.

교회를 생명력 있게 만드는 것은 물질의 힘이 아니다. 그러나 지금은 전도와 선교를 말하면 "돈이 있어야 하지요. 예산을 먼저 생각해 보십시오. 중요한 것은 돈입니다"라고 말하는 목회자와 교인을 너무 쉽게 만난다. 사실 돈은 수십 년 전보다 많다. 믿음과 헌신, 그리고 희생 부족에 대한 핑계일 뿐이다. 교회의 역동성과 생명력의 유지는 사람 수와 돈에서 비롯되는 것이 아니다. 전도와 선교로 그 역량을 집중할 때 가능하다.

그러나 전도하지 않는 교회가 늘어 가고, 전도 독려를 꺼리는 교인이 늘어 가고, 오히려 전도하는 교인들에게 돌아오는 것은 비아냥뿐인 분위기 속에서는 침체의 악순환만 일어난다. '튀지 말고 나 혼자만 신앙생활 잘하면 돼' 하고 생각하는 사람들로 교회는 가득해진다. 혹은 '누구 좋으라고 헌신하고 봉사하고 전도하고 헌금하나?' 하는 회의적인 태도가 퍼지고, '헌금하면 목사가 다 자기 맘대로 쓰는 거 아니야?' 하는 의심의 눈초리도 늘어난다.

안정지향적인 신앙생활을 추구하는 교회가 늘어 가고 있다. 안정이란 기존에 있는 떡 덩이를 서로 나눠 먹는 수준으로 전락하는 것을 의미한다. 낸 헌금은 자기들끼리 다시 사용해 버리고 "변화의 필요성은 알지만……" 하며 말꼬리를 흐리는 교회가 늘어 간다. 이런 분위기가 팽배해져 가는데도 한국 교회가 이 정도로 건실(?)하다는 것이 기적이다. 하지만 이대로 가다가는 10~20년 이내에 한국 교회들은 그 수명이 급격히 짧아지면서 소멸하는 현상이 확산될 것이다.

지금이라도 "과연 10년 뒤에도 우리 교회가 문을 닫지 않고 명맥을 유지하고 있을까?"라는 질문을 심각하게 던져야 한다. 그런데 교회를 책임져야 할 목회자나 중직자들에게서 이런 질문을 진지하게 고민하고 기도하는 모습을 찾아보기가 쉽지 않다. 지도자들에게서 한국 교회의 심각한 위기를 극복하기 위한 장기적 계획과 비전을 기대하는 것이 어렵게만 느껴진다.

한번 떠난 교인은 획기적으로 교회가 변화되지 않는 한 다시는 돌아오지 않는다. 단순히 몇백만이라는 기독교인 숫자와 대도시의 몇몇 초대형교회들의 약진에 흥분해서 코앞에 닥친 위기를 보지 못하는 것이 너무도 안타깝다. 한국 교회의 미래 문제에 대한 해답을 찾지 못하면 10년 후 교회는 텅 빈 의자들과 백발이 무성한 노인들로만 채워질 것이다.

2006년은 1907년 '평양 대부흥' 100주년이 되는 기념적인 해였다. 일본에 나라를 빼앗기고 비탄과 절망에 빠져 있던 백성에게 오순절 다락방의 사건처럼 천지가 진동하는 감격과 민족의 가슴을 태워 버리는 성령의 불이 떨어진 지 100년이 되는 해였다. 한국 교회는 2006년을 기점으로 새로운 평양 대부흥 운동을 부르짖었다.

그 후 7년이 지난 지금은 어떠한가? 겉으로는 세계 최고의 기독교 아성을 자랑하는 한국 교회지만, 속으로는 영적으로 곪고 문드러져 바싹 마른 뼈로 가득한 세계 최고 세속 교회의 모습이 바로 그 현주소다. 도대체 무엇이 1907년과 현재의 한국 교회를 하늘과 땅 차이로 바꾸어 놓았을까? 그것은 바로 '통회하는 울음'의 차이다. 100년 전 1907년 1월 14일 저녁 평양 장대현 교회에 모인 성도들은 나라를 빼앗긴 잘못이 바로 자신과 한국 교회의 죄악 때문이라고 고백하며 가슴을 찢는 통회 자복의 눈물을 흘렸다. 이렇게 시작된 통회의 울음은 삽시간에 전국 교회의 성도들과 목회자들의 회개운동으로 이어졌다.

지금 우리의 모습은 어떠한가? 질주하는 속도로 죄악으로 가득 차고 있는 사회. 경제적으로 심한 침체에 빠져 허우적거리는 국가. 거리에는 부랑자가 가득하고 매일 자신의 존재를 비관하며 자살하는 이들이 줄을 잇고 있다. 교회와 교인들이 앞장서서 세속화를 주도하고 있다. 이미 세속화가 될 대로 되어 버린 한국 교회와 교인들에게 무엇을 기대할 수 있을까? 이 말이 불편한 분들이 있을 것이다. 도저히 인정할 수 없는 분들도 있을 것이다. 그런데 지금 한국 교회는 '차지도 덥지도 않은 교회'의 전형이 되어 버렸다.

한국 교회와 교인을 살리는 길은 무엇인가? 길은 하나다. 오순절 다락방 사건처럼, 평양 대부흥 사건처럼 다시 한 번 하늘 문이 열리고 성령의 불덩이가 한국 교회 위에 쏟아지는 것밖에는 길이 없다.

이를 위해서는 내가 울어야 하고 우리가 울어야 한다. 지금부터라도 교회를 위해 울어야 한다. "앞으로 40일이 지나면 이 성이 무너지리라"라는 요나의 한마디 외침에 왕에서부터 짐승에 이르기까지 금식을 선포하고 굵은 베 옷을 입고 재 위에 앉아 물도 마시지 않고 힘써 여호와께 부르짖어 재앙을 피해 갔던 니느웨 백성처럼 울어야 한다욘 3:1~10. 하나님이 주시는 마지막 회개의 기회를 잃어버리고 후회하지 않도록 통회하는 울음을 터뜨려야 한다.

"하나님이 뜻을 돌이키시고 그 진노를 그치사 우리가 멸망하지 않게 하시리라"
욘 3:9.

우리에게 강철 같은 기도가 필요한 이유가 하나 더 있다. 앞으로 도래하는 기술들은 자칫 잘못 사용하면 지금보다 더 교묘하고, 더 강하고, 더 유혹적으로 교인들을 죄악으로 이끌어 갈 수 있다. 성경의 예언처럼 죄가 더욱 가득 찰 것이다. 겉으로도 타락의 모습이 강해지겠지만, 죄는 더욱 미화되고 교묘하게 포장되어 대중을 열광시키고 안심시킬 것이다. 세상을 더욱 가깝게 만들고 24시간 소통을 가능케 하는 미래형 인터넷 기술과 매체들은 사람들의 눈과 귀를 맛있게 요리된 악惡으로 마비시킬 것이다. 우리의 발이 빠르게 죄악의 소굴로 달음질하도록 자극하고 격려(?)하는 내용일수록 최고의 인기를 구가할 것이다. 영적 어둠의 소굴은 지옥 한가운데로 질주하는 깊은 터널이 되어 우리를 기다리고 있을 것이다.

다가오는 미래 사회는 겉으로는 환상적인 문명 사회이지만, 속으로는 지금보다 몇십 배 강력한 사탄의 도전이 기다리는 사회다. 그 파괴력도 지금보다 몇십 배 이상 강력할 것이다.

그러면서 교회 안의 세속화는 더욱더 심해져서 죄와 선의 구별이 모호해지는 범주가 커질 것이다. 교회라는 건물이 우리를 죄악된 세상에서 구해 줄 것으로 착각해서는 안 된다. 교회 안에 숨어 있으면 죄악의 검은 그림자가 우리를 조용히 넘어갈 것이라고 여겨서는 안 된다. 젊은이들은 이런저런 꼴이 보기 싫다고 힘겨운 세상을 뒤로하고 사이버 세상의 판타지 속으로 도피해 버리기도 한다. 그런다고 죄악에서 벗어날 수는 없다.

기독교인으로서 죄악된 세상에서 살아남아 자신과 가족, 교회를 지킬 유일한 길은 레오나드 레이븐힐 Leonard Ravenhill의 외침처럼 스스로 '기도에 굶주린 성도, 강철 같은 기도를 쉬지 않고 할 수 있는 기독교인'이 되는 것뿐이다. 그는 "죄를 짓는 사람은 기도를 중단할 것이고, 기도하는 사람은 죄 짓기를 중단할 것이다"라고 말했다. 우리를 자극하고 흥분시키는 죄를 이기는 유일한 길은 한 치의 물러섬도 없는 강철 같은 기도뿐이다. 기도를 대신할 수 있는 것은 없다. 죄가 우리의 신앙을 죽인다면 기도는 우리의 죽은 신앙을 다시 살린다. 습관처럼 무너졌던 죄악된 과거 때문에 비관해서는 안 된다. 기도의 능력은 측량할 수 없는 신비로움이다.

콘스탄티노플의 감독이었던 크리소스톰은 기도에 대해 이렇게 말했다. "기도의 능력은 불의 능력을 잠재웠다. 기도는 날뛰는 사자를 제어했고, 무정부적인 혼란을 안정으로 이끌었고, 전쟁을 끝냈고, 폭풍우를 멈추게 했고, 귀신들을 쫓아냈고, 죽음의 사슬을 끊었고, 천국의 문을 넓혔고, 병마를 몰아냈고, 도시를 멸망에서 구했고, 태양을 멈추게 했고, 벼락을 막았다."

미래를 객관적으로 보라

그다음으로 우리는 다가오는 미래를 '객관적'으로 보려고 노력해야 한다. 기회의 모습이라면 설레는 마음으로 준비해야 하고, 위기의 모습이라면 두려운 마음으로 정신을 똑바로 차리고 철저히 대비해야 한다. 아놀드 토인비는 "미래는 준비하는 자의 것이다"라고 말했다. 다가오는 위기를 극복하고 더 나은 미래를 만들기 위해서는 지금이라도 변화를 시도해야 한다.

필자가 지금까지 예측한 한국 교회의 미래의 모습들은 외부적으로는 한국 사회가 앞으로 겪게 될 피할 수 없는 위협 때문에, 내부적으로는 교회 지도자들과 교인들의 잘못된 신앙과 이기심 때문에 만들어지고 있는 것들이다. 우리에게 다가오는 이런 위기들은 몇 가지 거시적 지표나 현상만으로 덮어지지 않는다. 단순히 기도만 하면 된다는 식이나 우리가 조금만 잘하면 금방 해결된다는 식의 접근법으로는 해결될 수 없다. 늦으면 늦을수록 커다랗고 파괴력이 큰 폭탄으로 돌변할 문제다. 그럼에도 탐욕과 자만과 무관심, 과거의 영광에 취한 일부 지도자들과 교인들의 안일한 태도 때문에 한국 교회의 미래와 희망을 송두리째 앗아 갈 무시무시한 '괴물'이 내부에서 키워지고 있다.

지금 시스템으로는 앞으로의 영적 전쟁에서 예전처럼 기적을 발휘할 수 없다. 문제가 발생한 후에 수습하는 방식이 아니라, 선제적으로 문제에 대응하는 방식으로 교회나 교단의 정책 방향을 시급히 전환해야 한다. 교회 안에서 거품이 해소되는 과정에서 발생하는 일정 수준의 후유증은 감내해야 한다. 지금 상황에서 더 이상의 임기응변책은 더 큰 위기만 불러올 뿐이다. 힘들고 어렵고 고통스럽고 오랜 시간이 걸리더라도 한국 교회의 구조 자체를 갱신하는 시도를 해야 한다. 일부 요소는 한국 사회의 구조 변화를 전제로 한다. 그래서 기독교인들이 더욱더 많이 정치, 사회, 경제, 문화 등 다양한 영역에 진출해서 요셉의 지혜를 가지고 한국 사회 전체의 구조를 변혁시키는 데 앞장서야 한다. 한국 사회가 다시 살아나는 것은 한국 교회가 다시 살아나는 것과 아주 밀접한 관계가 있다. 지속가능한 대한민국을 만들어야 지속가능한 한국 교회도 만들 수 있다.

다가올 위기를 기회로 바꾸라

필자가 기업의 임원과 CEO에게 다가올 위기를 극복하는 방법에 대해 강의할 때 자주 사용하는 비유가 있다. 이순신 장군의 국난극복 이야기다. 이순신 장군이 나라를 구하고, 수백 년이 지난 지금도 세계 최고의 해군 제독으로 칭송받는 데는 몇 가지 이유가 있다.

첫째, "난세에 영웅 난다"는 말이 있다. 이순신 장군은 '위기'가 있었기 때문에 최고의 명장이 될 수 있었다. 임진왜란이 발생하지 않았다면 이순신 장군은 어떻게 되었을까? 이순신 장군의 성격과 품성을 봤을 때, 아부도 못하고 줄도 못 타는 그는 계속 변방을 맴돌다가 끝났을 것이다. 자기 성질에 못 이겨 다 내려놓고 농사짓는 촌부가 되었을지도 모른다. 그런데 위기가 있었기 때문에 역사의 영웅이 될 수 있었다.

한국 교회의 위기 탈출과 새로운 부흥도 마찬가지다. 위기 때 부흥이 일어나고, 위기의 시절에 진짜 신앙이 만들어진다. 지금 한국 교회는 찬란한 시기가 아니다. 숫자상으로는 지금이 왕성기이지만 실질적으로 한국 교회의 찬란한 시기는 식민지 시기였고 전쟁 시기였다. 기독교인의 수는 적었지만, 하나님이 보시기에 교회다운 교회가 많았고 영향력 있는 기독교인이 많던 때가 바로 그때였다.

식민지 시절의 교인들은 지금의 교인들과는 달랐다. 독립운동가들을 잡지 못하는 부하들을 책망하는 상급자가 "너희는 왜 머리가 안 돌아가냐?" 하면서 독립운동가들을 색출하는 방법을 다음과 같이 알려 주었다고 한다. "너희는 지금 당장 가서, 예수쟁이를 잡아라! 그리고 그들을 족치면 된다. 그들은 거짓말을 안 하는 사람들이기 때문에 독립운동가들을 잡아낼 수 있을 것이다."

식민지 시절, 재판정에서 일본 판사가 살인혐의자에 대한 판결을 앞두고 있었다. 심증으로는 그 사람이 분명 살인자인데 증거가 없었다. 증인이 한 명 있을 뿐이었다. 물증도 없고 증인도 여자 한 명뿐이니까, 변호사와 혐의자가 끝까지 우기면 증언이 효력을 못 볼 수 있는 상황이었다. 그러나 판사는 살인혐의자를 구속했다. 판결문에 이렇게 썼다. "이 사람이 여자이지만, 예소교[예수교] 신자이므로, 절대로 거짓말하지 않을 것이기 때문에 비록 물증은 없지만, 이 여자의 증언을 가장 신빙성 있는 것으로 받아들여서 그 죄인에게 형을 선고한다."

당시 한국 교회는 신사참배 때문에 핍박의 대상이었다. 그런데 진실하고 정직하게 하나님의 말씀대로 살았기 때문에 그들의 신앙은 믿을 수 있다고 인정받았다. 그들의 삶은 존경받았다. 그들이 받은 핍박은 교회가 잘못해서, 세상의 빛과 소금의 역할을 못해서 받은 것이 아니었다. 오로지 예수를 믿는다는 것 때문에 받은 핍박이었다. 주기철 목사님도 신사참배를 하지 않는다는 종교적 이유 때문에 핍박을 받았지만, 주위 사람들과 형을 집행했던 사람들은 주기철 목사님을 존경했다. 이것이 한국 교회가 가장 찬란했던 시절의 모습이다. 지금은 더 많은 교회가 있고, 더 많은 교인이 있다. 지금도 핍박을 받는다. 그런데 그 원인은 부도덕과 범죄, 비윤리적 삶 때문이다. 사실은 핍박이 아니라 조롱이다.

이순신 장군이 영웅이 된 둘째 이유는 '미래에 대한 준비'였다. 임진왜란이라는 위기의 때에 장군이 이순신 혼자만 있었던 것이 아니다. 사실 그들 모두 영웅이 되어야 했다. 그런데 이순신 장군만 영웅이 되었다. 왜일까? 그것은 다른 장군들이나 정치인들과는 다르게 그가 다가오는 미래의 위기를 미리 준비했기 때문이다. 다른 장군들도 위기의 징후에 대해 보고 들었다. 언제나 미래의 위기는 징후를 가지고 온다. 그 당시에도 왜구가 쳐들어올 것에 대한 정보가 있었다. 그런데 정쟁, 계파 싸움, 당파 싸움 때문에 위기를 준비하지 않고 무시했다.

우리나라가 IMF 구제금융위기에 빠졌을 때에 어떠했는가? IMF 구제금융을 받기 전에 국내외 몇몇 전문가들에 의해서 외환위기 징후를 알리는 내용들이 전해졌다. 무역수지가 적자이고, 외환보유고가 줄어들고, 경제성장률이 줄고, 그래서 외환위기 가능성이 높아졌다는 리포트였다. 하지만 당시 정부는 임기 말 업적 부각에만 치중하다가 위기 징후들을 무시했다.

이순신 장군 때도 다른 장군들과 정치인들은 위기의 징후들을 무시했다. 하지만 그는 위기를 미리 알고 준비했다. 23전 23승의 위대한 신화를 만든 이면에는 이순신 장군의 지도력도 물론 있었겠지만, 거북선과 성능이 현저하게 개선된 판옥선, 다양한 전술과 개량 화포 등이 있었다. 이런 기술과 무기들은 임진왜란 발발 이후에 개발된 것이 아니다. 이순신 장군은 임진왜란이 터지기 전에 판옥선과 화포를 개량했고, 전쟁이 발발하기 전에 진법을 완성하고, 수군을 훈련했다. 모두 위기 전에 준비했다. 천하의 이순신 장군이라도 만약 임진왜란이 터진 후에 거북선을 만들고, 판옥선을 고쳤다면 우리나라는 오래전에 일본에 정복당했을 것이다.

셋째 이유는 무엇일까? 이순신 장군은 연전연승을 했음에도 불구하고 반대 세력에게 모함을 당해 귀양을 갔다. 다른 장군이 이순신이 거느렸던 거북선, 판옥선, 수군들을 이끌고 전투에 나갔다. 똑같은 화력과 무기를 동원해서 전투를 했는데, 결과는 참담했다. 거북선과 수많은 배를 잃고 패전했다. 급박한 상황에서 복귀된 이순신 장군은 다 깨진 12척의 배를 가지고 어마어마한 대승을 거두었다. 이것이 바로 위기를 극복한 이순신 장군의 또 다른 비결이다. 바로 전략이다.

이순신은 다른 장군들과는 다르게 철저하게 자신의 역량을 잘 알고, 적을 잘 분석했다. 적의 무서운 면이 무엇인지, 내부의 무서운 면이 무엇인지 잘 알았다. 이런 상황에서 전투가 벌어지면 어떤 시나리오들이 전개될지 잘 알았다. 이순신은 이 모든 것들을 정확하게 인지한 후, '상황에 맞는 목표를 분명히 하고, 철저하게 이기는 전략' 만을 구사했다. 옆에서 자기 부하들이나 장수들, 심지어는 임금이 압박해도 질 것 같은 전투는 절대로 하지 않았다. 이길 수 있는 조건이 형성될 때까지 인내하며 기다렸다. 아무리 기다려도 이길 수 있는 환경이 안 오면, 이길 수 있는 환경을 만들어 놓고 전투했다. 그 결과는 23전 23승이었다. 위기를 돌파해야 할 기업, 국가, 교회도 이순신 장군의 전략을 사용해야 한다.

하나님이 가치 있게 여기시는 것이 무엇인지 깨달아라

갱신이 필요하다면 목표를 분명히 해야 한다. 그것은 다가오는 위기 가운데 하나님이 가치 있게 여기시는 것이 무엇인지를 분명히 깨닫는 것에서 시작한다. 변화가 필요하다고 해서 아무것이나 마구잡이로 시도해서는 안 된다. 하나님이 가치 있게 여기시는 변화를 시도해야 한다.

하나님은 단순히 교회가 커지고 교인 수가 늘어나는 데 가치를 두지 않으신다. 양적 성장보다는 '한 사람'을 우선해야 한다. 고통받는 한 사람, 주변에 있는 한 사람, 그 사람과 함께 씨름하고 울어 주고, 그 사람이 주님 앞에 갈 때까지 인내하며 세워 주는 것이 참으로 중요하다.

하나님이 가치 있게 여기시는 것 위에 '시대적 문제'를 결합해야 한다. 개인의 비전, 교회의 비전은 철저히 시대적이어야 한다. 우리가 지금 이 시대에 태어난 것은 하나님이 우리를 통해 지금 시대에 무엇인가를 하시기 위함이다. 교회의 역할도 그 교회가 존재하는 시대 가운데 있다.

지난 100년간 한국 교회는 그 시대에 맞는 시대적 소명을 가지고 있었다. 그러나 시대가 변했다. 우리가 전해야 할 복음은 절대로 변하지 않지만, 새로운 시대에 한국 교회와 교인들이 감당해야 할 시대적 소명은 바뀐다.

하나님이 앞으로 시대를 어떻게 이끌어 가시는지, 하나님이 과학문명을 어떻게 이끌어 가시는지, 하나님이 사회와 경제의 흐름을 어떻게 이끌어 가시는지에 대해 '거룩한 관심'을 가져야 한다. 그 가운데서 나타나는 새로운 시대적 문제, 시대적 욕구, 시대적 결핍 중에서 하나님의 말씀과 하나님이 우리에게 주신 달란트로 해결할 수 있는 것을 갱신의 제1의 목표로 삼아야 한다.

하나님의 이기는 전략을 따르라

요셉은 억울한 누명을 쓰고 감옥에 들어갔다. 그런데 하나님이 희한한 일을 만드신다. 파라오의 술 맡은 자와 떡 굽는 자가 죄를 범하고 파라오는 두 사람에게 노한다. 요셉과는 아무 상관이 없는 사람들인데 요셉과 같은 감옥에 갇힌다. 요셉은 이 두 사람을 수종들게 된다. 그 후 두 사람이 꿈을 꾼다. 요셉의 꿈 해석대로 술 맡은 관원장이 복직된다. 2년 후 파라오가 꿈을 꾸고 요셉이 역사에 등장한다. 정말 치밀하게 만들어진 각본이다.

하나님은 이 세상을 무질서하게 통치하지 않으신다. 기적은 하늘에서 떨어지지 않는다. 하나님은 요셉을 갑자기 역사에 등장시키지 않으셨다. 형들이 요셉을 노예로 팔 때부터 치밀하게 계획을 세우시고, 단계들이 하나하나 시스템적으로 연결되게 하셨다. 하나님은 기적을 만드실 때, 가장 작은 일에서부터 시작하신다. 모세가 홍해를 가른 것도 갑작스레 된 것이 아니다. 하나님은 기후 변화를 일으켜 바람을 만드신 뒤 그 바람을 몰고 오시면서 홍해를 가르셨다. 자연계의 법칙을 무시하는 것이 아니라 완벽하게 이용해서 기적을 베푸셨다.

부흥도 같은 이치다. 하나님은 요셉, 모세, 느헤미야처럼 작은 한 사람이 작은 일에 충성할 때 그 작은 일을 연결하셔서 위대한 일을 만드신다. 한국 사회와 한국 교회의 위기를 하나님은 어떻게 극복하실까? 필자는 같은 방법으로 극복하시리라고 확신한다.

그런데 세상은 "그렇게 해서 언제 이 지역을 복음화시키겠느냐?" 하며 다른 전략을 사용하도록 부추긴다. 단순하지만 치명적인 유혹이다. '작은 일만 하다가 언제 큰일을 할 수 있을까?'라는 생각이 든다. 그러면서 작은 일에 소홀해진다. 당장 할 수도 없는 큰일에 매달린다. 규모를 크게 하는 것들에 집중한다. 하나님의 이기는 전략과 반대로 움직인다.

하나님의 또 다른 이기는 전략은 늦더라도 '씨를 뿌리는 것'이다. 우리가 씨를 뿌려야 그것으로 하나님이 기적을 만드신다. 하나님이 능력이 없어서 그 열매를 못 맺으시는 것이 아니다. 하나님은 우리가 씨를 안 뿌리면, 우리가 씨를 뿌릴 때까지 기다리신다. 지금까지 예측했던 것처럼 이대로 가면 한국 교회는 역선교를 받아야 할 수 있다.

전도는 두 가지가 있다. 하나는 '찾아가는 전도'이고, 다른 하나는 '찾아오게 하는 전도'이다. 미래에는 찾아가는 전도보다는 찾아오게 하는 전도의 비중이 커질 것이다.

기술문명이 발달하고, 개인의 사생활보호에 대한 민감성이 증가하면서 약속하지 않은 사람과 만나는 것을 꺼리는 시대가 되었다. 아파트에 들어가기 위해서는 이중, 삼중의 보안장치를 거쳐야 한다. 철통같은 보안을 뚫고 아파트 전도에 성공하는 사례도 많다. 그런데 전도를 받는 사람은 '아니, 어떻게 이렇게 삼엄한 경비를 뚫고 문 앞까지 왔지? 대단하다'라고 하지 않는다. '도대체, 저 사람들 뭐야!' 하고 비난한다.

사람은 가치를 따라 이동하는 존재다. 가치 있는 것은 스스로 찾아서라도 소유하려 한다. 찾아오게 하는 전도는 바로 '가치 전도'에 해당한다. 교회가 한발 먼저 이웃이 진정으로 필요로 하는 '가치 있는 것'을 제공해야 한다. 그러면 그들이 자발적으로 교회로 찾아온다.

유유상종이라 했다. 교회도 비슷한 가치를 선호하는 사람들끼리 모인다. 필요가 같은 사람들끼리 모인다. 교회는 두 가지 필요에 반응하는 사람들이 모이는 곳이다. 하나의 필요는 복음이다. 이것은 모든 교회가 갖고 있어야 할 부분이다. 또 다른 필요는 교회가 속한 지역사회가 느끼는 새로운 문제, 욕구, 결핍 등의 사회적 필요다. 바로 이 부분에서 교회의 특색이 정해진다.

성공하는 전도는 바로 이 두 가지 필요를 채워 주는 전도다. 복음의 필요와 사회적 필요를 전도, 정착, 양육의 단계마다 잘 연결하는 것이 찾아오게 하는 전도를 가능케 하는 방법이다. 사회적 필요는 전도의 시작이고, 복음의 필요는 전도의 완성이다. 사회적 필요는 전도를 아름답고 가치 있게 만들고, 복음의 필요는 전도를 생명력 있게 만든다.

예수님의 사역이 이와 같았다. 예수님의 사역은 전통적인 유대교의 사역 모습과 달랐다. 유대교 회당에서 일어나는 일과는 다른 일들이 예수님 주위에서 일어났다. 장소에 구애받지 않고, 시간에 구애받지 않고, 거리에 구애받지 않고, 날씨에 구애받지 않고 수많은 사람이 예수님을 쫓아다니며 말씀을 듣고, 훈련받았다. 왜 이와 같은 일이 일어났을까?

그 이유는 간단하다. 유대교는 종교의 형식에 관심이 있지만, 예수님은 '한 사람'에 깊은 관심이 있으셨기 때문이다. 예수님은 겉모습이나 형식이 아니라, 한 사람의 존재 이유, 한 사람의 생명, 한 사람의 인생, 한 사람의 시대적 문제에 대해서 깊은 관심이 있으셨다.

예수님은 "회개하라 천국이 가까이 왔느니라"마 4:17 하고 외치셨다. 그러나 예수님의 사역은 거기에 머무르지 않았다. 고통과 문제를 가지고 함께 아파하시고, 함께 우셨다. 필자는 예수님의 사역을 묵상하고 연구하면서 이해가 안 되는 것이 너무 많았다. 그중 하나가 예수님이 병자를 고치실 때 우셨다는 것이었다. 왜 우셨을까?

곰곰이 묵상하며 깨닫게 된 것이 있다. 사실 예수님 편에서는 우리가 어떤 병에 걸렸더라도, 내일 죽는다는 사형선고를 받았다 할지라도, 혹은 이미 죽은 상황이라고 해도 우실 필요가 없다. 그저 말씀만 하시면 된다. 못 고치실 병이 없다. 그런데 하나님의 아들이신 예수님이 병자를 보고 우셨다. 왜 그러셨을까?

우리가 사람이기 때문이다. 예수님의 전도 대상은 신이 아니라 사람이다. 사람은 아무리 좋은 진리라도 마음이 열려야 받아들인다. 마음을 여는 것은 그 사람의 고통의 문제 안으로 함께 들어갈 때만 가능하다. 그래서 예수님은 민망히 여기시고 우셨다. 예수님은 문제를 제쳐 놓고 천국이 가까웠다고 다짜고짜 말씀하지 않으셨다. 우물가 여인에게는 남편의 문제에, 삭개오에게는 돈의 문제에 직접 개입하셨다. 그 사람의 실제적인 문제를 제쳐 두고, 그 문제는 스스로 해결하라고 하지 않으셨다. 예수님은 문제로 들어가 근원적인 말씀으로 해법을 주셨다. 진짜 사역은 고통의 자리에 함께 있는 것이다.

지금 한국 교회가 쇠퇴하는 것은 시설 때문이 아니다. 개척교회가 쓰러지는 것은 공간 때문이 아니다. 한 사람에게 완벽하고 집요하게 집중하지 않기 때문이다. 그것이 하나님의 '거룩하고 치밀한 부흥 전략'인데, 그것에 충성하지 않기 때문에 기적을 보류하고 계시는 것이다.

현재 다니는 교회에 대한 만족도 조사결과를 보면, '매우 만족한다'가 24.3%에서 23.1%로 줄고 있으며, '대체로 만족한다'도 51.5%에서 48.3%로 줄고 있다. 그중에서도 교제, 행정, 심방, 구제, 상담, 문화생활은 60% 미만의 낮은 만족도를 보인다. 바람직한 목회자상에 대한 조사(중복응답)에서도 교회에 등록한 처음 한두 달 동안에는 목회자의 깊은 영성(80~90%대)이나 겉으로 드러난 목회자의 인격(40~50%대)에 만족을 느낀다.

그러나 교회에 출석한 지 3년이 넘어가면 영성에 대한 만족은 53%로, 인격에 대한 만족은 44%로 줄어들고, 대신 교인을 관리하고 돌보는 능력에 대한 기대치는 40%에 육박하는 정도로 증가한다. 정착기간이 짧으면 목회자의 인격과 영성에 영향을 받지만, 기간이 길어질수록 교인 한 사람 한 사람을 관심 있게 돌보는 목회자의 능력을 중요하게 여김을 보여 준다. 또한 '목회자가 나에 대해 잘 알고 있는가?'라는 질문에 약 50%가 잘 모른다고 응답하며 불만족을 드러냈다.

현대의 교인들이 원하는 것은 화려한 건물이나 프로그램이 아니다. 자신에 대한 깊은 관심이다.

하나님이 원하시는 것도 마찬가지다. 큰 비전을 품지만, 동시에 한 사람에게 집중해야 한다. 한 사람의 아픔과 필요에 마음을 기울여야 한다. 그 문제를 해결해 주기 위해 기도하고 전력투구해야 한다. 사랑과 관심을 받은 그 한 사람은 한국 교회가 잃어버렸던 '가치', 즉 '사랑'을 경험하게 된다. 그리고 그 한 사람의 행동과 사역을 통해 사람들은 예수 그리스도를 발견하게 된다. 이것이 하나님의 이기는 전략이다.

시대에 맞춰 비전을 리빌딩한다는 말은 사역 패러다임의 전환을 뜻한다. 복음의 본질, 사역의 본질은 변하지 않지만, 복음의 적용과 대상 부분에서 목회사역 패러다임은 시대에 따라 그 시대를 이끄는 형태로 최적화해야 한다. 10년 후 미래 사회에서는 한국 교회가 지금과는 현저히 다른 종교적 이슈의 변화를 요구받게 된다.

Chapter 2

미래 해법 ❷
교회 변화의 시작은
미래 통찰로 시작되는 비전 리빌딩이다

미래 목회, 리빌딩하라

개인에게도 비전이 있지만 교회에도 비전이 있다. 시대가 바뀌고 목회 환경의 패러다임이 바뀌면 새로운 비전을 세워야 한다. 한국 교회는 이제 새로운 시대에 맞는 새로운 교회 비전, 목회 비전을 정립할 때다. 지금의 혼란은 비전의 부조화에도 큰 원인이 있다.

수많은 교회가 시대에 맞지 않는 교회 비전을 가지고 있다. 비전은 방향을 설정하는 중요한 열쇠다. 비전은 목적지를 분명히 하는 것이다. 시대가 변하더라도 '하나님 나라의 완성'이라는 '사명'은 절대로 변하지 않는다. 그러나 시대가 바뀌면 그 시대마다 '하나님이 가치 있게 여기시는 시대적 소명'인 '비전'을 시대에 맞게 '최적화'하고, '재정립'하고, '개축'해야 한다. 그렇지 않으면 교회 전체의 역량을 최적화할 수 없다.

시대에 맞춰 비전을 리빌딩한다는 말은 사역 패러다임의 전환을 뜻한다. 복음의 본질, 사역의 본질은 변하지 않지만, 복음의 적용과 대상 부분에서 목회사역 패러다임은 시대에 따라 그 시대를 이끄는 형태로 최적화해야 한다. 필자가 앞에서 예측한 내용을 종합하면, 10년 후 미래 사회에서는 한국 교회가 지금과는 현저히 다른 종교적 이슈의 변화를 요구받게 된다.

지금까지 한국 교회는 천국, 영생, 기적 등의 이슈에 대한 성경적 조명과 가르침에 집중했다. 하지만 미래 사회에서는 이와 더불어 세상을 향한 비전(꿈), 미래 사회에 대한 사명, 경제·사회·정치 등 여러 영역에서 적용할 성경적 가르침, 미래 기술에 대한 기독교 윤리적 기준, 고령화 사회에 맞는 새로운 삶의 기준과 모습 등이 중요한 이슈로 자리 잡게 될 것이다. 교회는 이런 이슈에 대해 올바른 성경적 답변을 준비함으로, 교인들이 구원 이후 현실 세계에서 건강한 '가치 선도자'가 될 수 있도록 해야 한다.

지금까지 한국 교회가 집중해 온 현실적 이슈들은 가난, 질병, 문맹, 민주화 등이었다. 하지만 미래 사회에서 교회가 집중해야 할 현실적 이슈들은 인간으로서의 존재가치, 미래에 대한 두려움, 삶의 다양한 실제적 문제들(생명윤리, 가상사회, 직장환경, 재정관리, 가정회복, 인생관리 등)에 대해서 어떻게 대응하며 살아야 하는가에 대한 구체적 지침들로 전환될 것이다.

물리적 사역 형태들도 예외는 아니다. 예를 들면, 미래에는 '유비터치' Ubitouch 적 사역 형태를 요청받게 될 것이다. 지금까지의 대그룹이나 중그룹 중심의 사역 혹은 일부 도입되고 있는 소그룹 사역을 넘어서, 교인들 각자가 자신의 인생에 일대일로 체계적, 전문적으로 맞춰진 성경적 조명과 가르침을 요청하는 사례가 많아질 것이다. 이런 새로운 차원의 목회를 필자는 '유비터치 사역'이라고 지칭한다.

유비터치란 '유비쿼터스'와 '휴먼터치' Human touch라는 단어를 합성해 필자가 만든 용어로, 주로 미래 사회의 서비스 특징을 기술할 때 사용하는 말이다. 유비쿼터스라는 단어는 '언제 어디서나 존재한다'는 뜻의 라틴어에서 비롯되었다. 이 단어는 1988년 미국의 복사기 제조회사인 제록스의 마크 와이저 Mark Weiser가 '유비쿼터스 컴퓨팅'이라는 용어를 사용하면서 처음 등장했다. 마크 와이저는 미래 사회에서는 사용자가 시간과 장소에 상관없이 언제 어디서나 자유롭게 가상의 네트워크에 접속할 것으로 예측했다.

디지털 기기가 우리 삶 속에 깊숙이 파고들지만, 그것에 대한 불편함을 전혀 느끼지 않도록 생활 속에 완벽하게 녹아 드는 시대가 다가오고 있다. 이 분야의 전문가인 독일의 노베르트 슈트라이츠는 이런 시대를 '컴퓨터의 단계적 실종'의 시대라고 부른다. 지능화된 기계(거울이 TV가 되고, 침대가 건강상태를 측정하고, 전자노트가 컴퓨터 역할을 하는 등)가 우리의 일상 생활환경과 긴밀하게 연결, 통합되어 겉으로는 기존의 잡다한 전자기계들이 거의 다 사라질 것이다. 대신 지능화된 생활환경이 지금까지 각종 편의기기들이 해 오던 서비스를 대신 수행할 것이다. 이런 환경에 익숙해지면 다른 서비스 역시 유비쿼터스적 서비스를 지향하게 된다. 언제 어디서든 원하는 서비스를 제공받게 된 사람들은 좀 더 깊은 휴먼터치를 바라게 될 것이다. 결국 두 가지 키워드가 결합한 유비터치적 서비스가 급부상할 것이다. 이런 환경에 사람들이 익숙해지면 교회 내에서도 이런 수준의 목회적 돌봄을 기대하게 될 것이다.

하나님의 방법으로 현재와 미래를 통찰하라

목회자에게는 하나님의 방법으로 현재와 미래를 통찰하는 능력이 절대적으로 필요하다. 하나님의 뜻을 분별하고, 자신과 교회의 역량을 분별하고, 시대(현재와 미래)를 분별하는 세 가지 능력이 필요하다.

하나님의 뜻을 잘 분별하기 위해서는 성경에 대해 조예가 깊어야 한다. 자신과 교회의 역량을 분별하기 위해서는 겸손한 마음으로 하나님이 자신과 교인들에게 주신 '관심사, 재능, 영적 선호도, 사역 선호도, 훈련된 능력'이 무엇인지를 살펴보아야 한다. 시대를 분별하기 위해서는 '시대를 통찰하는 기술'을 갈고닦아야 하고, 여기에 성령의 조명을 통해 하나님의 지혜로 나아가야 한다.

필자는 고린도전서 14장에 나오는 '예언'의 은사를 두 가지로 해석한다. 하나는 문자 그대로 미래의 환상을 보는 예언력이다. 다른 하나는 하나님이 주신 모든 학문과 지혜를 종합하여 현재와 미래의 변화 상황을 '분별'하는 것이다. 현재 상황과 미래 변화의 본질과 흐름을 '깨닫는' 것이다.

야곱의 아홉째 아들이며 레아가 낳은 아들로서는 다섯째였던 잇사갈이 있다. 역대상 12장 32절에 보면, 다윗의 용사 중에 잇사갈의 후손 중에서 '시세를 알고 이스라엘이 마땅히 행할 것을 아는' 자들이 나온다. 이들은 혼란한 시대를 영적으로 잘 분별하는 통찰력을 가지고 이스라엘 사람들이 혼란한 시대에 마땅히 해야 할 것이 무엇인지를 잘 지도할 수 있는 사람들이었다. 목회자들과 교회 지도자들에게도 이러한 시대를 분별하는 능력이 필요하다. 시대를 분별할 줄 알아야 교인들에게 마땅히 행할 것을 가르치고 훈련할 수 있다.

하나님의 뜻을 분별하고, 자신과 교회의 역량을 분별하고, 시대를 분별하는 세 가지 능력을 균형 있게 사용한 인물이 요셉이다. 요셉의 꿈 해석 능력을 현대적으로 적용하자면, 하나님의 섭리와 뜻을 (새롭게 받는 것이 아니라) 성령의 조명 안에서 말씀, 기독교 역사의식, 기도를 통해 분별하는 것에 해당한다. 지금은 계시가 종결된 시대다. 찰스 핫지는 계시는 새로운 지식을 주는 것이므로 성경 저자들에게만 그것이 필요할 때 주어지는 것이라고 설명했다. 성경 저자들은 영감을 받은 하나님의 기관이 되어 하나님의 뜻과 말씀(계시)을 전달했다.[20] 그래서 전통적으로 '영감'이라는 말은 성경 저자들에게만 사용할 수 있다. 핫지는 영감을 '하나님의 정신과 뜻의 무오한 전달을 위한 그분의 기관들로 간주하는 어떤 선택된 사람들의 지성에 미치는 성령의 감동'이라고 정의했다.

계시가 종결된 후, 현대의 교회 지도자들과 모든 교인에게는 하나님의 뜻을 분별하는 '성령의 조명'이 이루어진다. 조명의 목적은 무엇인가? 하나님의 뜻을 깨닫고 거룩하게 되는 것이다. 조명은 어디서나 항상 규칙적으로 작용하는 하나님의 섭리적 행위다.[21] 즉, 지금도 '성경의 명료성'이라는 것과 성령께서 하나님의 모든 자녀에게 조명하시므로 성경에 대한 올바른 해석의 규칙을 따른다면 현재와 미래 세상이 돌아가는 이치에 있어서 명료한 분별력을 누구나 가질 수 있다. 성령의 조명 아래서 성경과 세상을 읽기 위해 필요한 기본적인 정보와 지식을 활용하면, 요셉이 꿈을 통해 14년의 미래를 읽어 낸 것과 같은 '시대를 분별하는 통찰력'을 발휘할 수 있다.

성경에 나타난 하나님의 뜻과 세상의 변화, 그리고 세상에 나타나는 하나님의 섭리 간에는 유기적 통일성이 있다. 세상은 계속해서 진보, 발전해 나가면서도 성경 전체와 유기적 통일성을 가진다. 성경의 저자도 하나님이시고 세상의 주관자도 하나님이시기 때문이다. 그러므로 시대를 분별하고, 성경에 조예가 깊으면 이 시대 속에서 역사하는 하나님의 뜻을 명료하게 통찰할 수 있다.

시대를 읽고 난 후, 요셉은 이집트의 역량을 분별했다. 요셉은 일반 학문에서 얻은 지식과 지혜를 사용해서 위기탈출의 전략을 제시했다. 그리고 하나님의 방법대로 이집트를 통치했다. 다시 말해, 하나님의 기준과 원칙, 지혜를 가지고 하나님의 다스리심이 임하도록 행동했다는 것이다. 요셉의 주변에서, 요셉의 직책을 통해 하나님의 다스리심이 세상에 임하게 했다. 이를 통해 세상이 하나님의 나라로서 확장되고, 완성되어 가게 했다. 이처럼 요셉은 하나님의 뜻을 분별하고, 자신과 교회의 역량을 분별하고, 시대를 분별하는 세 가지 능력을 균형 있게 사용했다. 그렇기에 파라오와 모든 신하는 요셉을 '하나님의 영에 감동된 사람'이라고 불렀다. 지금 한국의 목회자들과 교회 지도자들에게 이런 능력이 필요하다.

미래에 대한 통찰력을 기르려면, 먼저 '미래에 관한 관심'을 지속적으로 가져야 한다. 개인적으로 다양한 매체를 계속 접하면서 세상의 흐름에 관심을 두어야 한다. 개인적으로 할 수 없다면 교단 차원에서라도 미래를 예측하고 현재의 변화를 모니터링하는 팀을 만들어 운영해야 한다.

지금 우리는 통제할 수 없을 정도로 점점 높아만 가는 불확실성의 시대를 살아가고 있다. 다가오는 미래에는 이런 불확실성과 복잡성이 지금보다 훨씬 커질 것이다. 이런 불확실성을 높이는 분은 당연히 하나님이시다. 그렇게 하시는 데는 하나님의 뜻이 있다. 이런 변화 속에서 우리가 해야 할 일은 무엇일까? 요셉이라면 어떤 일을 했을까? 그것은 바로, 단순한 정보수집 단계를 넘어서 미래를 모니터링하는 능력을 발휘하는 것이다.

앞서 살펴보았듯, '미래 모니터링 시스템'은 어떤 문제가 위기로 비화하기 전에 그 문제의 미래 징후를 미리 파악하고, 모든 사람이 다 알기 전에 위기를 기회의 수단으로 바꿀 수 있게 한다. 여기에 성령의 조명이 더해지면, 혼란한 세상 가운데서 교회와 교인들을 올바로 이끌고 그들에게 마땅히 할 바를 가르치고 지도할 만한 '미래를 읽는 통찰력'을 발휘할 수 있다.

미래 모니터링 시스템은 지금 가지고 있는 선교전략이나 목회전략을 보다 정확하게 만들어 미래의 성공 가능성을 높이며, 한국 교회를 부흥케 하는 강력한 무기가 될 수 있다.

그러한 시스템이 교회적으로는 어떤 순서로 가동되어야 할까? 그 순서는 다음과 같다.

1. 미래 정보 관찰을 통한 외부에 대한 초점 맞추기
2. 시나리오 계획을 통해 외부와 내부를 결합하기
3. 미래 모니터링 시스템을 통해 손에 잡히는 미래 만들기
4. 빠른 속도로 진화하며 실행하는 목회적, 선교적 행동을 통해 우리가 만드는 미래로 나아가기

한국 교회는 달라질 미래에는 새로운 목회 대상을 맞이해야 한다. '통일한국'이라는 선교적 과제와 세계 선교의 새로운 전략적 전환을 요구받고 있다. 이런 환경이 더욱더 우리로 하여금 미래 모니터링 시스템을 신속히 갖출 것을 요구하고 있다.

미래 선교와 미래 목회 지평의 변화에 대한 조기 징후를 포착하는 미래 모니터링 시스템을 구축하는 방법은 다음과 같다. 첫 번째, '미래 정보 필터링팀'을 구축하라. 이것은 교회가 외부 변화에 대해 초점을 맞추는 단계라 할 수 있다. 사실 많은 지도자가 현재 트렌드나 미래 정보 등을 수집하고 있기는 하다. 문제는 정보수집의 수준 차이다.

대부분 교회나 교단에서 내부 교역자나 평신도 지도자를 통해 시행하고 있는 정보수집 활동은 관찰하는 수준이 아니라 그냥 눈에 들어오는 것을 보고, 귀에 들리는 것을 듣는 수준에 불과하다. 또한 정보 필터링 훈련이 되지 않은 사람들이기 때문에 구체적인 지침을 받지 않으면 무엇을 눈여겨보아야 하는지조차 알지 못한다. 미래 모니터링 시스템 내에서는 높은 차원의 필터링 능력이 요구된다. 이런 이유 때문에 필자는 미래예측전문가를 훈련할 때 가장 먼저 정보 필터링 능력을 집중적으로 훈련한다.

두 번째, '미래 인텔리전스팀'을 구축하라. 미래 인텔리전스팀은 미래 정보 필터링팀에서 수집한 정보를 가지고 미래에 대한 의미 있는 정보로 재가공하는 작업을 한다. 이는 외부에서 찾아낸 정보를 가지고 내부적 이슈와 결합하는 단계다. 즉, 교회의 외부와 내부를 목회적, 선교적 차원에서 연결하는 단계다. 이 단계에서는 예를 들어, 시스템 사고기술을 활용해서 변화의 직접적 동인을 발견하거나, 정보 간의 상호관계, 상호 시스템적 역학을 분석한다거나, 정보를 알고 싶은 요소들을 중심으로 재구성한다. 더 나아가 '퓨처스휠' Futures Wheel 기법을 통해 핵심정보와 변수들의 미래 영향력들을 확장해서 관찰한다.

세 번째, '미래 지표 분석팀'을 구성하라. 미래 지표 분석팀은 손에 잡히는 미래를 만들기 위해 반드시 필요한 팀으로서, 크게 두 가지 일을 한다. 하나는 주목해서 보고 있는 변수들이나 미래 시나리오들에서 작은 변화라도 일어나는가를 관찰하고 분석한다. 변수들에서 아무리 작은 변화가 일어나도, 그것은 시스템 전체로 확대될 수 있다. 따라서 이들 변수의 변화는 미래 지표 분석팀이 특별히 주목해야 한다. 그다음으로는 말 그대로 미래 지표들을 관찰한다. 미래 지표는 특정한 시나리오가 등장하고 있다는 것을 나타내는 구체적인 질문이나 수집활동의 대상이 되는 것들이다. 이런 미래 지표는 정량적이거나 정성적인 것이 될 수 있다. 좀 더 신속한 의사결정을 원한다면, 미래 지표들을 설정하면서 '인계철선' Trip wire을 구축해 놓는 것도 좋은 방법이다.

인계철선이란 군사 용어로서, 전쟁터에서 침입해 오는 적들이 건드리면 폭발물이나 조명탄, 신호탄 등을 터뜨려 적을 살상하거나 적의 침입을 알게 해 주는 철선을 지칭하는 말이다. 비즈니스에서는 위기상황이 발생할 때 미리 정해 놓은 계획을 토대로 특정한 경영적 행동을 유발하기 위해서 사용되는 메커니즘을 가리킨다. 미래 지표 분석과 모니터링이 진행되는 가운데, 인계철선이 건드려지면 거기에 대한 정보를 의사결정권자에게 신속하게 전달해 미리 준비된 계획을 실행토록 하는 것이다.

네 번째, '조기경보 보고팀'을 만들어라. 이는 교회 지도자들이 미래 모니터링 프로세스를 활용해 빠른 속도로 교단과 교회의 목회적, 선교적 방향을 전환하는 의사결정과 행동을 할 수 있도록 하기 위해서다. 조기경보 보고서는 미래 지표 분석팀에서 관찰하고 분석한 지표들의 변화를 창조적으로 종합하여, 교회 지도자들에게 미래에 대한 통찰력이나 임박한 선교적, 목회적 위기징후를 제공해 특별히 최고결정권자들의 논의를 이끌어 내기 위해 작성된다. 그래서 조기경보 보고서는 교회의 선교적, 목회적 전략적 위기항목에 포함된 주제를 중심적으로 다룬다. 교회 지도자들에게 그들이 알기 원하는 것만을 제공하는 것이 아니라, 그들이 알아야 할 필요가 있는 것에 주의를 환기하는 것이 가장 중요한 목적이다.

조기경보 보고서에는 단순한 데이터나 사건의 나열만 담겨서는 안 된다. 현상만을 이야기해서는 안 된다. 반드시 전문적 분석과 현실에 대한 해석, 그리고 닥쳐올 미래에 대한 지능적 예측이 포함되어야 한다. 지금까지 수집하고 모니터링한 미래 징후들을 통해 눈에 보이는 현상 이면에서 커다란 변화를 향해 움직이고 있는 실재를 드러내는 미래 통찰력을 제공해야 한다. 여기에 담긴 통찰력의 차이가 교회와 교단의 미래 생존을 가른다 해도 과언이 아니다.

조기경보 보고서에는 마치 가나안 땅을 정탐하러 간 12명의 정탐꾼 중에서 현상에 현혹되지 않고 실재를 보고한 여호수아와 갈렙의 보고와 같은 내용이 담겨 있어야 한다. 그래야만 다가오는 새로운 선교적, 목회적 환경에서 승리할 수 있다.

더불어 미래 사건의 잠재적 영향을 그래픽적으로 표현하는 것도 교회 지도자들이 생각하고 행동하도록 자극하는 강력한 도구가 된다. 이를 '퓨처 매핑'(미래 지도)Future Mapping 기법이라고 한다. 조기경보 보고서와 함께 특정 미래의 시나리오를 마치 작전지도처럼 보여 주는 기법이다. 미래 지도는 전자문서 포맷으로 구성할 수 있고, 한 페이지가 다른 전자문서 페이지에 연결되며, 그것은 다시 하이퍼링크로 소스 데이터나 다른 페이지로 연결될 수도 있다.

미래 지도에는 아주 다양한 데이터가 연결되어 있어서 특정 영역에 대해 지식을 가진 사람들과 공유될 수도 있다. 미래 지도의 장점은 전반적인 미래의 경쟁 환경들이 짧은 시간 안에 드러나고, 패턴과 동향을 많은 사람에게 파악시키거나 교육할 수 있게 한다는 것이다. 그래서 미래 지도는 조기경보 보고서와 함께 구성되면 효과가 극대화된다.

지금까지 설명한 일련의 모든 과정을 통해서 하나님이 이끌어 가시는 새로운 미래에 대한 통찰력을 얻을 수 있다. 꼭 기억하라. 요셉이 흉년을 준비하고 이집트를 통치할 때도 일반 학문의 지식과 지혜, 그리고 하나님이 주신 영감을 균형 있게 사용했다. 우리도 요셉처럼 교회를 지도하고 이끌어야 한다.

미래 부흥의 핵심 레버리지 세 가지를 통찰하라

　미래 한국 교회가 새롭게 직면할 목회적 요청들은 지금보다 훨씬 더 다양하고 복잡할 것이다. 그러므로 미래 한국 교회는 다양성의 모습이 절대적으로 필요하다. 그럼에도 한국 사회 전반에 걸쳐서 중요하게 대두할 세 가지 문제가 있다.

　가정 회복, 은퇴자의 미래, 자녀의 미래 등이다. 이 셋은 한국 교회의 사회 영향력과 부흥을 좌우할 수 있는 핵심 사안들이다. 그래서 필자는 이 세 가지를 '한국 교회 미래 부흥의 핵심 레버리지'라고 규정한다. 미래에 한국 교회가 부흥하기 위해서는 이 세 가지를 해결해야 한다. 누군가가 필자에게 '양적 성장' 측면으로만 볼 때, "미래에 한국 교회가 숫자적으로 성장할 길이 어디 있겠는가?" 하고 묻는다면, 이 셋 중에서 최소한 하나의 영역에 탁월한 사역을 하는 교회가 양적으로 성장할 가능성이 크다고 대답하겠다.

　미래 사회에서는 부모가 아이의 미래에 대한 불안 때문에 교육에 더욱 큰 관심을 두게 된다. 지식사회에서 성공하기 위해서는 교육이 점점 더 중요해진다. 미래가 불안할수록 믿을 만한 것은 '실력'이다. 교회 안에서도 비슷한 욕구가 나타날 것이다. 특히 신앙적으로 살려고 하는 교인일수록 자녀의 신앙 교육에 대한 관심이 커질 것이다. 부모가 교회를 선택하는 우선적인 기준 중 하나를 '교회교육의 수준'으로 삼을 것이다. 주일학교는 한 세대 후 한국 교회를 책임질 부흥의 기반이며, 부모에게는 자녀의 영적 미래를 책임지는 곳이다.

미래 사회에서는 다양한 갈등이 나타나는데, 특히 가정에서 수많은 갈등과 문제가 생길 것이다. 그러므로 미래 교회는 가정사역에 관한 다양한 준비와 치유 프로그램을 개발해야 한다.

가정을 회복하는 사역을 하지 못하면 언제 터질지 모르는 시한폭탄을 들고 목회하는 상황이 벌어질 것이다. 특히 앞으로 한국 사회에 불어닥칠 경제 침체의 장기화, 부동산 버블 붕괴, 자영업자들의 도산, 인구의 절반 이상이 은퇴자로 채워짐으로 인한 내수시장의 급격한 위축 등이 이어지면서 가정경제가 위태로워진다. 그러면 자연스럽게 가정의 혼란이 가속화되고, 경제적 문제로 말미암은 가정의 해체와 부부간의 갈등도 심화된다.

실버사역도 변화가 필요하다. 의학과 과학 기술의 발달로 인간의 수명은 점점 더 늘어 평균 100세 시대로 가고 있다. 그러나 산업구조도 빠르게 바뀌어 은퇴 연령이 낮아지고 있다. 그리고 저출산의 부작용으로 자녀의 도움을 받지 못하는 실버세대들이 늘어날 것이다. 은퇴 후 최장 50년을 살아야 하는 2,500~2,700만 명이 미래에 대한 새로운 계획과 시작을 원하게 된다.

이러한 변화된 요청 속에서 제2세대의 실버사역은 지금처럼 단순히 돌봄 수준에 머물러서는 안 된다. 은퇴 후에도 30~40년 이상을 건강하게 살아야 하는 은퇴세대들에게 새로운 인생을 열어 주고 훈련하는 사역으로 전환되어야 한다. 은퇴자가 새로운 비전을 찾게 하고, 이를 통해 사회를 변화시키는 세대로 거듭나도록 준비시키는 사역이 주목받을 것이다.

지상명령과 하나님의 사람 세우기

미래 한국 교회 부흥의 세 가지 축인 어린이 교육, 가정 회복 사역, 은퇴자 사역은 하나의 공통 기초사역 위에 존재한다. 어린이 사역은 '하나님의 사람으로 준비되기'에 해당하고, 가정 회복 사역은 '하나님의 사람으로서 가정 세우기'에 해당하며, 은퇴자 사역은 '새 미래를 준비하는 하나님의 사람으로 세우기'에 해당한다.

따라서 세 가지 사역을 잘하려면 '하나님의 사람을 세우는 사역'이 기초가 되어야 한다. 교회가 존재하는 본질적인 이유는 하나님을 경배하고, 하나님의 제자를 양육하기 위함이다. 그래서 미래 목회 리빌딩을 위해서는 하나님의 사람을 세우는 사역을 튼튼하게 해야 한다. 그래야 가정의 치유, 교회교육의 회복, 은퇴자 사역이 올바로 세워질 수 있다.

미래 교회는 '사람을 세우고, 성도가 사역하는 시대'가 될 것이다. 빠르게 변하는 미래 사회에서는 점점 다양해지고 개인화되는 영적, 사역적 욕구를 예전 같은 사역 방식으로는 감당할 수 없다. 교회가 교인을 대신하거나 소수의 교인과 함께 사역하는 방식에서 벗어나, 교인 한 사람 한 사람을 자신의 비전(소명)에 맞추어 스스로 교회 안팎에서 사역할 수 있도록 하는 것(예배, 교육, 훈련)에만 집중해야 한다. 교회는 하나님의 사람을 세우고, 교인들이 사역하는 목회 패러다임을 만들어야 한다. 미래에는 하나님의 사람으로 온전히 세워진 교인들이 교회 안의 사역에만 갇히지 않고 교회 밖에서도 적극적으로 사회에 영향을 미치는 사역을 하게 될 것이다.

하나님의 사람으로 온전케 되기 위해서는 세 가지 조건이 필요하다. 첫째, 영적인 기준이 분명해야 한다. 둘째, 경제, 사회, 정치, 문화 등 삶의 모든 영역에서 구체적인 기준과 원칙이 세워져야 한다. 마지막으로, 하나님 나라 확장과 완성에 쓰임 받을 수 있도록 자신만의 비전을 가지고 있어야 한다. 이 기준들은 모두 성경으로부터 도출되어야 한다 _{딤후 3:16~17}. 세 가지 조건은 하나님이 하나님의 사람을 세워 가시는 과정에서 자연스럽게 형성된다. 구약 성경에 보면, 하나님이 하나님의 사람을 세우시는 일정한 순서를 엿볼 수 있다. 모든 인물에 이런 과정이 아주 정확하게 들어맞는 것은 아니지만, 공통으로 적용되는 순서가 있다. 필자는 이것을 일컬어 '하나님이 하나님의 사람을 세우시는 프로세스'라고 칭한다.

구체적으로 어떤 것인지 아브라함을 통해 살펴보자. 첫 번째는 '부르심'의 단계다. 즉, 하나님이 아브라함을 직접 부르시는 단계다. 창세기 12장을 보면, 하나님은 아브라함을 하나님의 사람으로 세우시기 위해 갈대아 우르에서 직접 불러내시고 하나님의 자녀로 삼으셨다. 죄 가운데 있는 나를 불러 구원하심으로 새로운 생명, 새로운 인생을 주시는 단계다. 이 부르심의 단계에서 가장 중요한 것은 '새로 태어남'(구원)과 '존재 인식'('나는 누구인가?')이다. 이 단계에서 하나님의 사람으로서의 영적 기준이 세워진다.

두 번째는 '비전 제시'의 단계다. 즉, 하나님이 갈대아 우르에서 불러내신 아브라함에게 '비전'(하나님의 계획 혹은 뜻)을 보여 주시는 단계다. 하나님은 그를 부르시고 훈련하시기 전에 '먼저' 비전을 주셨다.

"내가 너로 큰 민족을 이루고 네게 복을 주어 네 이름을 창대하게 하리니 너는 복이 될지라……땅의 모든 족속이 너로 말미암아 복을 얻을 것이라 하신지라" 창 12:2~3.

하나님은 요셉에게도 두 번의 꿈을 통해 비전을 먼저 주셨다. 다윗 역시 왕으로 완전하게 등극하기 전에 하나님이 사무엘을 통해 먼저 비전을 주셨다. 이 단계는 하나님의 사람으로 이 땅을 살아가면서 하나님 나라의 확장과 완성을 위해 내게 주어진 비전이 무엇인지 발견하는 단계다.

세 번째는 '훈련'의 단계다. 하나님은 비전을 먼저 주시고 훈련하신다. 혹자는 훈련 과정을 다 통과해야 하나님의 뜻과 비전을 받는 것으로 알고 있는데, 이는 잘못된 순서다. 훈련보다 선행되어야 하는 것이 비전이다. 훈련은 비전을 발견한 후에 시작된다.

2002년 월드컵 4강 신화의 중심에는 히딩크 감독이 있었다. 히딩크 감독이 한국축구팀에게 제일 먼저 한 것은 '새로운 비전'을 가슴에 심어 주는 일이었다. "우리는 반드시 16강 이상 올라갈 것이다. 세계를 놀라게 할 엄청난 기적을 일으킬 것이다"라고 말하며 국민과 대표팀에게 비전을 심어 주었다. 그리고 그 비전을 이루기 위해 훈련을 시작했다. 히딩크 감독의 훈련은 과학적이었지만 몹시 고된 훈련이었다. 보통 선수들 같으면 반발하거나 포기했을 것이다. 그러나 대표팀은 마음속에 웅대한 비전이 심어져 있었기에 고된 훈련을 견디고 마침내 4강 신화를 일구어 냈다. 바로 이것이 훈련보다 비전이 선행되어야 하는 이유다.

이 원리를 가장 잘 알고 계신 분이 하나님이시다. 아브라함도 하나님께 비전을 받은 후 수많은 훈련의 시간을 보내야 했다. 훈련을 통해서 하나님의 사람으로 세워질 수 있도록 인격, 언어, 태도, 행동, 청지기 정신 등 많은 것을 하나님을 통해 직접 훈련받았다. 요셉도 마찬가지였다. 요셉은 이집트로 팔려 가 살면서 수많은 공격과 도전에도 훌륭한 인격을 보이고, 굳건한 믿음을 발휘하고, 어떠한 상대도 포용하고 용서하며, 어릴 때와는 확연히 달라진 태도로 지혜롭게 소통할 수 있도록 훈련되었다. 그리고 더 나아가 한 나라를 다스릴 수 있는 능력도 갖추게 되었다. 모세도 40년 동안 광야에서 하나님의 혹독한 훈련을 받아야 했다.

훈련은 둘로 나뉜다. 영성과 인격을 다듬는 기본 훈련과 각 사람에게 다르게 주시는 비전과 관련된 특화된 훈련이 있다. 기본 훈련은 하나님의 사람으로서 성숙한 영성과 인격을 갖추게 하는 것으로, 모든 사람이 거쳐야 할 공통된 훈련이다. 특화된 훈련은 각자의 주어진 환경, 인생, 비전의 영역에 '맞춤형'으로 설계된 구체적이고 실제적인 훈련이다. 특화된 훈련을 통해 경제, 사회, 정치, 문화 등 모든 영역에서 올바른 삶의 구체적 기준과 원칙을 세우게 된다. 아브라함은 믿음의 조상이 되기 위한 특화된 훈련을, 요셉은 지도자로서 나라를 통치하고 이스라엘 민족을 이집트에 안전하게 정착시키고 이스라엘의 권리를 보호하기 위한 특화된 훈련을, 사무엘은 이스라엘의 선지자로서의 특화된 훈련을, 다윗은 최고의 통일왕국을 만들고 통치하기 위한 특화된 훈련을 받았다.

네 번째는 '비전 재인식'의 단계다. 두 번째 단계에서 비전의 방향성을 알게 되었다. 비록 그 비전의 완성이 무엇인지 구체적으로는 모르지만 말이다. 그런데 우리는 인간이기 때문에 인간적 생각이나 욕망 등이 그 비전에 투영된다. 하나님은 이런 우리의 연약함을 책망하지 않으신다. 하나님은 훈련을 통해 하나님의 계획(우리 편에서는 비전) 속에 침투된 인간적 생각이나 욕망 등을 철저하게 걸러 내신다. 용광로 속에서 정제된 철이 나오는 것처럼 말이다.

아브라함이 그랬다. 아브라함은 하나님의 뜻을 잘못 해석해서 이삭을 기다리지 못하고 이스마엘을 낳고 말았다. 요셉도 마찬가지였다. 하나님이 보여 주신 꿈에 자신의 욕심을 투영하고 말았다. 모세 역시 광야 훈련을 받기 전에 자기 민족을 구원해야 한다는 도전을 받았다. 그들의 비전은 분명 하나님의 뜻과 일치했고 방향성도 일치했다. 문제는 비전 속에 인간적인 생각과 욕심이 들어간 것이었다. 하나님은 그런 모세의 생각과 욕심을 걸러 내고 훌륭한 지도자로 준비시키시려고 미디안 광야 40년 훈련을 시행하셨다.

이처럼 하나님의 사람은 훈련 속에서 인간적인 생각과 욕심을 걷어 내고 정제된 비전을 다시 발견한다. 이것이 비전 재인식의 단계다. 아브라함은 이삭을 모리아 산에서 번제로 드리는 마지막 훈련을 마친 후 비로소 자신을 향한 하나님의 계획(아브라함 편에서는 비전)을 순도 100%짜리로 다시 알게 되었다. 비전을 재인식한 아브라함에게 하나님은 하나님의 뜻을 다시 계시해 주셨다.

"여호와께서 이르시기를 내가 나를 가리켜 맹세하노니 네가 이같이 행하여 네 아들 네 독자도 아끼지 아니하였은즉 내가 네게 큰 복을 주고 네 씨가 크게 번성하여 하늘의 별과 같고 바닷가의 모래와 같게 하리니 네 씨가 그 대적의 성문을 차지하리라 또 네 씨로 말미암아 천하 만민이 복을 받으리니 이는 네가 나의 말을 준행하였음이니라" 창 22:16~18.

마지막은 '비전 재생산'의 단계다. 비전의 성취 단계다. 하나님의 비전에 완전히 몰입된 사람은 모든 생각과 행동이 비전을 성취하는 것이 된다. 놀라운 신비다. 교회 안이든 밖이든 가는 곳이 비전의 장소요, 만나는 사람이 비전의 대상이요, 하는 일이 비전 성취의 일이 된다. 비전과 한 몸이 된 상태다. 아브라함이 비전 그 자체가 된 것과 같다. '비전의 사람'이 만나는 사람은 누구라도 비전 재생산의 대상이 될 수 있다. 혼자서 이룰 수 있는 꿈은 절대 큰 꿈이 아니다. 만나는 모든 사람과 합력하여 꿈을 이루어야 한다. 이것이 바로 비전이 재생산되어야 하는 이유다. 비전은 끊임없이 재생산되며, 천 년을 산다. 진정한 비전은 자신의 시대에서만 끝나지 않는다. 하나님에게서 오는 진정한 비전은 자녀의 시대, 또 자녀의 자녀 시대를 거쳐 내려갈수록 더욱더 강력해지는 속성이 있다. 그래서 비전은 본래 크고 웅대하게 품어야 한다. 세대를 거쳐 가며 더욱더 강력해질 비전을 꿈꾸어야 한다.

하나님이 아브라함에게 주신 비전은 웅대한 것이었다. 온 우주를 품는 비전이라 해도 과언이 아니었다. 아담에게 주신 비전도 마찬가지였다. "땅을 정복하고 다스리라!" 대단한 비전이다. 그런데 아담이나 아브라함의 생전에 이런 일은 일어나지 않았다. 하늘의 별처럼, 바다의 모래알처럼 자손을 많게 해 주겠다는 하나님의 약속은 이삭을 낳는 데서 끝났다. 아브라함의 비전, 아담의 비전, 요셉의 비전, 다윗의 비전은 후대를 거쳐 내려가면서 더욱더 강력해졌다. 아브라함의 비전은 이삭을 통해 재생산되었고, 다시 야곱을 통해 재생산되었다. 그리고 지금 우리를 관통하고 있다.

이 모든 단계를 그림으로 표현하면 다음과 같다.

신약시대도 마찬가지였다. 예수께서 열두 제자를 '부르셨다.' 부르신 그들에게 '비전'을 주셨다. 하지만 그들은 예수께서 주신 하나님 나라의 비전에 자기 생각과 욕심을 투영했다. 하나님 나라를 로마의 압제에서 벗어나 유대인만을 위한 독립국을 세우고, 예수께서는 왕이 되시고, 자신들은 장관 자리 하나씩을 차지하여 권세를 누리며 사는 것으로 착각했다. 예수님은 제자들의 이런 생각을 크게 나무라지 않으셨다. 3년 동안 이리저리 데리고 다니시면서 함께 먹고 마시고 모범을 보이시며 가르침을 통해 '훈련'하셨다.

예수님은 당신을 부인하고 저주하고 완전히 밑바닥까지 떨어진 제자들을 디베랴 바닷가에서 다시 만나셔서 그들의 생각과 욕망을 내려놓고 진정한 비전의 정수를 깨닫게 하심으로 '비전 재인식'의 기회를 주셨다. 비로소 제자들은 땅 끝까지 이르러 그들을 닮은, 같은 비전을 갖는, 그러나 더욱 커지는 비전을 품은 제자를 만들어 내는 '비전 재생산'의 사람이 되었다. 바로 그 비전이 오늘 우리를 관통하고 있다.

10단계 프로세스

하나님은 지금도 하나님의 사람을 세우는 일을 하고 계신다. 교회는 교인 한 사람 한 사람을 훈련해 하나님의 사람으로 세워 세상으로 파송하는 기관이다. 다음의 10단계 프로세스는 개인이나 교회 공동체가 좋은 성과를 내면서 통합적으로 성장할 수 있도록 고안된 것이다.

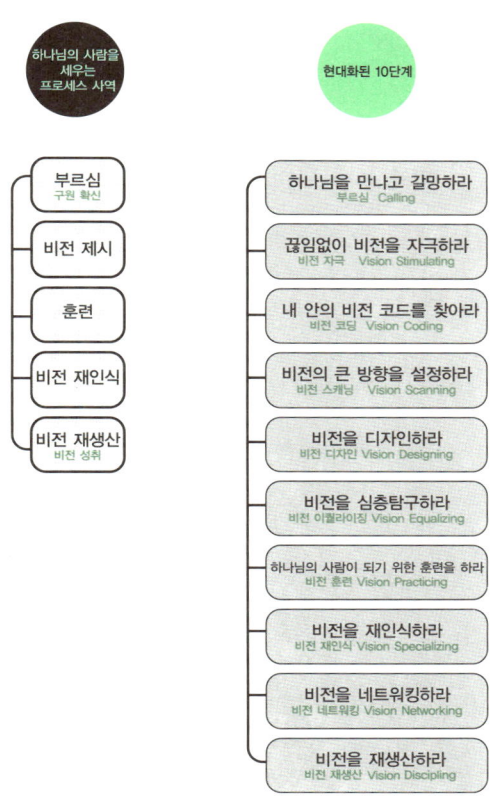

비전훈련 영역은 영성훈련, 자질훈련, 능력훈련 등 세 가지로 나뉜다. 우선, 하나님이 주신 비전을 성취하는 데 필요한 성경적이고 균형 잡힌 영성습관을 훈련한다. 다음으로, 성경적이고 건강한 사고, 언어, 관계 습관 훈련을 통해 기독교인으로서 좋은 자질을 갖추게 한다. 마지막으로, 학습, 실행력, 재정관리, 신체관리습관을 훈련하여 비전을 이루는 데 실제적 능력을 갖추게 한다.

하나님의 사람을 세우는 사역을 통해 어떤 일들이 이루어질까? 첫째, 아이들과 청소년, 청년대학생, 장년과 은퇴자들은 구체적인 자신의 비전을 발견할 수 있고, 이 비전을 자신의 미래, 삶, 직업과 연결하는

방법을 배우게 된다. 둘째, '영적 기준', '삶의 기준', '비전'이라는 세 가지를 훈련함으로 교인들을 전인격적이며 균형 잡힌 성장으로 이끌게 된다. 셋째, 분명한 비전 수립과 행동하는 믿음에 대한 훈련이 진행되기 때문에 교인들이 삶의 역동성을 회복하게 된다. 넷째, 예배의 역동성이 회복된다. 하나님의 사람으로 세워 갈 때 자연스럽게 회복되는 것이 예배의 감격과 역동성이다. 끝으로, 신앙공동체가 회복되고, 가정이 하나 되고, 교회 안팎으로 비전 네트워킹 환경이 구축되어 사회를 변화시키는 공동체로 성장하게 된다. 같은 비전을 가진 사람들이 네트워크를 이루는 것이 중요하다. 한 명이라도 더 많은 사람과 나눌수록 그 비전을 성취할 기회가 많아진다.

하나님 나라의 경제 원리는 한국 사회의 현재의 문제와 미래에 닥칠 모든 위기를 충분히 극복하고도 남을 만한 힘을 가지고 있다. 자본주의의 근본적 공리들이 정기적 안식년, 십일조, 희년 제도 같은 '하나님의 경제 정의'와 완벽하게 일치되기는 쉽지 않다. 하지만 지금보다는 더욱더 많이 실현되는 '좀 더 수정된 자본주의'를 목표로 전진해야 한다.

Chapter 3

미래 해법 ❸
하나님의 경제 정의로 돌아가라

하나님의 경제 정의를 바르게 알라

　한국 교회 위기의 한 축은 기독교인이 영적으로 변화된 것뿐만 아니라 삶에서도 총체적으로 변화되었다는 것을 보여 주지 못한 것이다.
　복음은 교회 안에서뿐 아니라 교회와 교인이 속한 지역 사회에서 기쁘고 올바른 소식이어야 한다. 그러나 한국 교회는 영적 영역에 심하게 치우쳐 있다. 교회 안의 삶과 교회 밖의 삶의 원칙을 따로 구분 짓고 사는 왜곡되고 균형을 잃은 모습을 크게 문제 삼지 않았다. 마치 헬라적인 영육 이원론이나 중세적인 성속 이원론처럼 정신적이고 영적인 영역은 귀하고 의미 있는 것이지만, 세상의 일이나 육신적인 것은 상대적으로 저급한 것으로 여기고 소홀히 하는 경향이 강했다. 특히, 현대 자본주의가 가지고 있는 경제 원칙과 경제적 상황 안에 만연된 죄의 영향력을 걷어 내는 노력을 소홀히 했다. 심지어는 교회가 나서서 자본주의 체제 속에 있는 성경적으로 잘못된 원칙과 이로 인해 발생하는 왜곡된 상황을 이용해 부를 쌓거나 교인에게 '복 받는 방법'이라고 가르치면서 이웃을 경제적으로 핍박하는 희한한 일이 벌어지고 있다.

이러한 현실에 대해 성경은 뭐라고 말할까? 성경에는 기독교 경제 원리를 끌어낼 수 있는 하나님의 경제 원리가 기록되어 있다. 예수님을 주로 믿고 섬기는 교인들이 이 땅에서 구현해야 할 자본의 소유권, 자본의 경영과 실물경제 원리, 화폐경제 원리, 노동과 노동의 대가로서 부의 분배 원리 등이 분명하게 제시되어 있다. 하나님은 복음의 능력으로 변화된 하나님의 사람이 하나님의 기준과 원리를 가지고 이 땅의 경제를 다스리기 원하신다.

자본의 소유권이 하나님께 있다는 이러한 원칙은 희년 제도에서 명확히 나타난다. 자본의 관리를 인간에게 위탁하셨지만, 그 소유권은 영원히 하나님께 있음을 희년 제도를 통해 반복적으로 가르치셨다. 레위기 25장 8~17절을 보면 희년의 주기와 의식에 관한 규정이 기록되어 있다.

희년은 매 50년[22] 5월 10일에 시작되는데, 이날은 예수 그리스도의 보혈로 얻어지는 죄의 용서와 구속을 상징하는 속죄일이기도 하다. 희년은 죄 용서를 받은 하나님의 자녀만 참여하는 의식이자 구속받은 자는 반드시 지켜야 할 하나님 나라의 원칙이다.

희년이 되면, 이스라엘 백성은 전국에서 기쁨과 승리를 상징하는 뿔나팔을 불면서 자유를 선포한다. 영적으로는 죄악의 노예에서 풀려남을 선포하고, 물리적(사회, 경제적)으로는 모든 사람이 자기의 기업으로 돌아간다. 자유를 빼앗기거나 팔렸던 사람은 희년이 되면 자유를 되찾는다. 다른 가족에게 팔려 간 사람은 자기 가족에게 돌아갈 수 있다. 생존과 경제 활동의 근간이 되었던 집과 토지도 원래대로 되돌려졌다. 사회적 약자들이 경제적, 사회적으로 자신의 자유와 권리를 되찾게 된다. 신분과 권리가 회복되어 자립할 수 있게 해 주는 것이다. 50년마다 선포되는 이런 의식과 규정을 통해 이스라엘 백성은 부와 가난의 대물림의 피해에서 벗어나는 구조적인 보호를 받았다.

그런데 희년의 가장 큰 의미는 인간의 자유와 생존과 경제적 활동의 권리가 '좀 더 강한 인간'이나 혹은 '자신'에게 있는 것이 아니라 하나님께 있음을 분명히 하는 것이다. 레위기 25장 23절에는 "토지를 영구히 팔지 말 것은 토지는 다 내 것임이니라"라는 구절이 나온다. 즉, 이스라엘 각 지파가 가지고 있는 땅은 하나님으로부터 평등하게 분배받은민 26:52 땅이지, 자신에게 소유권이 완전히 이전된 것이 아니다. 그래서 토지를 자유롭게 처리하는 것에 대한 규제가 분명하다. 땅의 경작과 수확에서도 하나님의 원칙을 따라야 한다. 이스라엘 모든 지파에 분배된 땅은 근본적으로 영원히 하나님의 기업이다. 그래서 희년이 되면 최초의 관리인에게로 되돌려져야 했다. 토지를 포함한 모든 자본의 근본적인 소유권은 하나님께 있고 인간은 관리하는 책임만 있을 뿐임을 명확히 하는 것이다.

또한 신약에 와서 사도행전 4장 32~37절을 보면, 초대교회는 이 사실을 분명히 알고 있었다. "믿는 무리가 한마음과 한뜻이 되어 모든 물건을 서로 통용하고 자기 재물을 조금이라도 자기 것이라 하는 이가 하나도 없더라"라는 말씀은 그들이 단지 은혜를 받아서 마음이 감동되어 자신의 것을 다른 사람에게 기꺼이 나누어 주었다는 것만을 의미하지 않는다. 이 말씀은 그들이 예수 그리스도를 통해 구원을 얻고 난 후 하나님의 백성의 올바른 원칙으로 되돌아갔다는 것이다. 모든 자본의 소유권이 하나님께 있으며, 자본을 사용함에 있어서도 하나님의 경제 원칙을 따라야 한다는 데 한마음이 되었다는 말이다. 절대 초대교회는 사유재산을 부정하지 않았다. 재산(자본)의 관리권은 철저하게 인정했다. 모든 나눔은 '자원하여' 이루어졌고, 모든 사람이 '모든 것'을 팔지도 않았고, 모든 분배는 '가난한 사람이 없도록' 각자의 '필요에 맞추어' 이루어졌다.

경제적으로 하나님 편에 선다는 것

기독교인은 하나님 나라의 통치 원리가 교회 공동체 내에서, 그리고 세상에서 적용되도록 하는 노력을 멈추지 말아야 한다. 그것이 우리의 사명이다. 예수님도 이 땅에 오셔서 그분의 전 사역에 걸쳐서 영적 구원과 사회적 책임에 대한 총체적 관심을 가지셨다.[23]

예수님은 당신이 세우신 교회에게 '세상으로부터 부름 받고 동시에 세상으로 보냄 받은 존재'로서 균형을 유지하기 위해 계속 노력할 것을 요구하셨다. 교회의 정체성의 출발은 거룩한 하나님의 백성으로 구별되어 모인 무리로서의 '초월성'에 있지만, 동시에 교회는 세상에서 빛과 소금의 사명을 감당해야 할 '세상성'을 가진다. 그런데 세상성을

'세속화'와 혼동해서는 안 된다.

하나님이 가난한 자들을 돌보신다고 할 때, 하나님을 해방자로만 본다거나 '하나님은 부자보다는 가난한 자를 더 사랑하시고 아끼신다'고 생각해서는 안 된다. 이 땅에서 가난을 몰아내는 것은 하나님의 목표가 아니다. 하나님은 부자나 가난한 자나, 권세 잡은 자나 그렇지 않은 자나 모두 공평하게 자비와 사랑으로 대하신다. 하나님의 목표는 이 땅에서 하나님의 원칙이 실현되는 것이다. 하나님의 나라가 이루어지는 것이다. 그래서 이 땅에서 부유하든 가난하든 모두에게 공평하게 하나님의 경제 정의가 실현되기 원하신다. 경제적으로 하나님 편에서 정의롭게 산다는 것은 악의 세력과 탐욕에 의해 조종되고 있는 경제 정의를 되돌리려 노력하는 것이다.

요한일서 2장 15절, "이 세상이나 세상에 있는 것들을 사랑하지 말라"라는 말씀은 하나님이 창조하신 세상에서 도망치라는 말이 아니다. 하나님이 창조하신 세상 자체를 부정하라는 말이 아니다. 하나님의 원칙에서 벗어난 것들, 하나님의 통치 원리가 적용되지 않는 것들, 본성상 하나님의 경제 원칙을 거부하려는 경향들을 사랑하거나 따라가지 말라는 말이다. 세상과 담을 쌓으라는 것이 아니라, 세상의 정의와 반대로 살라는 말이다. 부를 버리고 경제활동을 최소화하며 살라는 것이 아니라, 인간 중심적이고 탐욕의 힘으로 움직이는 세상의 경제 정의를 하나님의 경제 정의로 되돌려 놓으라는 말이다.

잠언 20장 17절에는 "속이고 취한 음식물은 사람에게 맛이 좋은 듯하나 후에는 그의 입에 모래가 가득하게 되리라"라는 말씀이 나온다. 속이고 취한 경제적 이득, 사기나 거짓말이나 독점적 지위를 활용해 상대를 압제함으로 얻은 부는 사람에게 맛이 좋고 달콤하다. 그러나 기독교인은 이런 달콤한 맛에 취해서는 안 된다. 이를 위해서는 하나님을 아는 참된 지식이 필요하다.

한국 교회가 한때 괄목할 만한 성장을 했지만, 이제는 성장의 한계에 도달하고, 사회적으로 지탄의 대상이 되고, 경제적 불평등과 불의를 해결하지 못하고, 도리어 각종 경제적 죄악의 온상이 되고 있다. 이 문제의 출발점은 하나님이 원하시는 경제 정의가 무엇인지를 정확히 알지 못했고, 알더라도 행동으로 실천하려는 믿음이 부족했기 때문이다. 여호야김 시대에 하나님을 아는 참된 지식이 없음으로 심판을 받은 이스라엘 백성처럼 하나님을 아는 참된 지식의 부족은 결국 하나님의 심판을 부르게 된다렘 22:13~16, 사 58:1~14.

한국 교회는 초기 기독교가 로마 제국 안에서 점점 확장되어 가면서 양적 성장도 하고 경제적 능력도 갖추었지만, 동시에 엄격한 기독교 윤리가 사라지고 세속화 흐름에 편승하면서 교회 내외적인 문제가 늘어난 것과 같은 상황에 빠져 있다. 더 나아가 교인 수가 급감할 것을 염려해서 중생의 체험이 없어도 세례를 주는 등 절충주의가 성행했던 위기 때의 유럽 교회들과 같은 상황도 전개되고 있다. 사회적 문제가 제기되어도 교인들의 개인적 신앙 행동의 문제로 축소하고 있다. 교회를 교인들을 위한 용도로만 사용하면서 문을 걸어 잠갔고, 비관주의적 역사관에 빠져 있고, 임박한 재림 신앙에만 집착하고 있다.

사회문제 치유는 복음 전도에 악영향을 준다는 어처구니없는 주장이 난무하고, 사회적 고통에는 별 관심이 없고 단지 사람들을 교회로 데리고 오는 것만을 강조한다. 불가지론과 혼합주의가 신학과 신앙을 지배하고, 교인의 고통은 개인적으로 해결하게 하고 단지 교회 출석과 헌금을 잘 내는 것에만 관심이 있다. 이 모든 것들은 기독교 역사 속에서 보면 교회가 쇠퇴하고 영적 영향력을 상실했을 때 나타난 전형적인 현상들이다.

경제 청지기의 길 시작

이런 위기를 극복하기 위해서는 신명기 1장 16~17절에 나오는 말씀처럼 지혜와 지식이 있는 분별력을 갖춘 기독교 지도자가 필요하다. 성경적 경제 원리와 기준을 지키기 위해 노력하는 '경제 청지기'가 필요하다. 기독교인은 강자에게만 유리한 불평등하고 불의한 경제 원칙과 법령을 수정해 가야 한다. 어리석고 지혜 없고 삐뚤어지고 흠이 있고 악한 경제 이론과 정책을 수정해 가야 한다. 하나님의 경제 원리가 세상에 올바르게 자리잡을 수 있게 해야 한다. 믿는 우리는 예수 그리스도의 제자로서 통상적인 사회적, 경제적 지위와 불의한 기득권을 버리고 하나님의 원리에 충실한 삶을 살아야 한다.

하나님 나라의 경제 원리는 한국 사회의 현재의 문제와 미래에 닥칠 모든 위기를 충분히 극복하고도 남을 만한 힘을 가지고 있다. 자본주의의 근본적 공리들이 정기적 안식년, 십일조, 희년 제도 같은 '하나님의 경제 정의'와 완벽하게 일치되기는 쉽지 않다. 하지만 지금보다는 더욱더 많이 실현되는 '좀 더 수정된 자본주의'를 목표로 전진해야 한다. 하나님의 법을 점점 닮아 가는 방향으로 경제 제도를 재편하려고 노력해야 한다. 하나님의 경제 원칙과 기준을 완벽히 우리나라 경제환경에 도입하기는 어렵다. 사실 이는 현대의 왜곡된 자본주의의 시각에서 보면 혁명적인 기준이다.

그렇다면 어떻게 해야 할까? 성경에서 그 해법을 찾을 수 있다. 성경이 쓰일 당시에도, 하나님이 하나님의 백성이 지켜야 할 경제 원칙과 기준을 명령하실 때에도 이스라엘은 세상의 전부가 아니라 세상의 일부였다. 이스라엘 말고도 다른 나라들에는 나름의 경제 원리와 기준이 있었다. 이를 잘 알고 계신 하나님은 하나님의 경제 원리를 이스라엘 공동체에서 먼저 지킬 것을 명령하셨다. 초대교회도 하나님의 경제 원칙과 기준을 따라 혁명적인 나눔, 혁명적인 경제 활동을 재현했다. 그때도 시작은 교회 공동체 안에서였다. 지금도 마찬가지다. 하나님의 기준을 교회 공동체, 언약 공동체 안에서부터 시작하면 된다. 언약의 백성인 우리가 하나님의 통치 아래로 들어가면 된다. 그 후에 우리 공동체의 주변 이웃과 세상이 하나님의 통치 아래로 들어가도록 도전하면 된다.

종교개혁 시대의 지도자들도 하나님의 기준을 교회 공동체 안에서 적용하기 시작했다. 스위스는 기독교 국가였기에 하나님의 경제 기준이 국가의 통치 활동 안에 적용될 수 있었다. 종교개혁의 중심부였던 네덜란드에서 그나마 성경적 원리에 가까운 협동조합이 최초로 개발된 것도 같은 맥락이다. 또 하나의 방법이 있다. 현대 교회가 건물을 짓는 데 들이는 돈을 20~30%만 줄여도 성경적 경제 원칙에 근거한 나눔과 구제 사역이 지금도 충분히 회복될 수 있다. 하나님의 원칙과 기준은 경제적 영역 이외에서도 얼마든지 적용될 수 있다.

여호와를 경외하고, 서로 사랑하고, 오직 필요한 양식에 자족하는 원칙^{잠 30:8~9}과 근면한 삶의 원칙^{잠 6:6~11}, 선한 사업에 부자가 되는 마음^{시 37:22~26}은 고령화 시대에 새로운 삶의 원칙이 될 수 있다. 고령화 시대와 부동산 버블 붕괴 후의 자본주의 시대에 올바른 경제 철학과 방향을 제시할 수 있다.

'끊임없이 수정되어 가는 자본주의'는 근본적으로 하나님의 경제 원리와는 완벽하게 일치하지 않더라도 일반은혜로서 죄의 파괴력을 억제하고 주님이 다시 오실 때까지 창조세계를 보전해 갈 것이다. 그 과정에서 이 땅 가운데 하나님의 속성이 더욱더 크게 드러나고, 사회와 경제가 더욱더 바르게 작동하면서 과부와 고아처럼 가난하고 소외된 사람에게 하나님의 사랑과 자비가 풍성하게 임하게 될 것이다.

하나님 나라의 확장은 전도해서 교회 안에 사람들을 데려오는 것만이 아니다. 하나님의 경제적, 사회적, 정치적, 문화적 원리와 기준이 교회 공동체, 언약 공동체 안에서 통치의 기준이 되는 세상이 되도록 해야 한다. 또한 교회 공동체 밖에도 하나님의 통치의 원리와 기준이 반영되는 세상이 되도록 하는 데까지 나아가야 한다.

진정한 기독교 보수주의자란 '예수님과 그분의 복음'을 목숨 걸고 지키고 보호하는 사람이다. 세상이 흉흉하고 교회 안에 개인주의, 세속주의, 상대주의가 판을 쳐도 복음과 성경의 진리를 기어코 지켜 내는 사람이 바로 진정한 기독교 보수주의자다. 이들이 진정한 개혁을 이루어 낸다.

Chapter 4

미래 해법 ❹
목회자여, 성장의 한계를 넘어서라

성장의 한계를 못 넘게 만드는 진짜 두려운 것들

지금까지 한국 교회의 외부에서 불어오는 미래 위기와 해법에 관해 이야기했다. 그런데 현재 한국 교회의 위기는 내부에서 시작되었다. 큰 안목으로 보면, 외부의 위기도 걱정해야 하지만 진짜 두려워해야 할 것은 내부에서 자라나고 있는 암 덩어리다. 내부에 존재하는 진짜 두려워해야 할 것은 다음 여섯 가지다.

첫째는 '만들어 낸 은혜'다. 교회는 떠나가는 교인들을 붙잡기 위해, 한 명이라도 더 많은 사람을 끌어모으기 위해 언제부턴가 인위적으로 만들어 내는 은혜에 집착하기 시작했다. 삶의 변화와 마음의 깊은 찔림보다는 억지스런 감동에 치중하기 시작했다. 감성을 자극하는 쇼를 통해서라도 사람들의 눈에서 억지 눈물을 만들어 내고자 했다. 은혜로 말미암은 평화와 감사보다는 코미디를 해서라도 한바탕 재미를 선사하려고 했다. 거룩한 갈등, 거룩한 도전, 찔림이 있는 회개, 삶의 변화를 위한 몸부림보다는 눈물과 웃음이 우선이었다. 변화 없는 눈물과 웃음이 은혜로 둔갑했다. 설교는 교인들의 감성과 타협했다.

교회가 추구해야 할 진정한 감동은 인위적인 감성 자극이 아니다. 은혜를 통해 오는 감동, 회개와 용서를 통한 감동, 사랑과 섬김을 실천함으로 흘러나가는 감동이어야 한다. 슬프게도 현대의 예배에서는 경건이 사라졌다. 하나님을 마음 깊은 곳으로부터 존경하고 두려워하고 복종하는 경배는 사라지고, 찬양 노래방만 남았다. 대중문화의 쇼와 스포츠 경기의 관객 같은 교인들로 넘쳐난다. 감성적인 모임과 축제만 남았다. 거듭남 대신 '적극적 사고방식'이, 회개 대신 '기분전환'이, 신유 대신 '마인드 컨트롤'이, 십자가의 비전 대신 '인간 지도자의 제국주의적 야망'이 강단에서 선포된다.

우리는 하나님의 통치를 따라 삶으로 얻어지는 영적 승리와 전리품을 가지고 축제를 열어야 한다. 하지만 이 모든 것이 빠지고 자기 충족과 자기 만족의 축제만 넘쳐나고 있다. 흥분과 열이 오르는 것이 은혜의 표지가 되었다. 기도가 시작되면 눈물을 흘리고, 소리를 지르고, 손을 흔들어야 한다는 묘한 압박감이 작동한다. 이스라엘 백성이 금송아지를 만들고 먹고 마시고 뛰놀았던 그것과 무슨 차이가 있을까? 인간의 축제를 참다운 예배로 착각하고 있다. 예배의 본질이 변했다. 하나님께 대한 인간의 경배가 아니라, 하나님의 축복을 받아 내기 위한 이방 종교의 제의가 되었다.

둘째는 '권징의 사라짐'이다. 권징은 말씀의 순결함과 성도의 성화의 생활을 보존하는 아주 중요한 수단이다. 말씀의 순결함과 성도의 삶의 변화는 예배 이후에, 설교 이후에 시행되는 권징에 의해서 판가름 난다. 칼뱅은 교회에 권징이 없으면 죄악된 본성을 가지고 있는 아담의 후손인 교인들이 악한 사람과의 교제로 말미암아 타락하게 될 가능성이 커지게 된다고 생각했다. 권징이 엄격해야만 교인들이 자신의 추악함에 대해 부끄러움을 느끼고 스스로 회개할 수 있게 된다고 생각했다. 칼뱅은 권징이 교회의 안녕과 질서유지에도 절대적이라고 생각했다. 교회 공동체 가운데 기독교의 이름에 불명예를 초래하는 자들을 엄격한 권징을 통해 교회의 가족으로부터 추방해야 한다고 했다. 그런 사람은 신성한 하나님의 이름에 치욕의 낙인을 찍는 자이기 때문이다.

그러나 한국 교회는 권징이 사라진 지 오래다. 권징을 엄격히 실시하면 교인들이 떨어져 나갈까 봐 두려워한다. 하나님보다 교인을 더 무서워하는 것이 지금 한국 교회의 모습이다. 이러니 목사나 장로나 교인들이 교회 안팎에서 기독교의 이름에 불명예를 초래하더라도 권징은 고사하고 잘못했다고 지적하기도 어려운 지경에 이르고 말았다.

셋째는 '교회 일치에 대한 잘못된 방법'이다. 교회의 순결을 포기하면서까지 교회를 일치하고 연합하려는 태도다. 교회의 일치와 연합도 중요하지만, 그것은 어디까지나 교회의 순결을 유지하면서 진행되어야 한다.

넷째는 '위기감의 상실'이다. 한국 교회의 쇠퇴가 시작되고 있음에도 한국 교회 교인과 지도자의 68%는 자신이 출석하는 교회가 성장하고 있다고 믿는다. 82%는 앞으로 반드시 성장할 것으로 생각한다. 긴장감 결여, 위기감 결여는 교회 내부에 존재하는 암적 요소다. 노아가

방주를 만들며 사람들에게 하나님의 심판에 대해 경고했을 때 아무도 위기감을 느끼지 못하던 상황과 같다.

막연한 낙관주의는 심판의 임박성과 복음의 긴급성을 잃어버리게 하는 근본적인 이유다. 하나님의 사랑에 감동해 자발적으로 전도의 열정이 불타오르는 것을 기대하지는 않더라도, 최소한 자기 교회의 교인 숫자가 줄어드는 것을 염려하는 동기에서라도 전도가 시작되어야 한다. 그런데 위기감조차 없으니 전도의 필요를 느끼지 못한다.

한 조사기관이 자신이 다니는 교회가 반드시 부흥할 것이라고 확신하는 교인들에게 이유를 물었다. 28%가 '전도를 열심히 하기 때문'이라고 대답했다. 17%는 '설교가 좋아서'라고 대답했다. 그런데 조사에 참여한 교인 대부분은 전도를 하지 않고 있었고, 설교가 아무리 좋더라도 교회 안에서 목회자나 다른 교인과의 관계가 나빠지면 교회를 옮길 것이라고 대답했다.

세속화나 상대주의, 경제적 위기 등은 노력하면 극복할 수 있는 문제다. 하지만 정신적, 심리적, 영적 문제는 차원이 다르다. 개혁의 시기에는 자신감, 믿음, 용기 같은 정신적 능력이 개혁의 흐름에 결정적 역할을 한다. 변화의 시기에는 거부, 소외, 두려움, 혼동이 일어나기 마련이다. 하지만 이런 혼란 속에서도 지도자와 구성원이 자신감, 믿음, 용기, 소망을 잃지 않으면 개혁과 갱신은 반드시 성공한다. 그러나 한국 교회는 개혁과 각성은커녕 교회 안팎을 둘러싼 심각한 현실과 위기를 객관적으로 인식하지 않으려는 자세로 가득 차 있다. 무조건 잘될 것이라는 막연한 낙관주의에 빠져 있다. 교회의 부흥은 주님이 알아서 하시는 것이라는 무책임에 빠져 있다.

다섯째는 '변화의 거부'다. 경제 상황이 불안하거나 자신의 삶이 혼란스러울수록 사람은 본능적으로 자유보다 안정, 변화보다 현상유지에 대한 욕구가 강해진다. 이런 인간의 본성이 현재 변화를 절대적으로 필요로 하는 한국 교회와 교인에게 커다란 걸림돌로 작용하고 있다. 갱신과 변화를 더디게 한다. 곳곳에서 일어나는 개혁에 대한 의심과 걱정은 갱신과 변화에 대한 반발 작용이다. 많은 사람이 갱신이나 개혁이라는 단어를 입에 올리지만 막상 갱신과 개혁의 행동을 취해야 할 때는 다른 생각을 하기 시작한다. 갱신을 위한 위험 부담과 치러야 할 직접적인 대가들 때문에 주저하는 것이다.

여섯째는 '잘못된 변화의 강요'이다. 변화를 거부하는 세력이 많지만 변화를 시도하는 교회와 교인도 많다. 변화를 시도하지만 실패하거나 바람직한 결과를 얻지 못하는 것은 잘못된 변화를 선택했기 때문이다. 변화에 대한 철저한 준비와 안목 없이, 많은 교회와 교인들이 본질을 버리고 비본질을 강요하는 잘못된 변화를 시도했다. 변화해야 할 것과 변화하면 안 되는 것이 무엇인지 구별하는 안목이 필요하다.

성장의 한계를 넘으려면
진짜 보수적, 진짜 성경적 교회가 되어야 한다

많은 사람이 우리나라 정치판의 보수주의자들을 가리켜 '진짜 보수주의에 대한 이념도 철학도 없는 사람들'이라고 비판한다. 진정한 의

미의 보수주의가 무엇인가를 확실하고 용기 있게 말할 수 있는 이론가가 없다는 말이다. 겉은 보수주의의 탈을 쓰고 있지만 속은 진정한 보수주의자가 아니라 자신과 정당의 기득권과 이익만을 지키는 수구주의자들로 가득하다. 친일파와 반민족주의자들도 보수주의라는 우산 속에서 기생하고 있다. '보수'의 사전적 의미는 '현 체제를 그대로 보전하여 지킨다'이다. 과거에도 좋았고, 지금도 좋고, 나아가 미래에도 좋은 가치가 있는 것을 지키는 것이 진짜 보수다.

기독교의 보수란 무엇인가? 마찬가지다. 과거에도 좋았고, 지금도 좋고, 미래에도 변치 않고 좋은 가치가 있는 것을 지키고 보전하는 것이 핵심이다. 죄인 된 우리에게 소망을 주는 가치 있는 것을 지키는 것이 기독교 보수주의의 핵심이다. 영원히 변하지 않는 본질적인 것을 목숨 걸고 지키는 사람을 보수주의자라고 불러야 한다.

기독교 보수주의자는 자기의 이익이나 특별한 집단의 이익을 대변하고 고수하는 사람이 아니다. 옛 전통이나 관습에 목숨 거는 사람이 아니다. 진정한 기독교 보수주의자란 '예수님과 그분의 복음'을 목숨 걸고 지키고 보호하는 사람이다. 세상이 흉흉하고 교회 안에 개인주의, 세속주의, 상대주의가 판을 쳐도 복음과 성경의 진리를 기어코 지켜내는 사람이 바로 진정한 기독교 보수주의자다. 실패를 거듭하더라도 루터나 칼뱅처럼 "성경으로 돌아가자!"는 구호를 끊임없이 외치는 사람이다. 어떠한 위험과 저항이 있더라도 희생을 감수하면서 개혁을 이루어 가는 사람이야말로 진정한 보수주의자다.

그런데 지금 한국 교회는 보수주의를 가장한 수구주의자들로 가득 차 있다. 작게는 개 교회 안에서 자기들이 만들어 놓은 전통이나 기득권, 명예를 지키기 위해 애를 쓴다. 크게는 한국 교계 안에서 자기들의 기득권과 이익, 세력을 지키고 보전하기 위해 이리저리 뛰어다닌다. 가짜 보수주의자인 그들은 성경으로 돌아가려는 진정한 보수주의자들의 개혁운동을 공격한다. 자신들의 기득권과 이익을 잃어버릴까 전전긍긍하면서 겉으로는 교회를 지킨다는 가면을 쓰고 저항하고 있다.

한국 교회가 살아나려면 가짜 보수주의자에게 빼앗긴 개혁의 정신과 주도권을 되찾아야 한다. 진정한 기독교적 보수가 무엇인지 가르치고 모범을 보여야 한다.

성장의 한계를 넘게 하는 갱신의 방법

위기가 지속하는 만큼, 교회 갱신은 앞으로도 중요한 화두가 될 것이다. 그러나 주의할 점이 있다. 갱신의 방법이 '존속형 혁신' sustaining innovation인지 '와해형 혁신' disruptive innovation인지 알아야 한다. 존속형 혁신이란 기존의 기술을 수정 업그레이드하면서 혁신을 추구하는 것이다. 반면 와해형 혁신은 진공관의 몰락을 가져온 트랜지스터의 혁명이나 타자기의 몰락을 가져온 컴퓨터 혁명처럼 기존과는 전혀 다른 차별화된 요소를 개발해 새로운 것을 만드는 것이다.

교회는 존속형 혁신과 와해형 혁신을 동시에 사용해야 한다. 지금까지의 교회 개혁이 실패한 원인은 지도자들이 이 점을 혼동했기 때문이다. 존속형 혁신은 기존의 지도자들(사람)이나 목회 스타일 등의 점진적 갱신에 적용되어야 한다. 목회 스타일을 바꾸는 일이나 사람 자체를 변화시키는 일은 상당히 많은 시간과 인내, 그리고 노력이 필요하다. 이처럼 많은 시간과 점진적 갱신이 필요한 부분을 단시간 내에 혁명적인 방법으로 이전의 모든 것을 뒤집어엎겠다고 성급하게 접근하다 보니 저항과 분란만 일으키며 실패하고 만 것이다.

와해형 혁신은 가르치는 방법이나 새로운 틈새 사역을 개발할 때 사용해야 한다. 와해형 혁신의 영역에서는 영원히 존속해야 하는 사역 프로그램이나 사역 영역, 사역 기술, 사역 조직이 없다. 시대의 변화나 성도의 신앙패턴 변화에 따라 언제든 새로운 시도를 해야 한다. 그렇지 않으면 생존을 보장받을 수 없다. "이 사역은 우리 교회의 사역이 아니었다"라는 말을 되풀이하는 것은 자살과 다름없다. 와해형 혁신을 하기 위해서는, 지금까지는 전혀 교회의 사역이 아니라고 여기던 영역에 관한 관심이 필요하다. 수십 년 전만 해도 기독교 상담, 내면치유사역, 결혼학교, 아버지학교, 외국인 근로자 사역 등은 한국 교회 사역 영역에 포함되지 않았던 부분이다.

와해형 혁신의 영역에서는 다양한 실험적 시도가 필요하다. 와해형 혁신을 통해 교회는 잠재적 가능성을 최대한 개발해 냄으로 교회 사역의 시너지를 높일 수 있다. 또한 급변하는 사회 환경과 교인들의 개별화 요구들에 효과적으로 대응할 수 있다.

그런데 이것을 '소비자 만족주의 목회'와 혼동해서는 안 된다. 이 둘은 완벽히 다르다. 소비자 만족주의 목회란 인간의 죄악된 본성에서 비롯된 교인들의 값싼 은혜의 요구를 따라가는 것이다. 현대판 편리주의와 상대주의의 비위를 맞추어 주는 것이다.

와해형 갱신 방법을 사용할 때는 교인들의 요구를 파악하되 그중 무엇이 죄악된 본성에서 나온 것인지, 무엇이 아닌지를 잘 구별해야 한다. 그리고 현실을 직시하며, 절대적인 성경적 기준과 방법을 사용하여 하나님이 원하시는 모습으로 새롭게 변화하고 회복하기를 시도해야 한다.

지금 부흥하고 있어도 갱신해야 한다

1981년 잭 웰치는 GE 회장으로 취임했다. 당시 GE는 매년 순수입이 9%대의 성장을 지속하고 20억 불 이상의 수익을 내는, 한마디로 잘나가는 회사였다. 누가 보기에도 고칠 것이 별로 없어 보이는 회사였다. 그러나 잭 웰치는 잘나갈 때가 위기라 생각하고 회사를 혁신하기 시작했다. 주위의 많은 사람이 그를 비난했다. 잭 웰치는 1980년대 미국에서 가장 많이 욕을 먹는 회장이었다.

그런데 잭 웰치의 생각은 20년이 지난 지금 GE 역사상 가장 위대한 결정으로 인정받고 있다. 잭 웰치가 은퇴한 2001년, GE는 1981년 그가 회장으로 처음 취임하던 해보다 시장가치와 수익이 5배 성장했고, 매년 주주들에게 연평균 25%의 수익률을 올려 주는 회사로 재탄생되어 있었다. GE는 100년 역사를 자랑한다. 현대 기업의 평균 수명은 14년이다. 이런 환경에서 GE는 세계대전과 세계공황을 뛰어넘어 100년 동안 세계 최고의 정상에 올라 있다. 그 이유는 잭 웰치처럼 '성공할 때가 위기'라는 의식을 가진 절대로 평범하지 않은 최고 지도자가 있었기 때문이다.

위기 속에서도 부흥하고 있는가? 그래서 위기에 관한 경고나 한국 교회의 위기에 관한 이야기가 멀게만 느껴지는가? 기억할 것이 있다. 교회의 부흥은 한 번으로 끝나거나 만족해서는 안 된다. 부흥이 꼬리의 꼬리를 물고 계속 다음 부흥으로 이어져야 한다. 이런 부흥의 선순환을 위해서 교회는 계속 갱신되어야 한다. 제도적으로도 혁신이 가능할 수 있도록 교회나 교단의 조직이 체계를 갖추어야 한다.

성장의 한계를 넘으려면 현실에서 눈을 떼지 말라

'스톡데일 패러독스' Stockdale Paradox라는 말이 있다. 짐 콜린스는 베트남 전쟁시 포로로 잡혔던 스톡데일 장군의 예를 들며 현실에서 눈을 떼지 않는 것이 얼마나 중요한지를 강조하고 있다.

제임스 스톡데일 장군은 베트남 전쟁 당시 하노이 힐턴 포로수용소에 갇힌 미군 중 최고위 장교였다. 그는 베트남 전쟁이 한창이던 1965년부터 1973년까지 무려 8년 동안이나 수용소에 갇혀 있었다. 그 기간 중 스톡데일 장군은 4년 동안 독방생활을 했고, 스무 번이 넘는 심한 고문을 받았다. 그러나 언제 석방될지 모르는 불확실함과 두려움의 극치 상태에서 결국 살아남았고, 많은 포로를 데리고 다시 고국으로 돌아가는 지도력을 발휘했다. 훗날 스톡데일 장군은 극한 고문과 고통의 포로수용소에서 살아남을 수 있었던 이유에 대해 이렇게 회고했다.

"수용소에서의 참담한 상황을 가장 견뎌 내지 못한 사람은 바로 낙관주의자들이었습니다. 그들은 크리스마스 때까지는 나갈 수 있으리라고 낙관적으로 말하다가 크리스마스가 지나면 부활절까지는 나갈 수 있을 거라고 또다시 낙관적으로 말했습니다. 그러나 결국 그들은 8년 동안의 긴 포로생활의 현실을 이기지 못하고 상심하여 죽고 말았습니다."

스톡데일 장군은 포로수용소에서 살아남은 사람은 낙관주의자가 아니라 냉정한 현실주의자였다고 말한다. 그가 말하는 현실주의자는 잘 될 거라는 믿음을 잃지 않으면서도 냉혹한 현실을 직시하는 사람이다. "냉혹한 현실을 직시하라. 그러나 믿음을 잃지 말라"라는 스톡데일 패러독스는 혼란의 시대를 사는 교인 개인이나 교회 공동체에 동일하게 적용되는 원리다. "뱀같이 지혜롭고 비둘기같이 순결하라"마 10:16라는 하나님의 법칙과 같은 맥락이다.

정열적인 기도, 인기 있는 목회 프로그램, 명쾌한 계획들도 그 중심에 있는 리더들이 현실성을 잃어버리면 아무런 소용이 없거나 열매가 반감되고 만다. 당신이 섬기는 교회가 뜨겁게 기도함에도 불구하고 자꾸 구렁텅이로 빠지는 듯한 느낌이 든다면 그것은 기도가 부족하거나 믿음이 적어서가 아니다. 고의적으로 혹은 맹목적 믿음이라는 단어 때문에 당신의 교회를 둘러싸고 있는 현실을 회피하는 태도 때문인 경우가 많다.

지금이라도 두려워하지 말고, 하나님을 믿고, 객관적으로 자신이 섬기는 교회와 스스로를 둘러싸고 있는 현실을 돌아보는 자세를 가져야 한다. "이런 현실이 우리 교회와 성도들에게 직간접적으로 미칠 수 있는 파급효과가 무엇일까?" 하고 질문을 던지는 것을 게을리하지 말라. 현실을 객관적으로 인정할수록 문제를 해결할 수 있는 방법이 더 분명하게 보이고, 희망찬 미래를 만들어 갈 기회가 늘어나기 마련이다. 현실에 대한 객관적 사실 인식과 하나님 안에서 소망을 발견하라. 이런 교회, 이런 교인들에게는 새로운 부흥이 기다리고 있다.

에필로그

살아남는 것만으로
충분하지 않다

하나님의 눈으로 현실 교회를 보라

'현실을 직시한다'라는 말은 표면상에 드러나는 현상을 주목하여 보는 것이 아니다. 두 눈이 없는 사람이 아니고서야 어찌 표면상으로 드러나는 현상을 보지 못하겠는가? 필자가 강조하는 현실을 직시한다는 말은 표면적 현상 이면에 숨겨져 있는 사실이나 관계를 볼 수 있어야 한다는 뜻이다. 한국 교회는 현실에 눈을 감고 있는 것이 아니라 표면적 현실만을 본다는 데 문제가 있다.

앨버트 아인슈타인은 이런 말을 했다. "세상에 있는 모든 것은 대개 복잡한 관계로 얽혀 있다. 그러나 사람들은 대부분 단순하게 그것을 설명하려 든다. 결국 대부분의 그런 단순한 설명들은 잘못된 것이 되고 만다."

'나비 효과' Butterfly Effect 에 대해 알고 있을 것이다. 미국의 기상학자이자 수학자인 에드워드 로렌즈 E. Lorenz 가 복잡한 기상 현상을 설명하기 위해 사용한 이론이다. 마이애미에서 나비 한 마리가 날갯짓을 하면, 그것이 북경에서 우박을 동반한 폭풍을 일으키는 원인이 되거나 지구 반대편에서 심각한 기상 이변을 일으키는 원인으로 작용한다는 이론이다. 즉, 어디선가 일어나는 작은 현상이 시간이 지나면서 점점 큰 결과를 불러일으킨다는 것이다. 이 말을 다른 각도에서 해석하면 지구 동편에서 일어나는 사건의 원인을 지구 서편에서 찾아야 될 만큼 세상의 일들이 복잡한 관계로 연결되어 있다는 말이다.

모든 것이 복잡하게 얽히고설킨 시대에는 예전의 단순한 사고방식이나 표면적 현상 그 자체만을 보는 시각으로는 당면한 문제를 해결할 수 없다. 시스템 전체의 연결 관계를 보면서 문제의 궁극적인 시작이 어디서 발생했는지, 어떤 부분을 먼저 치료해야 근본적인 해결을 할 수 있는지를 보는 기술이 필요하다. 복잡한 변수들이 뒤얽힌 표면적 현상 이면에 숨어 있는 실제적인 현상을 규명하고 단순한 증상과 근본적인 문제의 원인을 가려내는 능력이 필요하다. 이것이 바로 '시스템 사고' 기술이다.

시스템이란 서로 연관된 지체들이 어떤 특별한 행동들을 만들어 내기 위해 '한 몸처럼 연합된 상태'를 의미한다. 사람의 몸이 대표적인 시스템이다. 인체의 각 장기에서부터 그 속의 작은 세포들에 이르기까지 서로 밀접하고 복잡하게 연관되어 있다. 뿐만 아니라 서로 영향을 주며 상호작용하고 있다. 예를 들어 걸음을 걸을 때도 어느 특정한 부분만 작동하는 것이 아니다. 단 한 발짝을 걷기 위해서는 몸의 모든 세포와 지체가 함께 작동해야 한다. 어느 작은 한 부분이라도 고장이 나서 제 기능을 못하면 최악에는 걷지 못하는 사태가 발생할 수 있다. 우리 몸 전체가 하나의 시스템이기 때문이다.

또 다른 대표적인 시스템은 바로 자연이다. 겉으로는 각기 독립된 수많은 존재가 있는 듯 보이지만, 하나님은 돌 하나까지도 서로 연관이 되어 하나의 아름다운 자연이 되게 하셨다. 우주도 마찬가지다. 지구는 단독으로 존재할 수 없다. 우주 안에 있는 모든 별과 관계를 맺고 있다. 이처럼 하나님은 온 우주를 하나의 완전한 시스템으로 만들어 놓으셨다.

창조뿐 아니라 운용에서도 하나님은 우주를 하나의 시스템으로, 유기적으로 움직이신다. 아프리카에서 기아에 시달리는 한 아이가 먹을 것을 공급받는다고 하자. 그 아이 편에서 보면 일면식도 없는 사람을 통해서 공급받는 기적이지만, 그 이면에는 그 아이에게 먹을 것이 전달되기까지 수많은 사람의 손을 거치고, 심지어 매스컴까지 연결되어 있다. 이처럼 복잡한 시스템을 하나님이 사용하셔서 돕는 역사라고 할 수 있다. 하나님이 먹을 것을 하늘에서 만드셔서 그 배고픈 아이에게 직접 내려 주시는 것이 아니라 시스템을 사용해 섭리하신 것이다.

현실 교회와 현실 목회도 이런 맥락에서 다시 눈을 뜨고 보아야 한다. 교회에서 일어나는 대부분의 문제는 그것이 사람의 문제든 기관의 문제든 문제의 근본 원인을 만들어 내는 시스템 자체를 고치지 않으면 같은 문제가 반복된다. 새로운 프로그램을 도입하거나, 치명적인 약점을 보완한다고 해서 문제가 완벽히 해결되지 않는다. 왜 그 부분이 약해졌는지에 대한 근본적 이유를 시스템 전체를 통해 바라보는 기술이 필요하다.

정치인들을 보라. 부패와 부정과 치열하게 투쟁해 온 민주화 운동가였는데 정작 자신이 그 위치에 올라선 후에는 별반 다를 바가 없는 부정하고 지탄받는 정치인으로 전락하고 만다. 청렴하던 사람이 정치 세계에 발을 들여놓으면 금세 딴사람으로 변해 버린다. 사람도 문제이지만 깨끗한 사람이라도 부정하고 부패하도록 만드는 정치 시스템이 더 큰 문제다. 적당히 거짓말을 해야 하고, 적당히 뇌물도 요구해야 하고, 적당히 법도 어겨야 하는 정치인으로 만들어 버리는 시스템이 근본적인 문제다. 이처럼 시스템은 창조성의 근원이기도 하지만 반대로 몰락의 근원이 되기도 한다.

그러나 대부분의 사람은 겉으로 드러나는 증상을 비난한다. 사람을 비난한다. "세상에, 변해도 저렇게 변할 수가 있느냐" 하고 손가락질을 한다. '비난'으로는 문제를 해결할 수 없다.

교회는 살아 움직이는 생명체다

교회는 인간의 육체처럼 살아서 움직이는 유기체다. 몸이라는 시스템 안에서 모든 지체가 복잡한 관계로 얽혀 있다. 표면으로 어떤 병증이 나타나면 단지 어느 한 부분이 고장이 나 발생한 문제가 절대로 아니다. 단순히 원인과 결과에만 매달리는 시각에서는 문제가 일어날 때마다 누군가 하나는 분명 가해자요 피해자가 되어야 한다. 어느 한 쪽은 무능함의 질책을 면할 수 없다. '비난'과 '자책'이 끊임없이 일어난다. 단지 "너 때문이야!" 혹은 "무능한 교역자 한 사람 때문이야!"라는 난투극만 일어난다. 이런 식으로는 절대 문제를 해결할 수 없다. 그 사람이 문제를 일으킬 수밖에 없는 시스템이 반드시 존재한다는 것을 볼 줄 알아야 한다.

누군가가 문제를 일으키고 무능한 사람으로 전락할 수밖에 없는 데에는 복잡한 관계로 얽힌 시스템적인 문제가 있다. 수많은 다른 지체가 연관되어 있다. 수많은 복합적인 상황이 연관되어 있다. 누구라도 그 시스템에 얽히게 되면 같은 결과를 만들어 낼 가능성이 농후하다. 아무리 사람을 바꾸어도 같은 문제가 반복해서 일어난다. 문제가 발생하는 패턴이 있다.

사도 바울 역시 '한 몸'이라는 말로 시스템 사고를 강조했다롬 12:4. 예수님은 자신을 '머리', 교회를 '몸'이라고 지칭하셨고, 그 안에 속해 있는 성도를 서로 밀접하게 연관된 '지체'라고 말씀하셨다. "만일 한 지체가 고통을 받으면 모든 지체가 함께 고통을 받고 한 지체가 영광을 얻으면 모든 지체가 함께 즐거워하느니라"고전 12:26라는 말씀은 우리가 시스템 사고를 갖지 않으면 진정으로 이해할 수 없다.

변화의 파도를 타라

여름철 미국의 마이애미 해변에 가면 한가로이 휴가를 즐기는 많은 사람을 만날 수 있다. 쾌적한 아열대성 기후와 아름다운 해안을 가져 일 년 내내 전 세계에서 평균 2,660만 명의 관광객이 방문한다. 짙푸른 바다, 끝없이 펼쳐진 하얀 모래사장, 해변에 즐비하게 늘어선 세계 최고 수준의 호텔들이 사람들의 마음을 사로잡는다. 특히 먼 바다에서부터 서서히 밀려와 황금 해변 근처에서 엄청난 속도와 크기로 내달리는 파도의 모습은 천하의 장관이다.

그런데 이렇게 아름답고 웅장한 파도가 밀려올 때, 우리는 두 부류의 사람을 볼 수 있다. 한 부류는 엄청난 속도와 웅장한 크기의 파도가 자신을 향해 오는 것을 보고 소리를 지르며 도망가는 무리다. 이들은 파도를 모르고, 파도를 탈 수 있는 능력이 없다. 머뭇거리다가는 파도에 휩쓸려 물속에 빠져 꼴깍거리며 엄청난 물을 코와 입으로 먹어야 한다. 혹은 해변에서 바다 쪽으로 멀리 휩쓸려 가 버리게 된다. 그래서 최선을 다해 빨리 도망가야 한다. 이들에게 파도는 저승사자다.

또 한 부류는 파도의 속도가 빠르면 빠를수록, 파도의 크기가 웅장하면 할수록 더 큰 소리를 지른다. 이들은 마이애미 해변에 놀러 오기 전에 파도에 관해 공부한 사람들이다. 파도를 탈 수 있는 훈련과 준비를 해 온 사람들이다. 파도를 탈 줄 아는 사람들에게 크고 빠른 파도가 치는 마이애미는 천국이다.

미래의 파도도 마찬가지다. 이 책에서 다룬 내용은 미래의 파도에 관한 것이다. 멀리서 볼 때는 별로 크지도, 빠르게 보이지도 않는 파도이지만, 가까이 올수록 속도가 더 빨라지고, 크기도 커지고, 위압감을 주는 파도에 관한 것이다. 피할 수도 없는 엄청난 파도들이다. 따라서 지금이라도 파도에 대해서 정확히 알고 파도를 탈 준비를 해야 한다. 준비하지 않는다면 그 파도는 쓰나미처럼 우리 모두를 한입에 삼켜 버릴 것이다. 간신히 생존하더라도 여기저기가 찢기고, 가진 모든 것을 잃을 수도 있다.

위기의 파도를 넘으면 기회의 파도가 기다리고 있을 것이라고 믿는 사람이 많다. 그런데 위기의 파도와 기회의 파도는 구분되지 않는다. 파도는 그저 하나뿐이다. 그 파도가 작은 것이냐 큰 것이냐의 차이일 뿐이다. 아무리 큰 파도라도 파도를 잘 타면 기회가 되고, 아무리 작은 파도라도 그 파도를 제대로 통제하지 못하면 위험에 빠진다.

하지만 한국 교회는 희망이 있다. 하나님도 한국 교회를 포기하지 않으셨다. 단, 변화해야 한다는 조건이 있다. 미래는 아무도 알 수 없지만, 변화는 반드시 새로운 부흥의 기회를 가져다준다. 한국 교회 안에는 생명을 던져 목회하는 목회자들과 교인들이 있다. 변화를 갈망하는 용기도 있다.

한국 사람은 다른 민족보다 종교성이나 신앙심이 강하다. 몇 년 전 한국과 미국 기독교인을 포함한 11개국 종교인들 4,388명을 대상으로 한 조그비인터내셔널 통계자료와 로체스터대학이 600회 인터뷰를 통해 최초로 실시한 세계종교여론조사에 의하면, 한국인들은 조사대상 중 경제활동, 가족여가, 정치적 관심, 고등교육, 기술훈련, 여행 등 삶의 여타 활동을 제치고 종교활동을 최우선으로 꼽은 유일한 그룹이었다. 이처럼 한국 종교인들이 세계 종교인들 중 신앙심이 가장 두텁다. 비종교인들도 마찬가지 성향을 가지고 있다.

한국 사회는 갈수록 물질만능주의화, 기계화, 개인화되기 때문에 영혼의 공허함과 소외감이 늘어 갈 것이고, 많은 사람이 종교적 안식처를 찾으려고 할 것이다. 이러한 한국 사람들의 종교성 강세추세는 1984년 한국의 종교인구가 43.8%였던 것이 1998년 52.8%로, 2004년에는 57%로 계속 증가하고 있다는 통계를 통해서도 쉽게 알 수 있다. 다수의 종교학자가 21세기에는 20세기의 과학주의와 합리주의를 뛰어 넘는 종교적 체험과 초월적 영성이 주 관심사가 될 것으로 예측한다.

우리에게 변화하려는 의지가 있고, 하나님이 주신 새로운 시대적 소명을 감당하려는 거룩한 도전이 있으며, 하나님의 기준과 원칙을 따라 살아가려는 용기가 있다면 한국 교회는 다시 일어설 수 있다. 지금의 부끄러움과 조롱의 대상에서 벗어나 반드시 한국 교회는 세상의 희망과 소망이 될 것이다.

〈이상한 나라의 앨리스〉를 출간한 지 6년 후인 1871년, 루이스 캐럴은 앨리스가 '거울 뒤의 나라'로 여행을 떠난다는 새로운 아이디어로 소설을 썼다. 실존 인물인 앨리스(리델)에게 체스 두는 법을 가르쳐 주던 차에, 루이스 캐럴은 체스 게임을 이야기의 도구로 삼았다. 거울 나라는 체스판처럼 생겼다. '졸'로 시작한 앨리스가 여왕이 된다는 내용이었다. 이 소설에서 흥미로운 대화가 나온다. 붉은 여왕이 앨리스에게 "네가 같은 곳에 머물려면 지금처럼 전력을 다해서 뛰어야 한다. 그러나 만일 다른 곳으로 가기를 원한다면, 너는 적어도 지금보다 두 배는 더 빨리 달려야 한다"는 말을 한다. 앨리스는 여왕의 손을 잡고 숲 속을 뛰었다. 한참을 달린 후에 주변을 둘러본 앨리스는 자신이 단 한 걸음도 앞으로 나아가지 못한 것을 발견한다. 붉은 여왕의 나라에서는 주변 세계도 함께 움직이고 있기 때문에 웬만한 정도로 뛰어서는 좀처럼 앞으로 갈 수 없었던 것이다.

지금 이런 일이 한국 교회에서 벌어지고 있다. 지금 우리는 살아남는 것만으로 충분하지 않은 시대를 살고 있다. 변화해야 한다. 그런데 변화에는 큰 비용이 든다. 희생이 따른다. 이런 '변화비용' 때문에 수많은 반발이 일어나지만, 예수 그리스도의 피로 세운 신앙과 미래에 대한 강력한 비전을 가지고 변화에 대한 반발을 물리치며 앞으로 나아가야 한다. 새로운 변화를 통해 가정과 교회와 한국 사회에서 미래의 '신앙공동체의 부흥의 초석을 재창조'하는 토대를 마련해야 한다.

이를 위해서는 일곱 가지 교훈을 기억해야 한다. 첫째, 순수한 신앙을 회복해야 한다. 강철 같은 기도, 순수한 믿음, 거룩한 희생, 하나님을 향한 거룩한 기대를 회복해야 한다. 둘째, 위기 상황에서는 과거에 집착하기보다는 현실을 직시하고 미래를 올바로 예측하는 일이 중요하다. 셋째, 자신의 역량(현실적 능력, 달란트, 잠재적 가능성)을 철저히 분석해야 한다. 넷째, 아무리 전략과 계획이 탁월하다 해도 안심하지 말고 돌발적으로 일어날 수 있는 문제에 주의하면서 변화의 과정을 다듬고 점검해 가야 한다. 다섯째, 지금의 성공을 불러온 사고나 모델이라 할지라도 그 틀 안에 갇히지 말고 끊임없이 열린 자세를 취해야 한다. 새로운 것을 배우려는 자세를 잃지 말아야 한다. 지식시대에 특정 지식의 수명은 2~3년밖에 되지 않는다. 안주하지 말고 새롭고 색다른 것에 호기심을 갖는 왕성한 지적 욕구를 가져야 한다. 여섯째, 절대로 자신을 고립시키지 말고 네트워킹을 강화해 사역의 효율성을 높여 가야 한다. 마지막으로, '변혁적 리더십' Transformational leadership 을 발휘하는 지도자가 되려고 끊임없이 노력해야 한다.

변혁적 리더는 위기와 도전이 가중되고 있는 현실을 돌파하기 위해 변화의 창조자로서, 동시에 변화의 관리자로서 공동체 내의 지속적인 변화를 위한 환경을 구축해 가는 지도자를 말한다. 변혁적 리더는 비전 디자이너로서 강한 소명의식을 가지고 우리를 향한 하나님의 비전을 현실세계에 구체화하며, 공동체 간의 합의를 이뤄 구성원 개개인에게 변화에 대한 합의를 이끌어 내고 미래를 향해 전진하도록 이끄는 지도자가 되어야 한다. 또한 다음 세대의 후원자로서 차세대 지도자의 육성과 개발 및 변화 활동에 대한 지속적인 지원을 아끼지 말아야 한다.

문제 해결을 위한 대응방식도 획기적인 전환이 필요하다. 겉으로 드러나는 하드웨어의 구축이나 재정비를 통한 단기적인 문제해결방식이 아니라 소프트웨어적인 접근이 필요하다. 21세기를 선도할 수 있는 영성 회복, 목회 현장의 문제들을 빠르고 효과적으로 대처할 창의적 목회활동과 혁신적 접근방법을 통해 더 근본적이고 성경적인 문제 해결을 위한 노력을 기울여야 한다.

영적 부흥과 성공은 갑작스럽게 이루어지는 것이 아니다. 오랜 세월 각고의 노력과 헌신, 희생, 피 흘리는 기도의 정성을 기울여야 가능한 것이다. 부흥은 현재의 변화를 의미한다. 아브라함처럼 본토를 떠나는 것과 같다. 이를 위해서는 자신을 스스로 혁신해야 한다. 변화는 하나님의 방법이자 뜻이다. 하나님이 만드신 모든 생명체는 변화를 거듭하는 것이 자연스럽다. 하나님은 우리가 변화되기를 원하시고, 우리가 변화의 주체가 되기를 원하신다. 안주는 곧 박탈을 의미한다. 변화하지 않아도 고통은 따라온다. 변화하는 것 때문에 겪어야 할 고통보다 더한 고통을 겪게 될 것이다. 바로 죽음의 고통이다.

변화는 새로운 생명을 위한 고통이다. 하나님의 뜻을 거스르지 말자. 변화를 멈추는 순간, 영적 부흥과 성공은 끝난다. 미래를 위한 변화를 두려워하지 말자. 이 책의 초점은 미래의 '새로운 시작'에 맞춰져 있다. 기독교인과 한국 교회의 새로운 미래의 시작을 위한 글이다. 미래란 모르거나 무시하는 이들에게는 두려운 시간이지만, 알고 대비하는 자들에게는 영적 부흥과 성공의 즐거움을 맛보는 시간이 될 것이다. 미래는 하나님의 계획 안에 있지만, 동시에 우리의 선택이다.

주

1 임계점이란 물리학적 용어다. 액체와 기체의 두 상태를 서로 분간할 수 없게 되는 상태를 '임계상태'라고 부른다. 즉, 부분적으로만 혼합되는 두 액체의 경계가 소실됨으로써 하나로 완전히 일치되는 상태의 온도와 압력을 말한다. 수학에서는 '일급함수 f에서는 모든 방향미분계수가 영(극대점 혹은 극소점)이 되는 점'을 말한다. 기술이나 경영으로 접목하자면, '상전이(phase transition) 현상에서 나타나는 특이점(singularity)'이라고도 부른다. 미래학자 레이 커즈와일은 기술발달의 특이점을 이야기하면서, 기술문명의 발달이 미래 어느 시점의 특이점에 도달하면 기술변화의 속도가 급격히 변하고 그 영향도 엄청나게 커지면서 인간생활이 되돌릴 수 없을 만큼 변하게 된다고 예측했다. 조직의 성장도 임계점을 통과하는 시기가 있다. 즉, 어떤 계기가 마련되면 급격하게 변화나 성장의 속도가 빨라지는 것이다.

2 한미준, 〈한국 교회 미래 리포트〉 (서울: 두란노, 2005)

3 '신용 창조'란 은행이 처음 받아들인 예금을 개인과 기업에게 대출을 해 주는 과정에서 몇 배의 예금으로 다시 만드는 것을 말한다. 은행은 예금된 자금 전부를 갖고 있을 필요가 없기 때문에 일정한 돈을 지불준비금의 명목으로 은행에 남겨 두고 나머지를 대출로 활용하면서 그 대출을 다시 은행예금으로 받아들일 수 있다. 이와 같은 거래를 반복함으로 신용 창조가 이루어진다.

4 Harry S. Dent, Jr, 〈부의 패턴〉, 유혜경 역 (청림출판, 2000)

5 Lars Tvede, 〈비즈니스 사이클〉, 안진환 역 (위즈덤하우스, 2009)

6 Charles P. Kindleberger, 〈광기, 패닉, 붕괴 금융위기의 역사〉, 김홍식 역 (굿모닝북스, 2004)

7 Paul Krugman, 〈불황의 경제학〉, 안진환 역 (세종서적, 2009)

8 미래는 갑작스럽게 오지 않는다. 미래는 반드시 미래 징후를 미리 던지면서 온다. 미래 징후란 미래를 만드는 힘, 혹은 미래의 변화에 영향을 미칠 수 있는 중요한 사건이나 영향력을 의미한다. 이런 미래 징후들은 신문, 잡지, 방송, 책, 논문 등에서 얼마든지 찾을 수 있다.

9 Winters, 〈세계은행의 중국·인도 경제 전망〉, 김준희, 김지숙 역 (W미디어, 2008)

10 http://news.mk.co.kr/v3/view.php?sc=30000001&cm=%C7%EC%B5%E5%B6%F3%C0%CE&year=2011&no=618019&selFlag=&relatedcode=&wonNo=&sID=303

11 박동석, 〈고령화 쇼크〉 (굿인포메이션, 2003)

12 http://news.kukinews.com/article/view.asp?page=-1&gCode=kmi&arcid=0005104648&cp=nv

13 Walter Brueggemann, *Prophetic Imagination* (Minneapolis: Fortress, 2001), 11.

14 〈동서독 교류 협력 사례집〉, 통일원, 1993), 749~750, (김홍기, 〈존 웨슬리의 경제윤리〉, 13. 재인용)

15 Peter Leiss, *The Wild Goose, A Journal for Liberal Ministry* vol. no. 2, July 19, 1990. (김홍기 〈존 웨슬리의 경제윤리〉, 179. 재인용)

16 〈동서독 교류 협력 사례집〉, 727~748.

17 임동표, "정부, 신약/바이오 연료 등 3개 사업단 연구에 연간 100억 이상 9년 지원" (아시아미래인재연구소 포럼)

18 드림헌터, "'m-VoIP'가 뜬다-페이스북 가입자 간 3G 무료통화 앱 등장, 대형 이동통신사 위협" (아시아미래인재연구소 포럼)

19 집단해커(hacker)와 정치적 행동주의자(activist)의 합성어

20 Charles Hodge, 〈조직신학〉 1권, 김귀탁 역 (경기도: 크리스챤다이제스트, 2002), 204.

21 Ibid., 202~203.

22 학자들에 따라서는 49년 주기를 주장하기도 한다. 그러나 18~22절에 안식년과 희년의 구분, 마지막 6년째 되는 해에 3년간 먹을 수 있는 소출을 주신다는 말씀들을 종합해 볼 때 50년 주기가 좀 더 설득력을 얻는다. 장성길, '구약성경에 나타난 희년법' 〈희년, 한국 사회, 하나님 나라〉, 81.

23 John Stott, 〈현대를 사는 그리스도인〉, 한화룡 역 (IVP, 1993), 440~442.

사명선언문

너희가 흠이 없고 순전하여……세상에서 그들 가운데 빛들로
나타내며 생명의 말씀을 밝혀 _ 빌 2:15-16

1. 생명을 담겠습니다
만드는 책에 주님 주신 생명을 담겠습니다.
그 책으로 복음을 선포하겠습니다.

2. 말씀을 밝히겠습니다
생명의 근본은 말씀입니다.
말씀을 밝혀 성도와 교회의 성장을 돕겠습니다.

3. 빛이 되겠습니다
시대와 영혼의 어두움을 밝혀 주님 앞으로 이끄는
빛이 되는 책을 만들겠습니다.

4. 순전히 행하겠습니다
책을 만들고 전하는 일과 경영하는 일에 부끄러움이 없는
정직함으로 행하겠습니다.

5. 끝까지 전파하겠습니다
모든 사람에게, 땅 끝까지, 주님 오시는 그날까지
복음을 전하는 사명을 다하겠습니다.

서점 안내

광화문점	서울시 종로구 새문안로 69 구세군회관 1층 02)737-2288 / 02)737-4623(F)
강남점	서울시 서초구 신반포로 177 반포쇼핑타운 3동 2층 02)595-1211 / 02)595-3549(F)
구로점	서울시 동작구 시흥대로 602, 3층 302호 02)858-8744 / 02)838-0653(F)
노원점	서울시 노원구 동일로 1366 삼봉빌딩 지하 1층 02)938-7979 / 02)3391-6169(F)
분당점	경기도 성남시 분당구 황새울로 315 대현빌딩 3층 031)707-5566 / 031)707-4999(F)
일산점	경기도 고양시 일산서구 중앙로 1391 레이크타운 지하 1층 031)916-8787 / 031)916-8788(F)
의정부점	경기도 의정부시 청사로47번길 12 성산타워 3층 031)845-0600 / 031) 852-6930(F)
인터넷서점	www.lifebook.co.kr